1인 전자출판을 위한 **최강의 시크릿 매뉴얼**

This is
ePUB
for iBooks

전자출판 가이드

유찬웅 지음

2011년 2월 20일 1판 1쇄 인쇄
2011년 3월 2일 1판 1쇄 발행

지은이 유찬웅
펴낸이 김종원
펴낸곳 비엘북스

주소 경기도 고양시 일산동구 백석2동 1317 현대밀라트 1차 C동 609호
전화 070-7613-3606
팩스 02-6455-3606
등록 2009년 5월 14일 제 313-2009-107호
출판사 홈페이지 http://www.vielbooks.com
도서 내용 문의 vielbooks@vielbooks.com

ISBN 978-89-964686-3-9
정가 25,000원

이 책을 만든 사람들
기획·진행 비엘플래너스
교정·교열 비엘플래너스
북 디자인 비엘플래너스
인쇄 코리아피앤피(031-955-6961)

Copyright ⓒ 2011 by 유찬웅 & VIEL Books All rights Reserved.
First edition Printed 2011, Printed in Korea.

이 책의 어느 부분도 저작권자나 비엘북스 발행인의 승인 문서 없이 일부 또는 전부를 사진 복사나 디스크 복사 및 기타 정보 재생 시스템을 비롯하여 현재 알려지거나 향후 발명될 어떤 전기적, 기계적 또는 다른 수단을 통해 복사, 재생하거나 이용할 수 없음

들어가며

하나의 묶음으로 매듭지어진 책을 보면서, 지난 2009년 하반기 무렵 ePUB 표준에 기반한 eBook을 처음 만들 때가 생각납니다. 당시 초보 제작자로서 서너 페이지의 eBook을 만들어 보기 위해 수많은 오류를 수정해야 했고 해결되지 않았던 문제들에 대해서는 스스로 체득할 수밖에 없었던 기억이 떠오릅니다.

2011년이 eBook 활성화의 원년이 될 것이라고 하지만, 여전히 ePUB 기반의 eBook 제작을 위해 해결해야 할 문제들이 쌓여 있습니다. 제가 그동안 겪어왔던 문제들과 유사한 상황에 직면한 분들을 위해 조금이나마 도움이 되었으면 하는 마음으로 이 책을 집필하게 되었습니다.

이 책에 언급된 eBook 산업의 구조적인 변화나 시장에서 업체 간의 경쟁구도, ePUB의 근간이 되는 XML 등에 대한 기술적 내용들은 관련 전문가의 시각에서 부족한 면이 많을 것입니다. 하지만, 이 책은 필자가 별도의 툴이나 솔루션의 지원 없이 처음부터 끝까지 직접 코딩으로 eBook을 만들고 다양한 유통 채널에 판매하면서 쌓아온 경험과 지식을 일반인의 입장에서 정리하고 전달해 보고자 노력하였습니다. 그런 점에서 eBook 제작 및 출판, iBookstore에 1인 출판을 희망하는 필자들에게 도움이 될 것이라 생각합니다.

eBook 초보자들을 배려하기 위해서 eBook 단말기로서의 아이폰, 아이패드, 아이튠즈를 간략히 소개했습니다. 그리고 ePUB 표준에 대한 주요 내용, ePUB eBook의 구성 요소, 주요 솔루션들에 대한 개요, ePUB 검증 방법, Apple 사의 iBooks ePUB의 특징과 권장 내용, Adobe InDesign과 Pages를 이용한 간단한 제작과정, 수작업을 통한 제작과정, 오류 메시지의 의미, 그리고 iBook Store에 eBook을 판매하기 위한 절차 등으로 이루어져 있습니다.

제작 현장에서 경험한 개별적인 Tip이나 노하우도 ePUB eBook을 제작하는 데에 큰 도움이 될 것입니다. 개인적인 경험에서 판단해 볼 때, ePUB 표준 자체에 대한 깊이 있는 이해 또한, 다양한 측면에서 제기되는 문제들에 대한 근본적인 해결책을 제시하였다는 점에서 더욱 중요하다고 생각합니다. 특히 비디오, 오디오, 그리고 CSS 애니메이션 등 더욱 다양한 멀티미디어 요소들이 ePUB 표준에 수용될 것으로 예상되는 상황에서는 이러한 생각을 확인시켜줍니다.

이 책을 읽는 모든 분에게 ePUB에 대한 보다 나은 이해와 앞으로 전개될 e-Book 출판 환경하에서 제작과 유통을 위한 보다 합리적인 선택을 하는데 보탬이 되기를 기대합니다.

2011. 2
유 찬 웅 드림

차례

01 아이폰, 아이패드의 eBook

아이폰의 특징	16
아이패드의 특징	17
주요 기능	19

2. App으로 구현된 멀티미디어 Book(앱북)

WIRED	22
노블레스 매거진(한글판)	23
더 매거진	24
DRACUL	24

3. ePUB으로 구현된 eBook

Mobibook	25
리디북스	26
쿡북카페	27
BookCube	28
iBooks	29

02. 아이폰, 아이패드를 즐기기 전에

1. 무선인터넷의 시작

1. WiFi를 이용하자. 32
2. 3G를 이용하자 35
3. 무선 인터넷에 접속하기 35

2. 아이튠즈(iTunes)를 이해하자

1. 아이튠즈 스토어(iTunes Store) 36
2. 앱스토어(App Store) 38
3. iBook Store 39

3. 아이튠즈 계정 만들기

1. 아아이튠즈 스토어(iTunes Store) 40
2. 아이튠즈의 디지털콘텐츠(앱) 결제 수단 41
3. [따라해봅시다] 아이튠즈 (한국)계정 만들기 42
4. [따라해봅시다] 아이튠즈 (미국)계정 만들기 46
5. [따라해봅시다] 아이튠즈 기프트 카드 등록하기 49

4. 앱을 구매하고 관리하기

1. 아이튠즈 계정을 기기(아이패드)에 등록하기 51
2. 무료 인기 1위 앱 구매하기 52
3. 앱의 삭제 및 앱폴더의 활용방법 53

5. 아이튠즈의 활용하기

1. 아이튠즈의 화면구성 55

6. 아이튠즈의 동기화

1. 동기화의 이해 58
2. 올바른 동기화 방법 60

차례

03

1	iBooks 앱 설치하기	64
2	iBooks의 화면 레이아웃	65
3	eBook 뷰어의 기능	66
4	PDF 파일을 iBooks에 넣어보자	70
5	iBook Store 활용하기	72

04 eBook을 만들어 보자

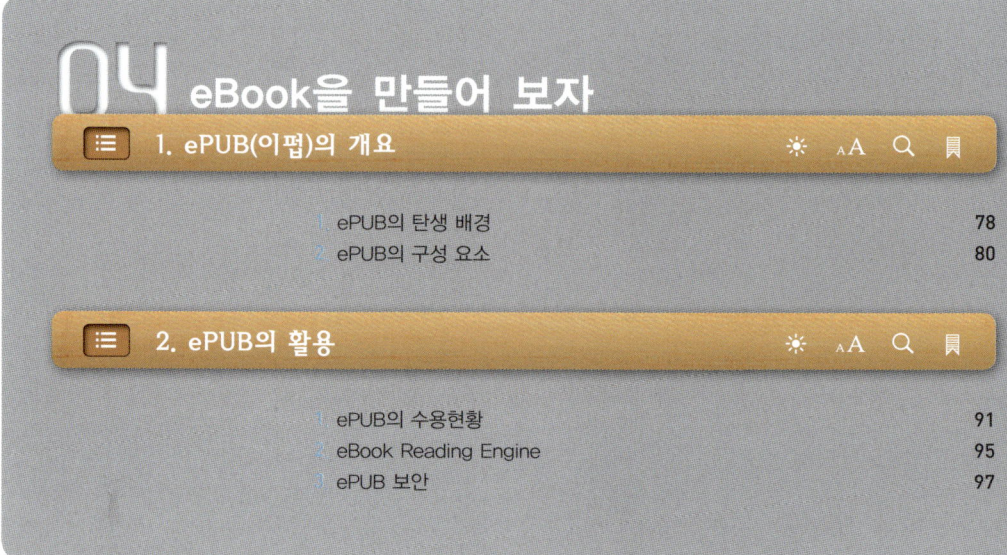

1. ePUB(이펍)의 개요

1	ePUB의 탄생 배경	78
2	ePUB의 구성 요소	80

2. ePUB의 활용

1	ePUB의 수용현황	91
2	eBook Reading Engine	95
3	ePUB 보안	97

3. ePUB를 이해하자

1. ePUB Book의 구성 — 102
2. ePUB Book 제작 솔루션 — 109
3. ePUB 결과물의 검증 — 115

4. iBooks에서 ePUB 파일 제작 시 고려사항

1. iBooks와 관련된 iPad의 특징 — 118
2. iBooks ePUB 관련 권장 내용들 — 125
3. ePUB 제작 관련 노하우 — 129

05 eBook(ePUB)의 제작과 활용

1. Hand Craft(직접코딩) 방식으로 제작하기

1. Template 준비하기 — 154
2. 텍스트 준비하기 — 158
3. image 준비하기 — 159
4. xhtml 파일과 CSS 파일 제작하기 — 162
5. toc, ncx 제작하기(목차 만들기) — 210
6. opf 제작하기 — 213
7. zip으로 압축하기 — 218

2. Pages를 이용하여 제작하기

1. Pages에서의 ePUB 제작 — 219
2. Pages에서 제작한 ePUB 결과물 — 224
3. Pages에서 제작한 ePUB 결과물의 구성 보기 — 229

차례

3. InDesign을 이용하여 제작하기

1. InDesign에서의 ePUB 지원 내용 — 238
2. InDesign CS5에서 강화된 ePUB 지원 내용 — 240
3. InDesign 이용한 ePUB 제작 순서 — 345
4. InDesign 파일의 ePUB 변환 시의 한계점 — 252

4. Calibre를 이용한 ePUB의 활용

1. PDF 파일 변환하기 — 257
2. ePUB 등 기타 파일 변환하기 — 267

5. ePUB 검증 및 오류 수정하기

1. ePUB 검증하기 — 268
2. 오류 내용 이해하기 — 268
3. ePUB 오류 수정하기 — 272
4. iBooks에 ePUB Book을 넣고 활용하기 — 282

06 iBook Store에 eBook 등록하기

1. iBook Store에 eBook 판매하기

1. 출판사 신고하기   287
2. 사업자 등록하기   289
3. 발행자 등록 및 ISBN 발급받기   290
4. EIN 발급받기   295
5. Apple 사의 Content Provider 등록하기   298
6. iBook Store에 eBook 등록하기   306
7. eBook 관리하기   315

이 책을 보기 전에

ePUB? eBook? 아이폰/아이패드

이 책에서 소개하는 ePUB(electronic PUBlication)는 2007년 국제디지털출판포럼에서 제정된 국제 공식 표준 전자책 포맷입니다. ePUB는 흔히 eBook이라 불리는 파일형식을 말하며 웹사이트(eBook)의 HTML(ePUB)과 비슷한 개념으로 이해하면 쉽습니다.

ePUB 공식 로고

아이폰/아이패드에서 iBooks 앱을 통해서 읽는 eBook도 ePUB 포맷으로 제작된 것이며, 국내에서 서비스 중인 수많은 전자북 단말기에서도 ePUB 기반의 eBook 콘텐츠를 제공하고 있습니다. 따라서 전자출판에 필요한 eBook을 제작하기 위해서는 ePUB 포맷의 이해가 필수라 하겠습니다. 이 책에서 소개하는 ePUB를 이해하면 아이폰, 아이패드뿐만 아니라 대부분의 전자책 단말기에서 서비스 중인 eBook 콘텐츠를 제작, 활용할 수 있습니다.

아이폰의 iBooks 앱에서 실행한 eBook(iPad User Guide | Apple,Inc)

 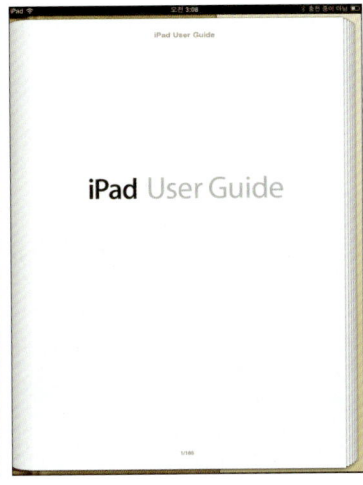 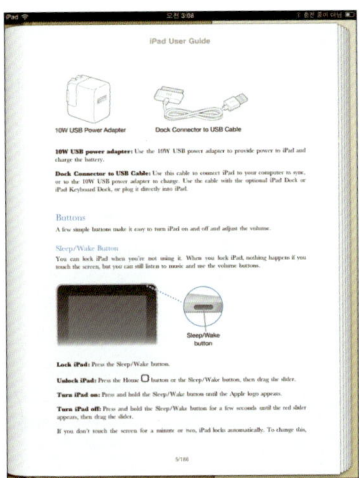

아이패드의 iBooks 앱에서 실행한 eBook(iPad User Guide | Apple,Inc)

　　이 책은 아이폰과 아이패드에서 iBooks 앱으로 구현되는 eBook을 제작하기 위해 알아두어야 할 ePUB에 대해서 중점적으로 소개하고 있습니다.

　　eBook 단말기로서의 아이폰과 아이패드의 활용법과 아이튠즈 스토어의 개념, 그리고 iBooks, iBook Store에 대해서 살펴본 후 ePUB의 제작과 활용, 그리고 iBook Store로 eBook을 등록하는 과정까지 알아보도록 하겠습니다.

01
아이폰, 아이패드의 eBook

Chapter 01

아이폰/아이패드의 소개

아이폰(아이팟터치)과 아이패드는 애플 사에서 만든 스마트폰, 스마트패드(태블릿 PC) 입니다. 아이폰과 아이패드 모두 애플이 만든 iOS 운영체제 기반에서 작동되며 기본구성과 활용방법은 동일합니다.

    iBooks를 알아보기 전에 아이폰과 아이패드의 간략한 특징에 대해서 알아보도록 하겠습니다.

1. 아이폰의 특징

스마트폰 열풍의 주역인 아이폰은 미래의 휴대폰 개념을 새롭게 정의한 기기입니다. 아이폰은 전화통화부터 인터넷, 일정관리, 네트워크, 멀티미디어, 오피스, 사진, 교통, 날씨 등 휴대용 컴퓨터로 불릴 만큼 강력한 기능을 지원하는 기기입니다. 특히 '앱 스토어(App Store)'라 불리는 애플 사의 콘텐츠 플랫폼에서 아이폰의 강력함이 뒷받침되고 있습니다. 앱 스토어의 수많은 앱을 통해서 아이폰의 강력한 기능이 구현되고 발전되고 있습니다.

> **Tip** 앱(App)?
> Application의 준말로, 앱 스토어(App Store)에 등록된 각각의 애플리케이션들을 말합니다.

아이폰의 앱(왼쪽부터 Facebook, 네이버, 국민은행, AppBox Lite)

2. 아이패드의 특징

스마트패드의 열풍을 몰고 온 아이패드는 아이폰과 같은 운영체제(iOS)를 사용합니다. 아이폰과 아이패드의 눈에 띄는 차이점은 하드웨어의 크기이며 이에 따라 구현할 수 있는 앱(App)의 차별성이 두 기기가 가진 콘텐츠의 핵심입니다. 같은 앱이라도 화면 크기에 따라 구현이 가능한 인터랙션이 다르거나 인터페이스에 변화를 줄 수 있기 때문에 사용자들에게 더욱 다양한 UI, UX 경험을 안겨다 줍니다.

특히 아이패드는 eBook과 게임, 멀티미디어 기기로서 강력한 성능을 발휘하는 기기입니다.

본 책에서는 아이패드 중심의 iBooks 제작에 관해 소개할 것입니다.

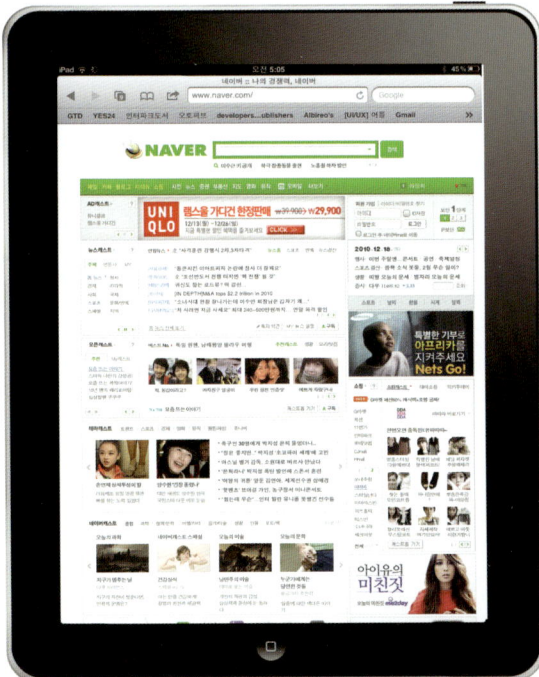

아이패드, 아이폰에서 인터넷 브라우저를 이용하여 네이버(www.naver.com)에 접속한 모습

ePUB for iBooks 17

1. 아이폰, 아이패드의 eBook

아이패드의 자이로센서를 이용하여 자동차 레이싱을 즐기는 모습.
아이패드의 화면 크기와 조작방식은 실제 운전하는 몰입감을 준다.

무선인터넷이 지원되는 곳에서 iTeleport for iPad을 이용해서 맥북으로
원격 접속한 모습

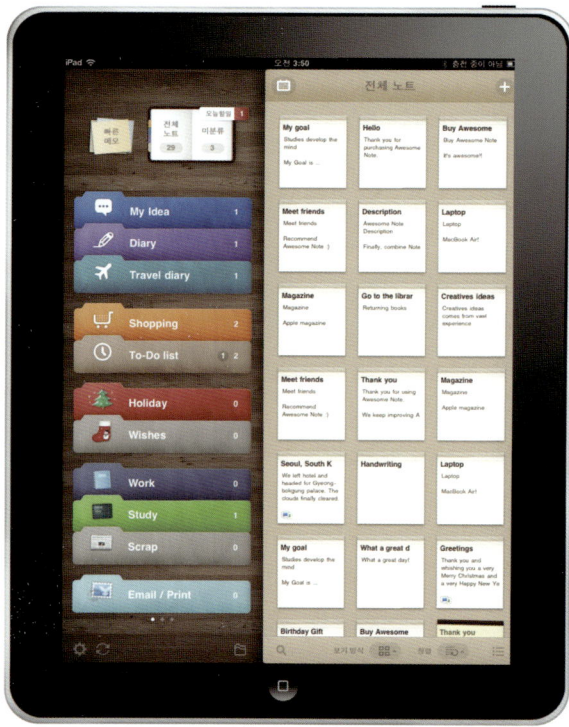

어썸노트 앱을 아이폰, 아이패드 전용으로 실행한 모습

3. 주요 기능

아이폰과 아이패드는 동일한 하드웨어 구성과 운영체제에서 구동되기 때문에 기본 사용법은 동일합니다. 아이폰과 아이패드의 공통된 주요 기능은 다음과 같습니다.

이메일
자신의 이메일을 활용할 수 있는 앱입니다. '설정'에서 이메일 계정을 생성하며 Wifi와 3G 지역이라면 언제 어디서나 실시간 메일을 주고받을 수 있습니다.

지도
Google 지도가 연동되어 있어서 전 세계 어느 곳이라도 쉽게 지역 탐색을 할 수 있으며 현재 위치에서 특정 위치까지의 거리 및 경로 등을 확인할 수 있습니다. 국내 지역 탐색이라면 네이버 지도나 다음 지도를 이용하기를 권합니다.

사진
사진과 같은 이미지 파일을 감상할 수 있습니다. 아이튠즈와 동기화를 통해 파일과 폴더를 관리합니다. 홈 버튼과 전원 버튼을 눌러 캡쳐한 이미지도 사진 앱을 통해 볼 수 있습니다.

You Tube
전 세계의 화제 동영상을 볼 수 있는 유튜브(www.youtube.com)의 앱입니다. 인터넷이 연결된 곳이라면 언제 어디서나 화제의 동영상을 감상할 수 있습니다.

iTunes
애플 사의 콘텐츠 네트워크, 아이튠즈 스토어에 접속합니다. 아이튠즈는 나라별로 따로 운영되며 이는 자신이 생성한 나라별 아이튠즈 계정과 연동합니다. 국내 아이튠즈 스토어는 완전 개방을 하지 않았으나 팟 캐스팅을 통한 동영상, 음악방송 등을 감상할 수 있습니다.

App Store
아이튠즈의 핵심 콘텐츠 네트워크. 앱 스토어(App Store)입니다. 버튼을 누르면 해당 계정(나라)의 앱 스토어에 접속하여 아이폰과 아이팟터치, 아이패드에서 사용할 수 있는 앱을 구매할 수 있습니다.

iBooks
이 책에서 가장 중점적으로 알아봐야 할 앱입니다. 애플에서 운영하는 전자책 스토어(iBook Store)에 접속하여 eBook을 구매할 수 있으며, 구매한 eBook을 볼 수 있습니다. 자세한 내용은 차차 알아보도록 하겠습니다.

App Store 앱은 아이튠즈의 App Store에 접속할 수 있는 앱이며, iBooks 앱은 아이튠즈의 iBook Store에 접속할 수 있는 앱입니다. App Store는 Mac 컴퓨터나 윈도우 PC에서도 접속 가능하지만 iBook Store는 반드시 아이폰, 아이패드 안의 iBook 앱을 통해서만 접속됩니다.

캘린더
개인의 일정을 관리할 수 있는 툴입니다. Google(메일) 계정과 무선 동기화하면 강력한 기능이 발휘됩니다.

메모
쉽고 빠르게 메모할 수 있는 앱입니다. Google 계정과 무선 동기화되기 때문에 PC, Mac, 아이폰, 아이패드에서 동일한 데이터 환경을 구축할 수 있습니다.

비디오
아이튠즈(iTunes)에 연결된 영상을 볼 수 있습니다. iTunes와의 동기화가 필요합니다.

설정
기기의 환경설정을 합니다. 하드웨어 세팅과 네트워크 및 계정의 생성하고 구입한 앱을 관리합니다.

Safari
애플에서 개발한 인터넷 웹 브라우저입니다. 인터넷 웹사이트에 접속할 때 사용합니다.

iPod
아이튠즈 스토어에서 다운로드한 MP3 음악이나 팟캐스트 등의 멀티미디어 파일을 재생하는 앱입니다.

Chapter 02

App으로 구현된 멀티미디어 Book(앱북)

아이폰, 아이패드에서 볼 수 있는 eBook은 크게 두 가지 타입으로 구분됩니다. 다양한 인터렉션으로 멀티미디어 기능이 포함된 eBook과 심플한 텍스트와 그림 등의 ePUB 포맷으로 제작된 eBook이 있습니다.

이 장에서는 이해를 돕기 위해 아이패드의 App Book(앱북)과 ePUB Book에 대해 간단히 알아보겠습니다.

App Book(앱북)은 아이폰, 아이패드의 앱 개발툴(Object-C, Cocoa, Xcode)로 개발된 앱 타입의 전자북을 말합니다. 아이폰, 아이패드의 기기 특성에 맞는 기능으로 구현할 수 있기 때문에 새로운 UI와 UX 기반의 멀티미디어 eBook으로 이해되고 있습니다.

WIRED, TIME, Popular Science+, 더 매거진, 노블레스 매거진 등을 앱으로 구현한 전자북으로 구분할 수 있습니다.

1. WIRED

아이패드에서 전자책, 디지털 매거진의 미래를 보여준 앱으로 아이패드의 멀티 인터페이스를 마음껏 경험시켜는 매거진 앱입니다. 실제 WIRED 매거진을 아이패드 앱으로 구현한 것으로 Quick Time VR, Image Rollover, 동영상, Zoom In/out 등의 다양한 인터렉션 효과를 체험할 수 있습니다. 자체 In app Purchase 기능으로 매월 매거진을 다운로드 받을 수 있고 체계적으로 과월호를 관리할 수 있습니다.

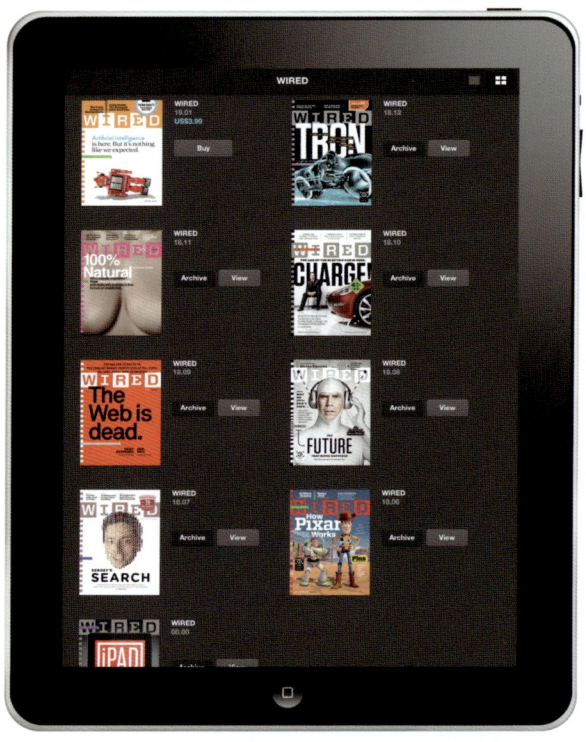

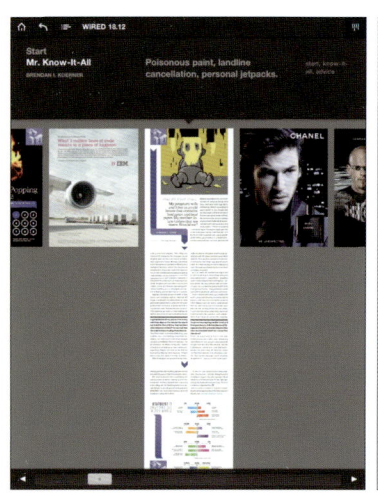 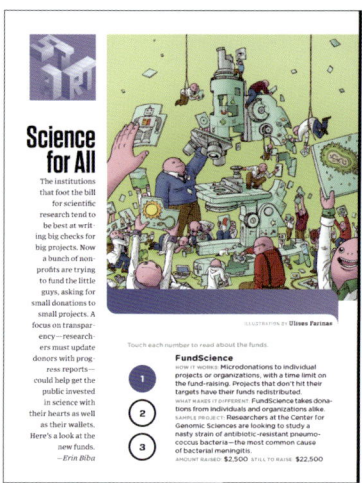 

2. 노블레스 매거진(한글판)

〈노블레스 매거진〉의 명성에 맞는 고급스러운 멋을 풍기는 매거진 앱(App Book)입니다. 멋진 영상 인트로로 시작하는 노블레스 매거진 앱은 실제 Nobless 잡지를 아이패드 앱으로 구현했습니다.

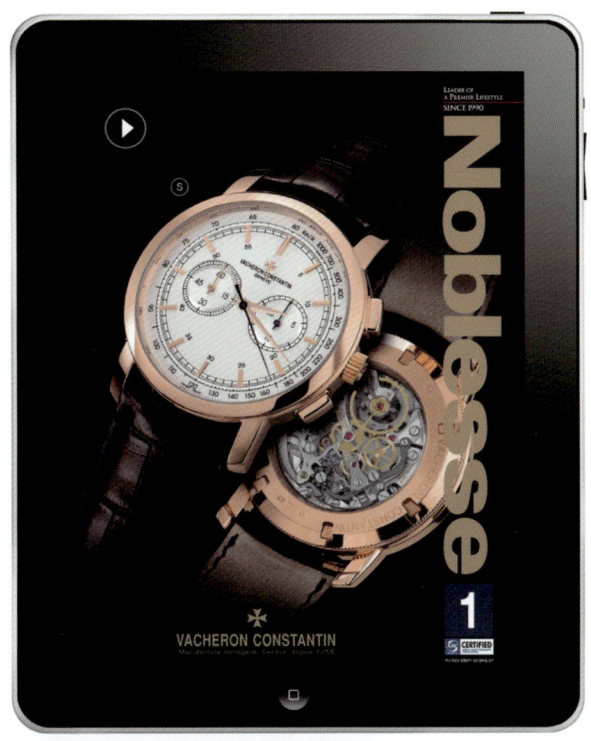

3. DRACULA

〈DRACULA〉 앱은 챕터별로 인터렉티브한 요소를 추가하여 독자들에게 극적 몰입감을 높여주는 아이패드 앱북 입니다. 글을 읽는 것으로 끝나는 것이 아닌, 상황별 음악 효과, 애니메이션, 터치 인터렉션 등으로 새로운 느낌의 전자북을 체험할 수 있습니다.

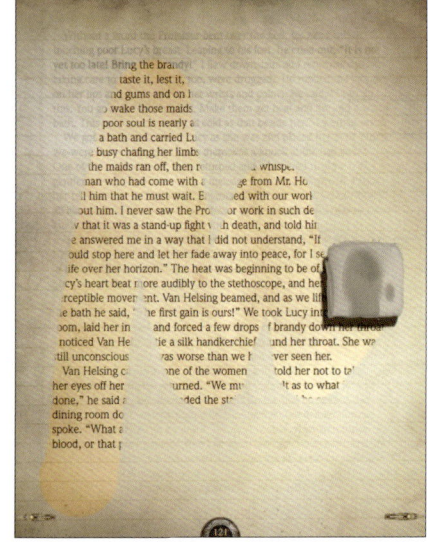

Chapter 03

ePUB으로 구현된 eBook

일반적으로, ePUB으로 제작된 eBook이라 함은 이미 출간된 소설, 경제 경영서 등의 실제 종이책을 eBook으로 변환한 콘텐츠 또는 처음부터 ePUB로 제작한 eBook 콘텐츠를 의미합니다. ePUB로 제작된 eBook을 지원하는 전자북 단말기는 BookCube, Story, SNE-50k, Page One, 갤럭시A/S/U/K, 아이리버 P100 IPS, 인터파크 비스킷, 구글북스, 아이폰, 아이패드 등이 있습니다. 특히 애플은 자사의 전자북 스토어인 iBook Store를 구축하여 ePUB로 제작된 eBook을 아이폰, 아이패드에서 (iBooks 앱을 통해서) 읽을 수 있도록 지원하고 있습니다.

1. MobiBook

웅진그룹 출판유통회사인 북센에서는 아이폰 전자책 서점인 모비북(www.mobibook.co.kr)을 오픈하여 운영하고 있습니다. 초기 모비북 사이트에서 구매한 eBook 콘텐츠는 아이폰의 Stanza 앱을 통해서 볼 수 있었으나 현재는 직접 개발한 아이폰 전용뷰어(MobiBook)에서 서비스하고 있습니다. MobiBook 앱은 전자책 도서관과 연계되어 있어서 해당 도서관에 회원가입 후 eBook을 대여할 수 있습니다.

2. 리디북스

리디북스(www.ridibooks.com)는 아이폰과 아이패드의 전자책 서비스입니다. 3만여 권의 전자책을 보유하고 있는 리디북스는 아이폰 앱으로 큰 인기를 얻었으며 최근 아이패드 전용 앱도 출시하였습니다. 마이북 기능으로 텍스트 파일을 간편하게 리디북스 앱에 넣어서 볼 수 있습니다.

 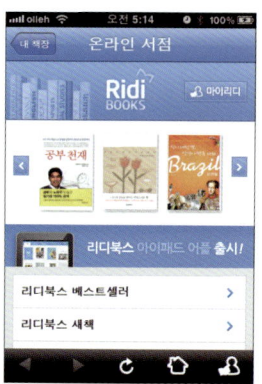 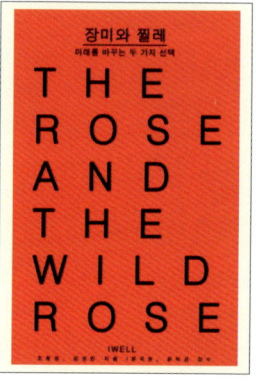

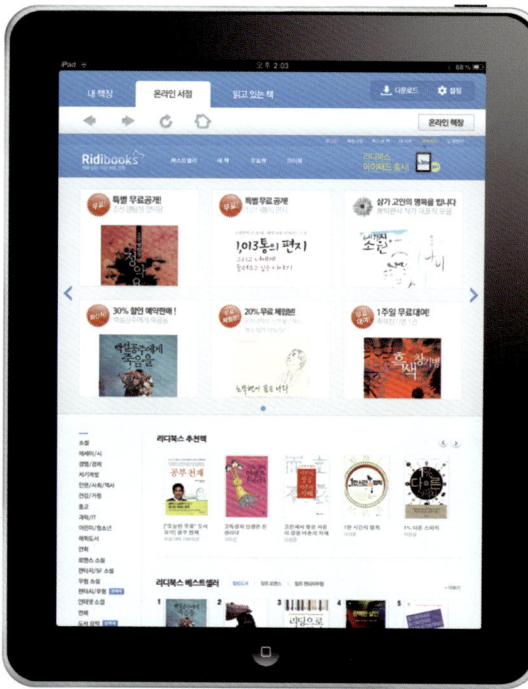 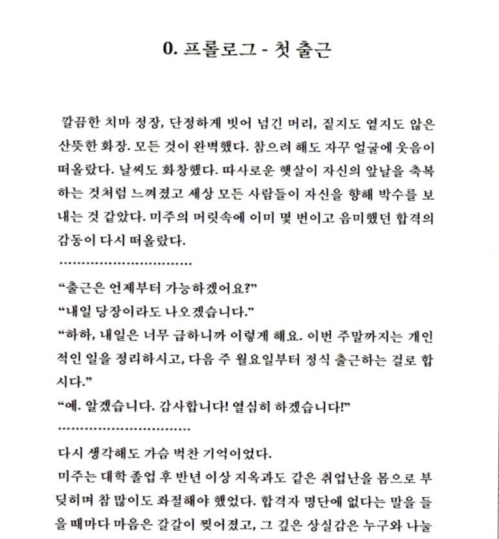

장미와 찔레 | 아이웰콘텐츠

3. 쿡북카페

쿡북카페(http://bookcafe.olleh.co.kr)는 KT에서 운영하는 북카페 앱입니다. 만화책부터 경제경영, 소설, 디지털 매거진까지 다양한 장르의 eBook을 볼 수 있습니다. 특히 '북카페팩'이라는 패키지 요금제가 있어서 전자책 다수를 감상하려는 독자들에게 또 다른 할인혜택이 제공됩니다. 쿡북카페의 eBook은 아이폰, 아이패드, 아이리버 Story W, 삼성 SNE-60, 페이지원 등의 전자책 단말기에서 볼 수 있습니다.

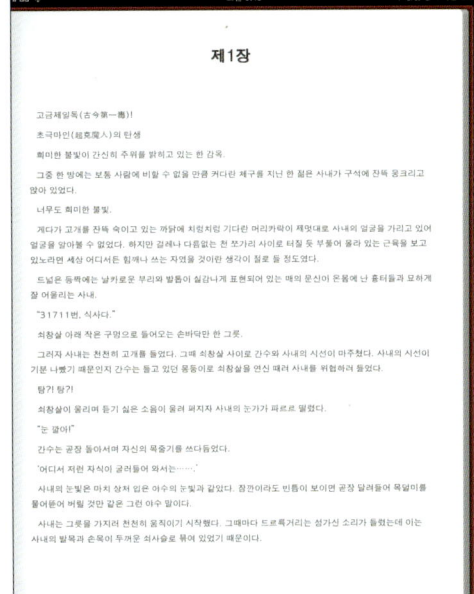

독룡왕 레이브 | 뿔미디어

4. BookCube

BookCube는 전자책 단말기인 BookCube에서 볼 수 있었던 eBook을 아이폰, 아이패드에서도 볼 수 있도록 지원하는 앱입니다. www.bookcube.com의 전자책 스토어를 통해서 eBook을 구매할 수 있습니다. BookCube 앱의 또 다른 장점은 97개의 전국 전자책 도서관과 연계되어 있어서 해당 전자책 도서관에 기기등록을 마치면 아이폰, 아이패드의 BookCube 앱을 통해서 전자책 도서관의 eBook을 대여할 수 있다는 것입니다.

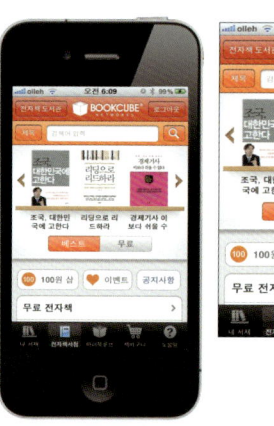

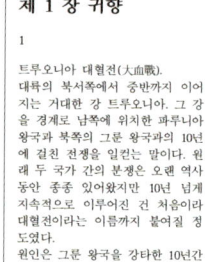
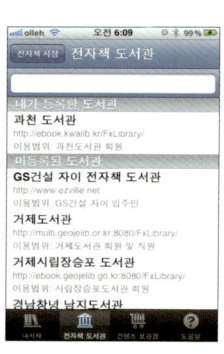

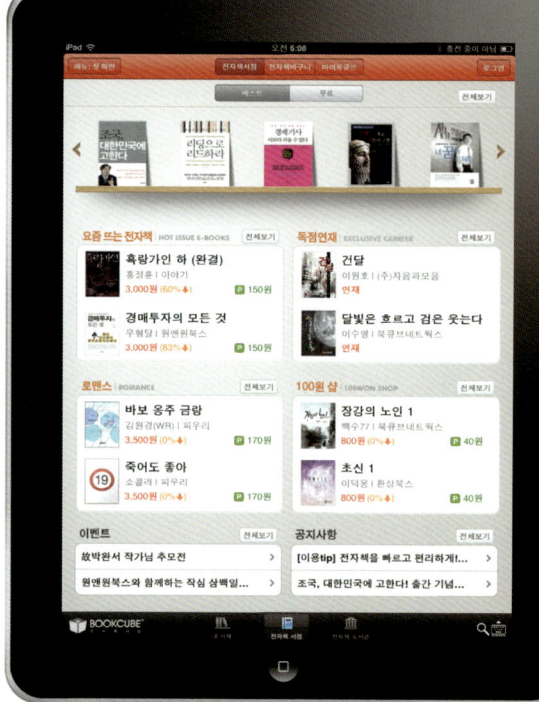
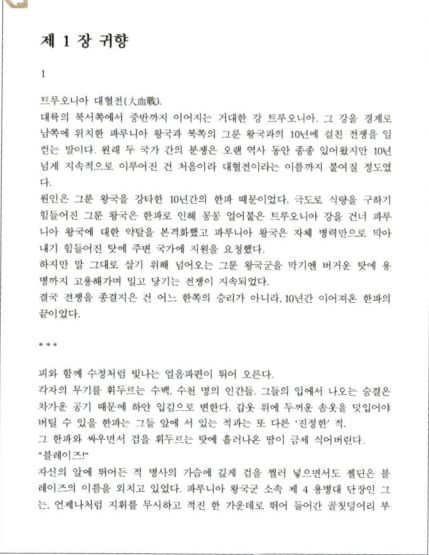

블레이즈 | 북큐브네트워크

5. iBooks

애플 사에서 자사의 전자책 스토어(iBook Store)를 위해 앱으로 개발한 eBook 뷰어입니다. 아이폰, 아이패드에서만 사용할 수 있으며 유일하게 iBook Store에 접속하는 역할을 합니다. iBook Store는 (App Store와 다르게)아이튠즈를 통한 접속이 불가능합니다. 반드시 iBooks 앱으로 접속하여 eBook을 구매하고 관리할 수 있습니다.

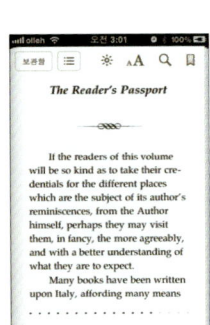
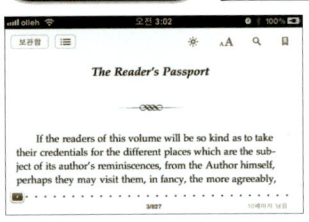

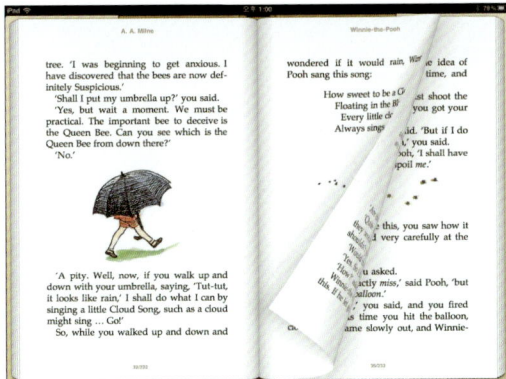

ePUB for iBooks

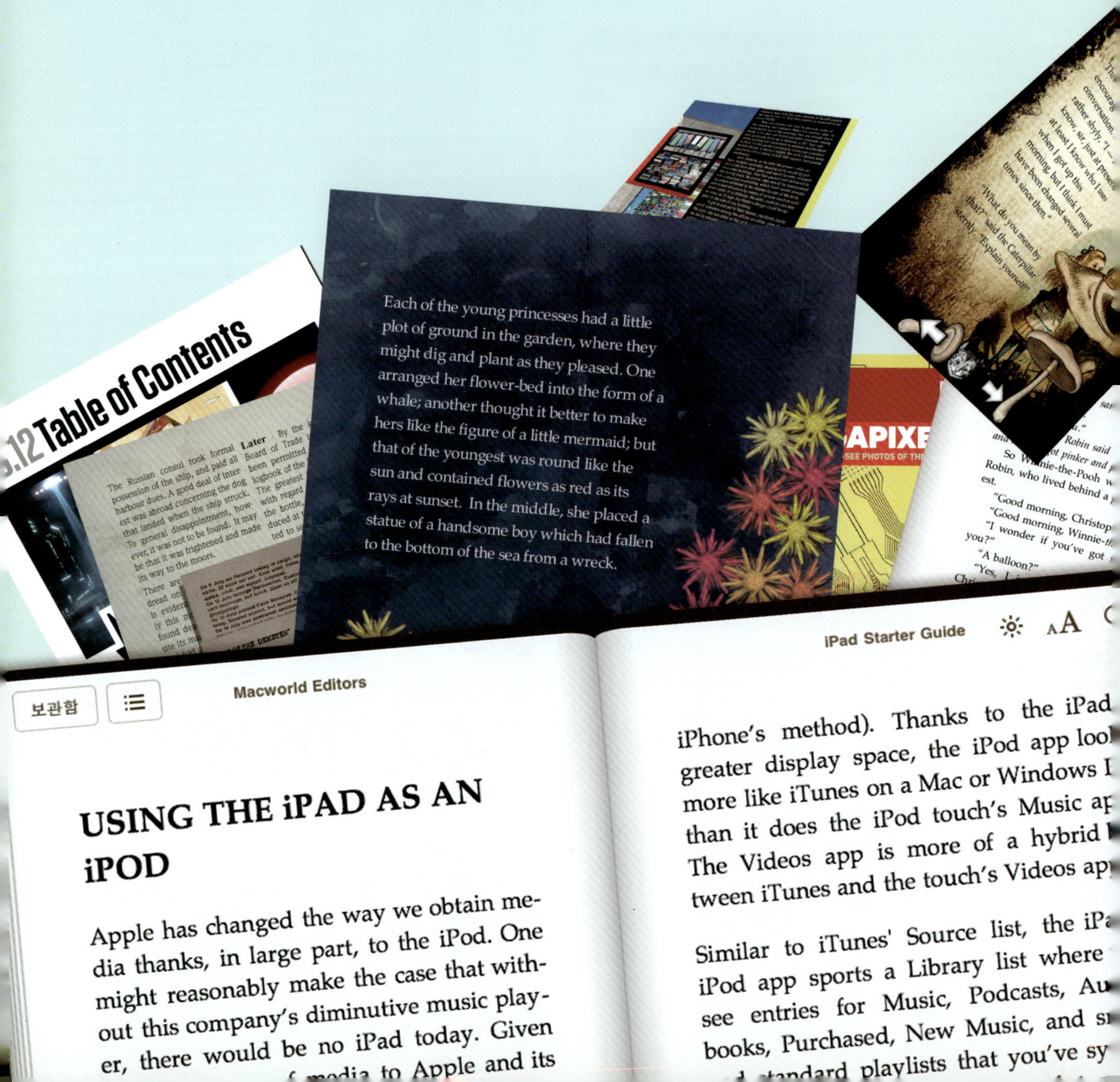

보관함   Macworld Editors

USING THE iPAD AS AN iPOD

Apple has changed the way we obtain media thanks, in large part, to the iPod. One might reasonably make the case that without this company's diminutive music player, there would be no iPad today. Given

iPhone's method). Thanks to the iPad greater display space, the iPod app loo more like iTunes on a Mac or Windows I than it does the iPod touch's Music ap The Videos app is more of a hybrid tween iTunes and the touch's Videos ap

Similar to iTunes' Source list, the iPa iPod app sports a Library list where see entries for Music, Podcasts, Au books, Purchased, New Music, and s standard playlists that you've sy

02
아이폰, 아이패드를 즐기기 전에

Chapter 01
무선 인터넷의 시작

아이폰, 아이패드와 같은 모바일 스마트 기기를 이용할 때 반드시 알아두어야 하는 것이 무선인터넷입니다. 무선인터넷은 Wifi(근거리 무선 통신망)나 3G를 통해서 접속할 수 있으며 Wifi를 지원하는 해당 단말기(AP)에 접속하여 무선인 터넷을 사용할 수 있습니다. 3G는 전화통신이 가능한 대부분 모든 지역에서 사용할 수 있습니다.

1. Wifi를 이용하자

아이폰, 아이패드는 Wifi 단말기를 통해서 해당 지역범위 안에서 무선 인터넷을 사용할 수 있습니다. Wifi 단말기는 집이나 사무실 등에서 자주 사용하는 무선 공유기로 이해하면 됩니다. 무선 공유기가 설치된 곳이라면 해당 무선 공유기의 지역범위 안에서 무선 인터넷(Wifi)을 사용할 수 있게 되는 것입니다. 같은 방식으로 커피전문점이나 공공장소 등에서 Wifi를 무료로 지원하여 많은 사람들이 무선인터넷을 즐기고 있습니다.

집에서 자유롭게 무선인터넷을 사용하려면 무선공유기가 필요합니다. 070 인터넷 전화를 사용한다면 인터넷 전화설치에 사용된 단말기를 이용해도 됩니다. 그렇지 않다면 무선공유기를 새로 구입하는 것이 집에서도 원활한 무선인터넷을 즐길 수 있는 방법입니다.

무선공유기(iptime N104M)

무선공유기에는 각각 해당 암호를 부여할 수 있어서 외부의 접근을 차단할 수 있습니다. 따라서 집에서 사용하는 무선공유기에 위층, 아래층 등 주변에서 접속할 수 없도록 제어하는 것입니다. 무선공유기의 인터넷 속도와 보안을 위해서라도 반드시 암호를 세팅하는 것이 좋습니다. Wifi를 지원하는 공공장소나 커피전문점 등에서는 대부분 Wifi를 무료로 지원하기 때문에 특정 암호가 없어도 무선인터넷을 사용할 수 있으며, 가끔 별도의 암호를 입력해야 접근할 수 있는 곳도 있습니다.

Tip

무선공유기의 암호를 세팅하는 방법

1. 우선 접속하고자 하는 무선공유기와 연결된 PC가 필요합니다. 인터넷 브라우저를 실행한 후 인터넷 주소창에 http://192.168.0.1 을 입력합니다.

2. 무선공유기 설정화면이 나타나는데 이 설정화면은 무선공유기의 제조사별로 다르게 나타날 수 있습니다. 그러나 세팅 옵션과 관리 방법은 대부분 같으므로 본 내용을 참고하면 됩니다. 여기서는 IPTIME의 무선공유기 모델 중 N104M 제품을 예로 들었습니다.

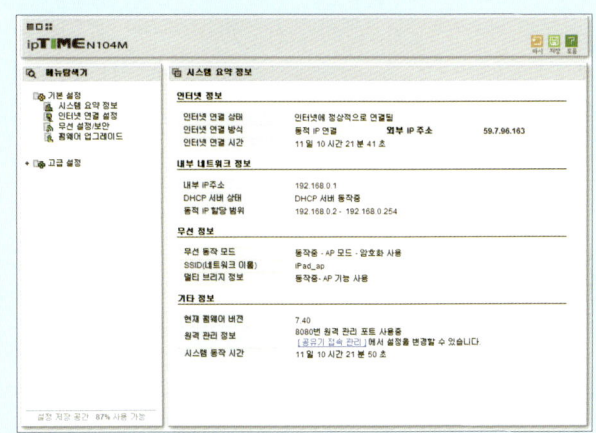

3. 관리도구로 들어가서 기본 설정 > 무선 설정/보안 탭을 선택합니다.

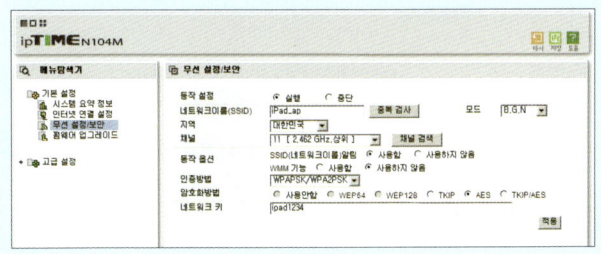

4. 네트워크이름(SSID)을 원하는 이름으로 넣어줍니다. 네트워크이름은 외부에서 접속할 때 구분하는 이름으로 자신이 사용하는 무선공유기의 명칭입니다. 여기서는 'iPad_ap'라고 이름을 입력하였습니다.

5. 인증방법을 'WPAPSK/WPA2PSK'로 선택하고 암호화 방법은 'AES'를 선택합니다.

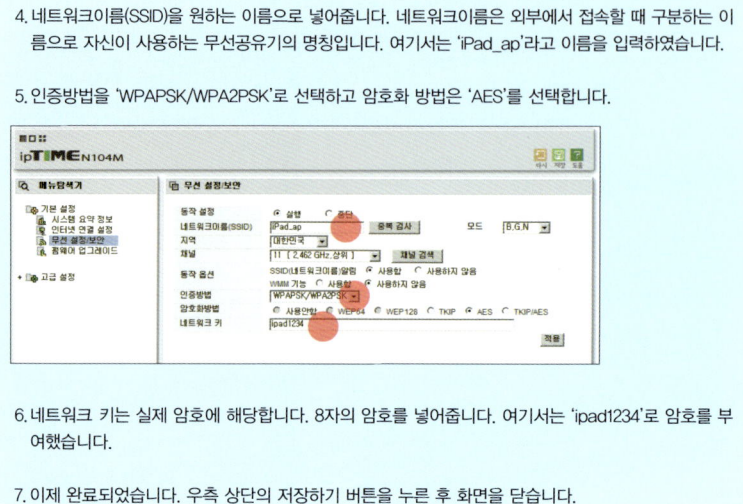

6. 네트워크 키는 실제 암호에 해당합니다. 8자의 암호를 넣어줍니다. 여기서는 'ipad1234'로 암호를 부여했습니다.

7. 이제 완료되었습니다. 우측 상단의 저장하기 버튼을 누른 후 화면을 닫습니다.

2. 3G를 이용하자

무선인터넷을 사용할 수 있는 또 다른 방법은 3G를 이용하는 것입니다. 3G로 접속하면 무선공유기가 없어도 인터넷에 접속할 수 있습니다. WiFi는 무선단말기와 해당 지역범위만 접속할 수 있는 만큼 대부분 무료로 사용할 수 있습니다. 3G는 무선단말기와 해당 지역범위도 필요없이 전국의 대부분 지역에서 접속되는 장점이 있으나 WiFi에 비해서 속도가 느리고 별도의 데이터요금이 부과되는 단점도 있습니다.

아이폰은 3G를 사용하는 휴대전화이므로 기본적으로 WiFi와 3G 모드를 둘 다 지원하며, 아이패드는 WiFi 전용모델과 WiFi + 3G 모델로 구분하여 구입할 수 있습니다. 아이팟터치는 WiFi만 지원됩니다.

[설정] > [Wifi]에서 Wifi를 끄면 3G 모드로 작동합니다.

Tip WiFi에 접속한 모습과 3G에 접속한 모습입니다.

3. 무선 인터넷에 접속하기

아이폰, 아이패드에서 무선인터넷에 접속하는 방법은 다음과 같습니다.

홈 화면에서 [설정] > [Wifi] 탭에서 Wifi On/Off를 이용해서 WiFi 사용 유무를 정할 수 있습니다. [네트워크 선택] 항목에서는 현재 접속할 수 있는 주변의 네트워크 이름이 나타나며 대부분 잠금 버튼으로 암호화되어 있습니다. 자신이 세팅한 무선공유기의 네트워크이름을 선택하고 암호를 넣어주면 WiFi를 이용한 무선인터넷을 사용할 수 있습니다.

앞서 알아본 무선공유기의 경우라면 iPad_ap를 선택하고 ipad1234를 입력하면 됩니다.

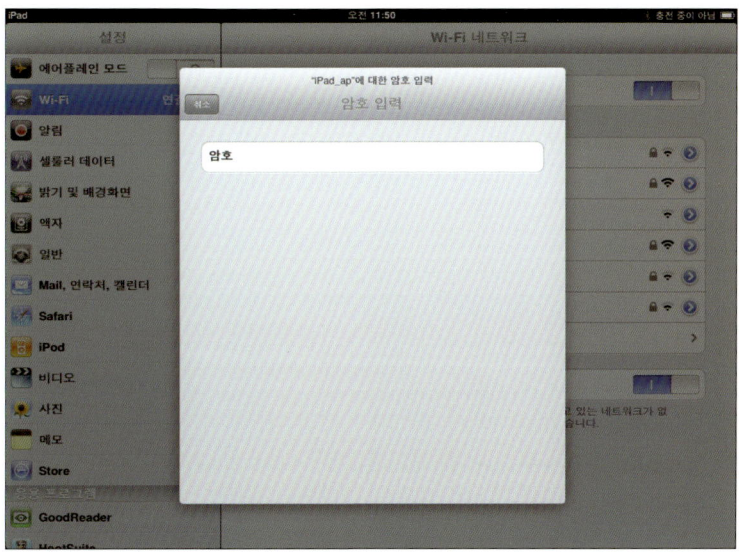

Tip Wifi를 Off하면 3G 모드로 자동 변경되어 인터넷 사용 시 무선데이터 요금이 부과됩니다. 아주 급하거나 특별한 경우가 아니라면 WiFi를 사용하기를 권합니다.

Chapter 02

아이튠즈(iTunes)를 이해하자

아이튠즈(iTunes)는 애플의 모바일 디바이스에 필요한 디지털 콘텐츠를 연결하는 허브역할을 합니다. 아이폰, 아이패드는 아이튠즈와의 '동기화'를 통해서 디지털콘텐츠를 관리하기 때문에 아이튠즈 시스템에 대해서 이해해야 합니다.

1. 아이튠즈 스토어(iTunes Store)

아이패드를 구입 후 사용하려면 가장 먼저 아이튠즈에 연결해야 합니다. Mac이나 PC에 아이튠즈를 설치한 후 아이패드를 USB로 연결하면 아이튠즈에서 아이패드를 인식하여 아이패드를 정상적으로 사용할 수 있게 됩니다. 아이튠즈는 항상 최신 버전으로 업데이트하는 습관을 지녀야 합니다. 아이튠즈는 애플사이트(http://www.apple.com)에 접속하면 최신 버전을 설치할 수 있습니다.

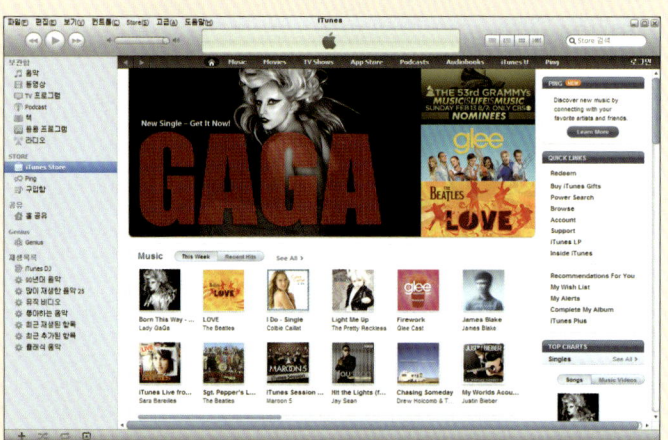

Mac이나 PC에서 아이튠즈의 스토어(Store)에 접속하면 음악, 동영상, 방송 콘텐츠 등을 구매할 수 있으며, 구매한 음악파일, 동영상파일을 재생할 수 있습니다. 이렇게 아이튠즈 스토어에서 구매한 디지털 콘텐츠들은 '동기화'라는 과정으로 아이폰, 아이패드로 전송할 수 있습니다.

아이튠즈는 아이폰, 아이패드의 데이터 백업 기능이 있습니다. 그러므로 한번 백업을 해놓으면 아이폰, 아이패드를 리셋(초기화)했을 경우라도 당시 시스템 환경을 포함한 모든 백업 데이터를 100% 복원합니다.

아이튠즈는 애플의 모든 디바이스 기기에 설치되기 때문에 Mac, IBM PC뿐만 아니라 아이팟터치, 아이폰, 아이패드들에서도 해당 어플리케이션을 통해 아이튠즈에 접속할 수 있습니다. 다양한 디바이스 기기에서 구매한 콘텐츠를 통일하기 위해서 동기화 개념을 사용하고 있습니다.

2. 앱 스토어(App Store)

앱 스토어는 아이폰, 아이패드의 유용한 애플리케이션이 모여 있는 디지털 마켓입니다. 전 세계 개발자들에겐 새로운 기회의 땅이라고 불릴만큼, 소수의 개발인원으로도 고수익을 얻을 수 있는 기회와 환경이 주어지는 곳이기도 합니다.

앱 스토어에는 아이폰 전용 앱 스토어와 아이패드 전용 앱 스토어로 나누어져 있으며, 등록된 30만 개의 앱들이 아이폰, 아이패드를 경쟁력있는 모바일 리더로 이끌고 있습니다.

2011년 1월, 맥 유저를 위한 맥용 앱 스토어가 오픈되어 많은 애플 유저들에게 사랑을 받고 있습니다.

3. iBook Store

iBook Store는 애플이 만든 전자책 스토어이자, 본 책에서 가장 중점적으로 다루는 곳이기도 합니다. 기본 개념은 앱 스토어와 동일하지만 현재 아이폰, 아이패드의 iBooks 앱을 통해서만 접속이 가능합니다.

iBooks 앱은 iBook Store로 접속하여 eBook을 구매할 수 있으며 구매한 eBook을 볼 수 있는 eBook 뷰어입니다. 국제 전자출판 표준포맷인 ePUB 파일과 PDF 파일을 지원하며 상당히 빠르고 안정적입니다.

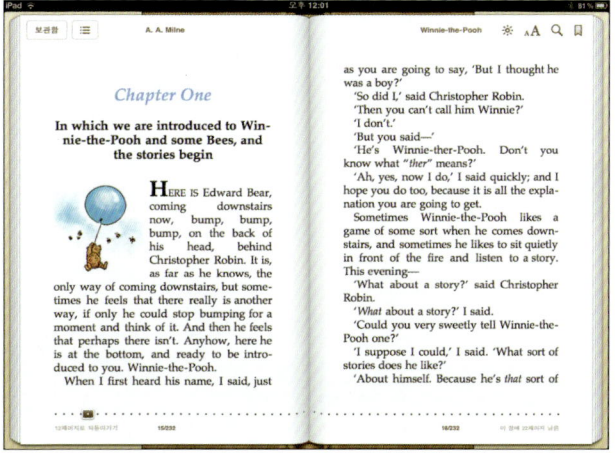

Chapter 03
아이튠즈 계정 만들기

아이폰, 아이패드를 원활히 사용하려면 아이튠즈 계정을 만들어야 합니다. 아이튠즈의 계정을 만드는 이유는 크게 2가지입니다. 우선은 아이튠즈와 아이폰, 아이패드를 연동하는데 필요한 인증을 위함이고, 두 번째는 음악, 영화, 드라마 또는 앱 스토어의 앱을 구매한 후 결제인증을 위해 필요합니다.

1. 아이튠즈 스토어(iTunes Store)

아이튠즈는 나라별로 서비스되는 아이튠즈(아이튠즈 스토어, 앱 스토어, 아이북 스토어) 콘텐츠가 다르게 구성됩니다. 그 이유는 나라별로 디지털콘텐츠의 법적 규제와 심의가 다르기 때문입니다. 각 나라의 문화적 특성에 따라서 콘텐츠 등록 수가 다르기 때문에 2~3개의 나라별 아이튠즈 계정을 만들어 놓는 것도 좋은 방법입니다.

국내 유저들은 한국 계정을 포함해서, 미국, 홍콩, 일본 계정을 만들어 활용하는 분들이 많습니다. 특히 국내의 특수(?)한 환경으로 앱 스토어의 게임 카테고리는 존재하지 않습니다. 따라서 아이폰, 아이패드에서의 게임을 즐기기 위해 미국, 홍콩, 일본의 아이튠즈(앱 스토어) 계정으로 접속하여 구매하는 유저들이 많습니다.

> **Tip** 아이튠즈 계정은 이메일 주소로 구분하며 앱 스토어, iBook Store 계정과 동일합니다. 예를 들어서 a@b.com이라는 한국 아이튠즈 계정을 만들었다면 아이튠즈 스토어, 앱 스토어, iBook Store에서 필요한 콘텐츠, 앱, eBook 등을 구매할 수 있게 됩니다. 물론 한국에서 운영되는 아이튠즈에서 가능합니다. 한국이 아닌 미국, 일본, 홍콩의 아이튠즈에서 콘텐츠를 구매하려면 나라별 아이튠즈 계정을 따로 만들어야 합니다.

아이튠즈 계정을 생성한다는 것은 아이튠즈 스토어에서 음악, 동영상 등을 구매하거나 앱 스토어에서는 앱을 구매하고, iBook Store에서는 eBook을 구매하기 위함입니다. 아이튠즈 계정으로 디지털콘텐츠의 결제방법에 대해서 알아보도록 하겠습니다.

2. 아이튠즈의 디지털콘텐츠(앱) 결제 수단

아이튠즈 계정을 생성할 때는 반드시 결제해야 합니다. 무료 콘텐츠는 상관없지만, 유료 콘텐츠는 유료 결제를 이용해야 사용할 수 있습니다. 유료 결제 방법은 신용카드에 의한 결제와 Paypal을 이용한 결제 그리고 아이튠즈 기프트 카드(Redeem 코드)에 의한 결제로 구분할 수 있습니다.

국내에서 가장 일반적으로 사용하는 결제방법은 아이튠즈 계정을 생성할 때 등록한 신용카드를 이용하는 것입니다. 쉽고 빠르게 결제되며 이메일을 통해서 정확한 구매내역을 확인할 수 있기 때문입니다.

아이튠즈 기프트 카드는 신용카드가 발급되지 않는 사용자를 위한 배려입니다. 특히 국내 신용카드 인증이 어려운 미국 아이튠즈 스토어에서 유료 콘텐츠(앱)를 구매해야 할 때 아이튠즈 기프트 카드를 이용하기도 합니다. 아이튠즈 기프트 카드는 국내에서 구입할 수 없으나, G마켓이나 옥션 등을 이용하면 아이튠즈 기프트 카드의 코드번호만을 구입할 수도 있습니다.

아이튠즈 기프트 카드. 뒷면의 코드번호를 Redeem 코드로 넣어주면 금액만큼 충전됩니다.

> **Tip** 미국 아이튠즈 스토어(앱 스토어, iBook Store 포함)는 전세계 애플의 아이튠즈 스토어 중에서 가장 많은 콘텐츠가 등록된 마켓이기 때문에 미국 아이튠즈 계정을 하나 정도 보유하고 있는 것이 좋습니다.

아이튠즈 (한국)계정 만들기

아이튠즈 계정을 만들어보겠습니다.

 PC에서 아이튠즈를 실행하고 하단의 국가설정에서 한국을 선택합니다. 여기서 선택된 나라에 맞춰진 아이튠즈 계정이 생성됩니다. 미국 계정을 만들려면 미국을 선택하면 됩니다.

아이튠즈의 우측 상단에 '로그인'을 클릭하고 '새로운 신규 계정 생성'을 클릭합니다.

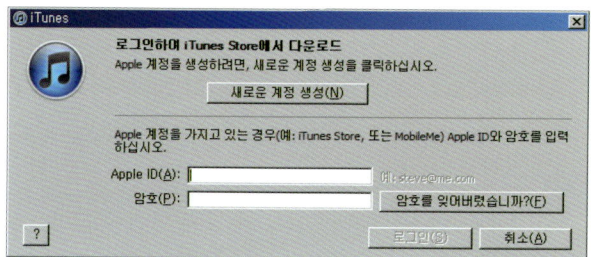

아이튠즈 상단 중앙의 App Store를 선택하고 우측 사이드 바의 Free App 중에서 'Free' 버튼을 누르면 로그인 창이 나타납니다.

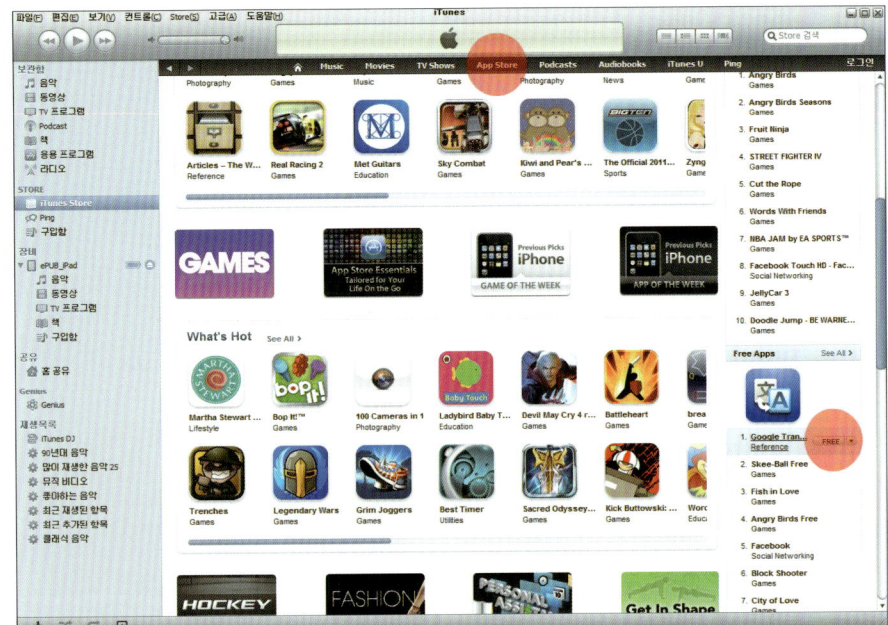

 로그인 창이 나타나면 '새로운 계정 생성'을 클릭합니다.

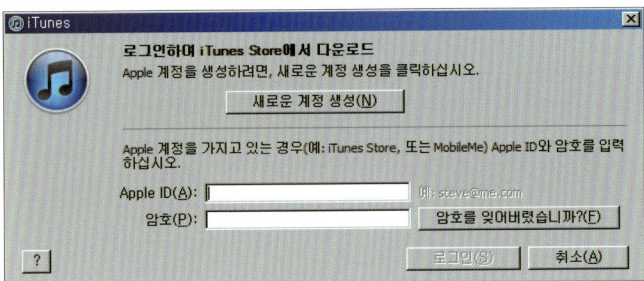

 한국 계정을 만들 때 신용카드 없는 무료 계정을 만들려면 이와 같은 방법을 사용하면 됩니다.

 이메일 주소와 비밀번호를 넣어주고 관련 개인정보도 기입합니다. 간혹 비밀번호 한 자리 이상을 대문자로 해야 한다는 문구가 나타납니다.

미국 아이튠즈 계정을 위한 국내 신용카드는 인증되지 않으므로, 지급방식을 None으로 선택합니다. None으로 선택해도 무료 앱 / eBook은 다운로드 받을 수 있습니다. 여기 서는 미국 내 주소를 정확히 입력해야 합니다. 실존하지 않는 주소를 넣지 않으면 계정 은 생성되지 않습니다.

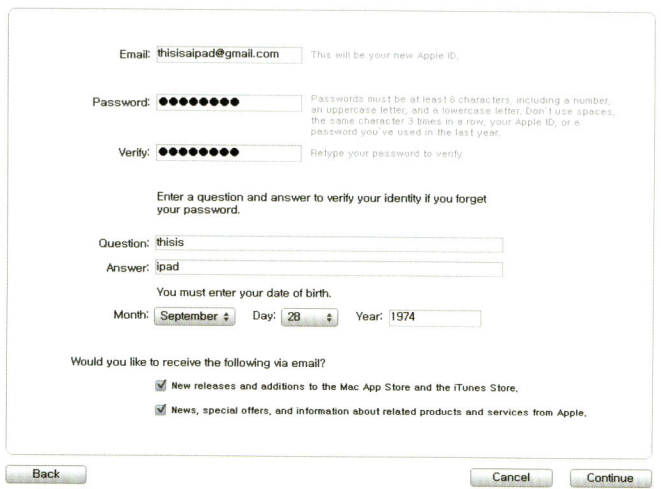

Tip 아이튠즈 기프트 카드가 있다면 카드 뒷면의 코드번호를 iTunes Gift Cards and Certifications에 넣어주면 됩니다. 그러면 해당 금액만큼 결제금액이 충전됩니다.
아이튠즈 기프트 카드가 없다면 공백으로 넘어갑니다.

6 성공적으로 입력되면 등록한 이메일 주소로 인증 메일을 보냅니다. 메일을 확인해보면 인증절차 메일이 수신됩니다. Verify Now를 누릅니다.

7 등록한 아이튠즈 계정의 이메일 주소와 비밀번호를 입력하면 계정등록이 완성됩니다.

8 이제 아이튠즈(아이튠즈 스토어, 앱 스토어, iBook Store)에서 디지털콘텐츠(앱 / eBook)을 구매할 수 있습니다. 유료 콘텐츠(앱 / eBook)를 구입하려면 아이튠즈 기프트 카드를 이용하여 Redeem 코드 값을 넣어서 충전하면 됩니다.

Tip 미국 아이튠즈 계정은 국내 신용카드(VISA)가 등록되지만, 미국에서 인증되고 발행된 신용카드가 아니라면 1~2개월 안에 블록(차단)되는 경우가 있습니다. 이는 등록한 주소와 신용카드 주소 정보 가 다르기 때문입니다. 따라서 가장 안전하게 미국 아이튠즈 스토어를 이용하는 방법은 미국 아이 튠즈에서 무료 계정을 생성한 후 아이튠즈 기프트 카드로 금액을 충전하여 사용하는 것입니다. 국 내 사용자들이 가장 많이 사용하는 방법이기도 합니다.

아이튠즈 기프트 카드 등록하기

아이튠즈 기프트 카드를 등록하는 방법에 대해 알아보겠습니다.
미국 앱스토어나 iBook Store의 유료 콘텐츠를 구매하려면 아이튠즈 기프트 카드를 구매하여 금액을 충전한 후 사용해야 합니다. 아이튠즈 기프트 카드는 국내에서 판매되지 않지만, G마켓이나 옥션 등의 인터넷 쇼핑몰에서 손쉽게 구입할 수 있습니다. 실물 카드가 아닌 카드 뒷면의 코드번호만 발송해줍니다.

 기존에 아이튠즈 미국 계정이 있다면 로그인 후 바로 금액을 충전할 수 있습니다. 미국 계정으로 로그인한 후 우측 Quick LINKS에서 Redeem을 선택하면 Redeem 코드를 입력할 수 있는 창이 나타납니다.

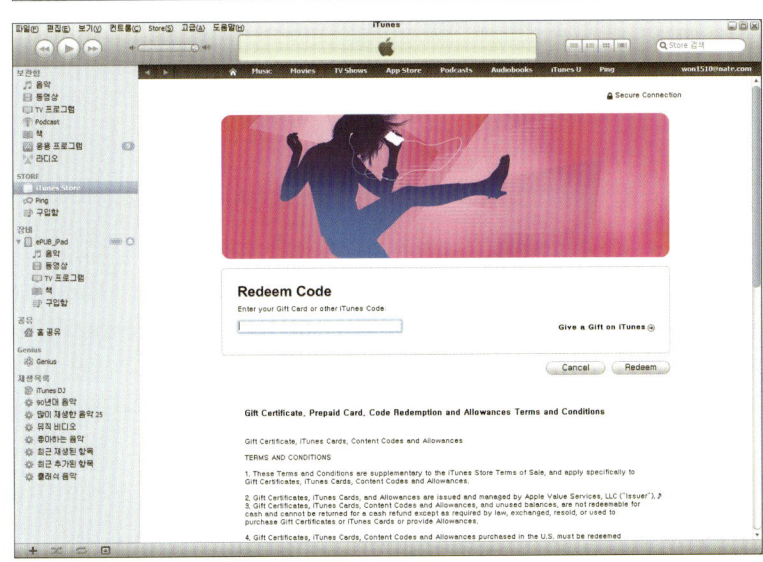

ePUB for iBooks

아이튠즈 기프트 카드의 뒷면을 동전으로 긁어보면 Redeem 코드 번호를 얻을 수 있습니다. 미국 계정은 없고 아이튠즈 기프트 카드만 있는 경우는 앞서 소개한 미국 계정 만드는 방법에서 신용카드 등록하는 단계에서 iTunes Gift Cards and Certifications에 Redeem 코드번호를 넣어주면 미국 계정이 생성됨과 동시에 금액이 충전됩니다.

Tip

아이폰, 아이패드에서 아이튠즈 기프트 카드 등록하는 방법

아이폰, 아이패드에서 [설정 〉 Store 〉 로그인]으로 가서 미국 아이튠즈 계정으로 로그인합니다. 앱 스토어로 들어가서 하단에 위치한 Redeem 버튼을 누르면 아이튠즈 기프트 카드의 코드번호를 넣을 수 있습니다. 아직 한국 계정에서는 사용할 수 없습니다.

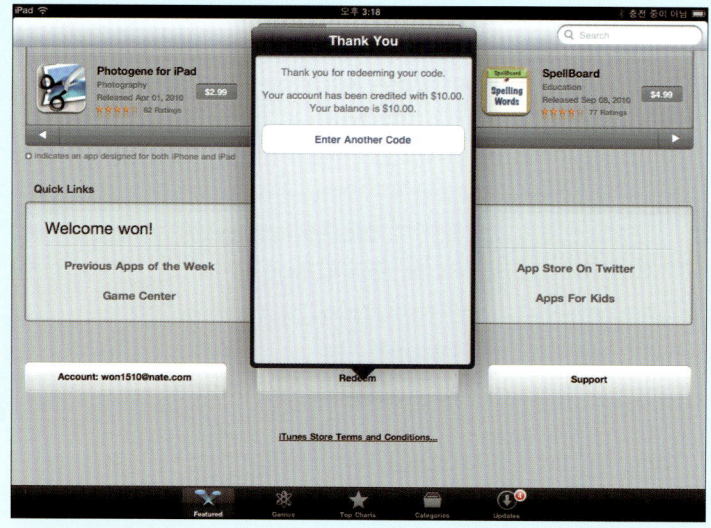

Chapter 04
앱을 구매하고 관리하기

아이폰, 아이패드 콘텐츠의 핵심이라 불리는 앱 스토어에서 실제 앱을 구매해 보겠습니다. 앱 스토어의 앱을 구매하는 방법은 Mac, IBM PC에 설치된 아이튠즈를 이용하여 구매하는 방법과 아이폰, 아이패드에서 직접 앱 스토어에 접속하여 구매하는 방법이 있습니다. 여기서는 아이패드에서 앱을 구매하는 방법에 대해서 알아보도록 하겠습니다(아이폰도 동일합니다).

1. 아이튠즈 계정을 기기(아이패드)에 등록하기

앱 스토어에 접속하기 전에 먼저 준비되어야 할 것은 앞서 생성한 아이튠즈 계정을 아이패드에 등록하는 것입니다. 아이튠즈 계정이 아이패드 기기에 등록이 되어야 앱스토어의 앱이나 iBook Store의 eBook을 구매할 수 있기 때문입니다. 아이패드에서 [설정 〉 Store]에 들어가면 아이튠즈 계정으로 로그인할 수 있습니다. 로그인되면 해당 계정으로 등록된 신용카드로 결제됩니다.

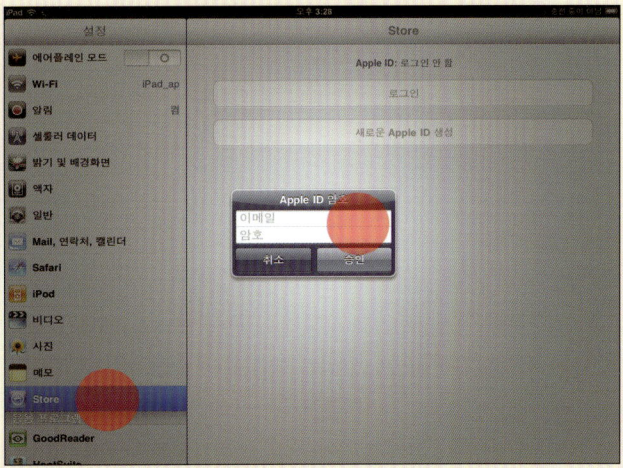

2. 무료 인기 1위 앱 구매하기

일반적으로 검색 창에 원하는 앱을 찾는 방법과 앱 스토어에 등록된 앱을 살펴본 후 구매하는 방법이 있습니다. 여기서는 앱 스토어로 접속하여 무료 인기 1위의 앱을 찾아본 뒤 앱을 구매해보겠습니다.

아이패드 홈 화면에서 App Store를 선택하면 앱 스토어로 접속할 수 있습니다. 만약에 앱 스토어에 처음 접속했다면 '무료 iBooks를 지금 다운로드 하시겠습니까?'라는 메시지가 나타나며 다운로드를 누르는 즉시 iBooks 앱이 설치됩니다. 그러나 이미 iBooks 앱을 설치했다면 메시지 창은 나타나지 않습니다.

> **Tip** 앱 스토어는 무선인터넷(WiFi)에 연결되어 있거나, 3G 모드일 경우 접속이 가능합니다.

앱 스토어 하단의 인기차트 탭으로 들어가면 유료 인기 iPad APPS 순위와 무료 인기 iPad APPS 순위가 나타납니다. 무료 인기 1위 앱을 구매해보겠습니다.

그림에서 보이는 무료 인기 1위 앱은 아이패드에서 YTN 뉴스를 볼 수 있는 YTN for iPad 입니다. YTN 아이콘을 터치하여 들어가면 YTN for iPad 앱에 대한 상세한 정보가 나타납니다. 화면의 스크린 샷을 좌우로 밀면 이미지가 스크롤 됩니다. YTN 아이콘 하단의 무료 버튼을 누르면 App 설치로 바뀌고 한 번 더 누르면 설치됩니다.

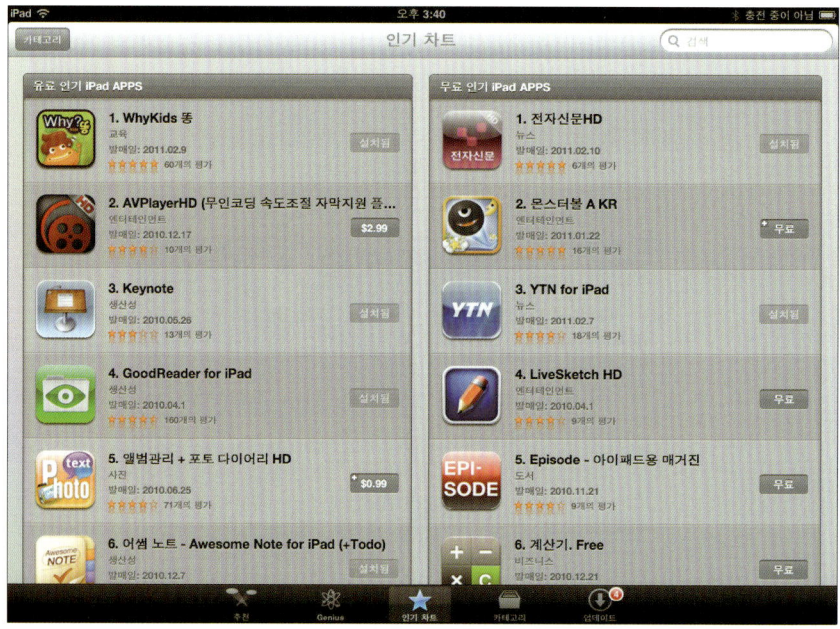

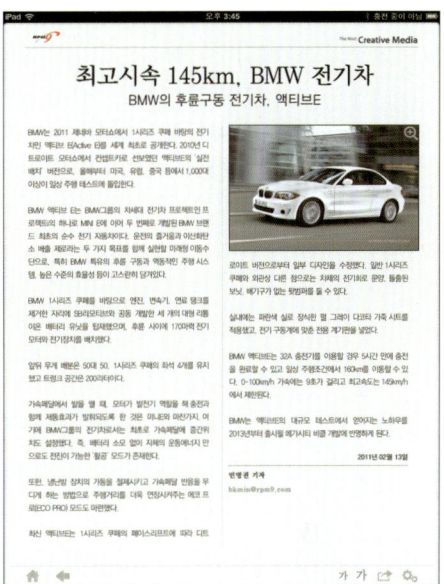

Tip 유료 앱인 경우도 구입방법은 동일하지만, 신용카드 결제처리가 된다는 점이 다릅니다.

3. 앱의 삭제 및 앱폴더의 활용방법

01 앱 삭제 및 이동

앱을 삭제하려면 삭제하고자 하는 앱을 손가락으로 2~3초 정도 누르고 있으면 앱이 흔들거리면서 상단에 ⓧ 표시가 나타납니다. ⓧ를 누르면 삭제되고 앱을 드래그해서 움직이면 위치가 이동됩니다. 가운데 홈 버튼을 누르면 다시 원상복귀 됩니다.

02 앱폴더 활용

아이폰, 아이패드를 사용하다 보면 앱스토어에서 수많은 앱을 다운로드하게 됩니다. 그러나 앱이 많아지면 나중에 찾기도 어렵고, 비슷한 앱들이 서로 다른 탭 페이지에 있어서 분류하기도 불편해집니다. 이럴 때 앱폴더 기능을 이용하면 손쉽게 앱들을 분류할 수 있습니다.

앱을 삭제했던 방법과 동일하게 앱을 2~3초간 눌러 '지글모드'로 변환한 후 합치고 싶은 앱 위에 드래그하여 올려놓으면 2개의 앱이 폴더로 합쳐지면서 폴더 명을 정할 수 있습니다. 교통, 도서, 네트워크 등 사용자만의 원하는 앱폴더를 사용할 수 있습니다.

Tip 앱폴더 한 개에 20개의 앱을 담을 수 있습니다.

Chapter 05

아이튠즈 활용하기

아이튠즈는 '동기화'라는 과정을 통해서 디지털콘텐츠(음악, 동영상, 앱, eBook)를 Mac, PC, 아이폰, 아이패드 등의 기기로 전송합니다. 아이튠즈의 동기화는 그동안 알고 있던 기기 동기화 개념과는 약간 다르기 때문에 많은 유저들이 낯설게 생각하는 편입니다. 하지만 개념을 이해하면 정말 편하고 효율적인 시스템이라는 것을 알게 될 것입니다. 본 장에서는 iBooks의 원활한 활용을 위한 아이튠즈의 소개와 동기화 방법에 대해서 알아보겠습니다.

1. 아이튠즈의 화면구성

아이튠즈는 좌측 메뉴 바의 구성을 중심으로 서비스가 진행됩니다. 기본적으로 '보관함', 'STORE', '공유', 'Genius', '재생목록' 등이 있으며, 아이폰과 아이패드를 USB에 연결하면 '장비' 메뉴가 추가됩니다.

 보관함

내 컴퓨터(Mac / PC)에 콘텐츠를 보관을 해두는 곳으로 음악, 동영상, TV 프로그램, Podcast, 책, 응용프로그램, 라디오 등 콘텐츠 목록으로 구성되어 있습니다.

보관함은 말 그대로 콘텐츠를 보관하는 곳입니다. Mac, PC의 아이튠즈를 통해서 구매한 콘텐츠는 보관함에 담겨 지고, 동기화 과정을 통해 아이폰이나 아이패드로 전송됩니다. 반대로 아이폰, 아이패드에서 구입한 앱이나 eBook도 동기화 과정을 거치면 아이튠즈의 보관함으로 전송됩니다.

본인이 컴퓨터에 소장하고 있던 음악 파일(*.mp3)이나 드라마/영화 파일(*.mp4, *.mov), PDF, 이미지 파일 등을 아이튠즈 보관함에 넣어두면 동기화를 통해 아이폰, 아이패드로 전송할 수 있습니다. Mac, IBM PC, 아이폰, 아이패드에서 구매한 모든 디지털콘텐츠는 보관함에 담겨집니다.

02 Store

아이튠즈 스토어(iTunes Store)로 접속하는 메뉴이며, 음악, 영화/드라마 등을 구매하거나 아이폰, 아이패드의 앱을 구매할 수 있는 앱 스토어로 접속할 수 있습니다.

03 장비

아이튠즈와 연결된 아이폰, 아이패드 등의 기기정보와 콘텐츠를 보여주며 동기화 관리, 데이터를 백업과 복원 그리고 iOS(아이폰, 아이패드 운영체제)를 업데이트하는 곳입니다.

04 공유

1개의 아이튠즈 계정은 컴퓨터 5대까지 인증할 수 있습니다. 그리고 같은 계정으로 인증된 컴퓨터끼리는 '홈 공유' 기능으로 아이튠즈 콘텐츠를 공유할 수 있습니다. 예를 들어 집에 있는(같은 무선공유기를 사용하는) 데스크PC와 노트북에 아이튠즈를 설치하고 동일한 아이튠즈 계정으로 컴퓨터 인증을 했다면 홈 공유 기능으로 두 대의 컴퓨터에 있는 아이튠즈의 콘텐츠(앱, eBook등)를 공유할 수 있게 됩니다. 집이나 사무실에서 혼자 2대 이상의 컴퓨터에 아이튠즈를 사용하거나 가족이나 동료끼리 동일한 유료 아이튠즈 계정을 사용할 경우 유용합니다.

> **Tip** 컴퓨터 인증방법은 아이튠즈의 상단 메뉴에서 [Store 〉 이 컴퓨터 인증] 을 선택하여 아이튠즈 계정을 넣어주면 됩니다. 1개의 계정당 컴퓨터 5대까지 가능합니다.

05 Genius

각 음원의 정보를 분류하여 비슷한 느낌, 스타일의 음악을 선곡해주는 기능입니다. 예를 들면 경쾌한 느낌의 음악을 듣다가 Genius를 누르면 해당 아이튠즈의 음악파일 중에서 경쾌한 분위기의 음악을 찾아서 재생합니다. 아이튠즈에 음악파일이 많을수록 강력한 기능입니다.

06 재생목록

원하는 음악과 뮤직비디오 등을 자신만의 재생목록으로 만들어 관리할 수 있습니다.

Chapter 06

아이튠즈의 동기화

아이폰, 아이패드 사용자들이 가장 어려워하는 부분이 동기화입니다. 힘들게 다운받았던 음악, 동영상 파일들이 깨끗하게 날아가는 기현상을 경험했기 때문입니다. 아이튠즈의 동기화는 그간 우리가 쉽게 알고 있던 동기화 개념과는 약간 다릅니다. 아이튠즈의 동기화의 개념과 올바른 동기화 방법에 대해서 알아보도록 하겠습니다.

1. 동기화의 이해

내컴퓨터의 아이튠즈 스토어를 통해서 앱을 구입했거나 자신이 소장하고 있던 디지털콘텐츠(음악 파일, 사진, 동영상 파일, 앱, eBook 등)을 아이폰이나 아이패드에서도 감상하려면 동기화 과정을 통해서 전송해야 합니다.

예를 들면 PC에서 다운로드 받았던 영화, 드라마 등의 동영상을 아이폰, 아이패드에서 보려면 동기화를 해야 한다는 것입니다.

또는 반대로 아이폰, 아이패드에서 구입한 앱, 사진, eBook, 동영상 등을 PC의 아이튠즈로 전송하려면 동기화를 해야 합니다.

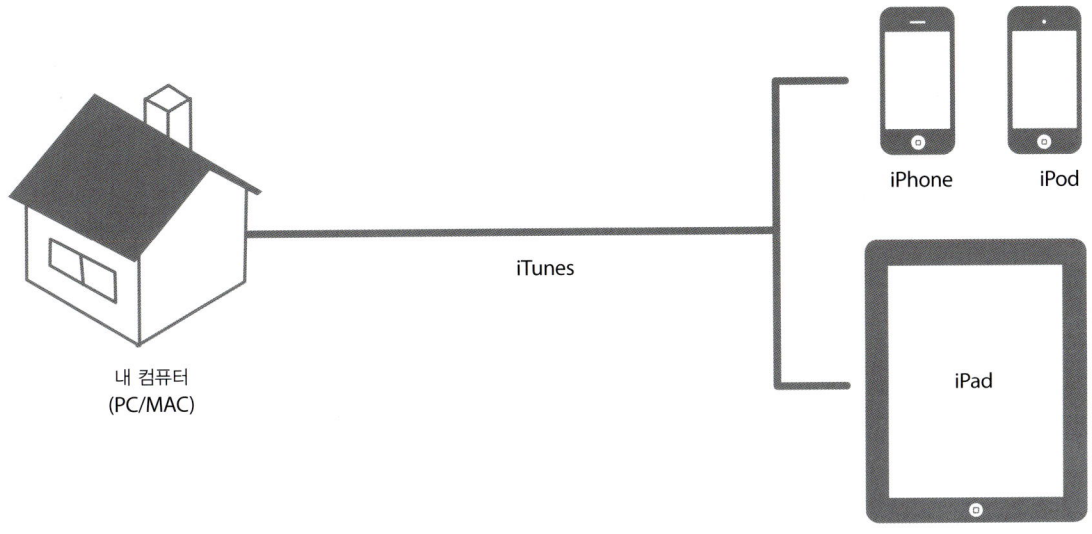

이처럼 디지털콘텐츠는 Mac, IBM PC, 아이폰, 아이패드 등에서도 각각 구할 수 있기 때문에 동기화 과정을 통해서 여기저기 흩어진 콘텐츠들을 관리해야 할 필요성이 있습니다.

그동안 알고 있던 동기화의 의미는 두 디바이스의 콘텐츠를 그대로 유지하며 데이터를 동일하게 맞추는 것으로 사용했지만, 아이튠즈는 Mac, IBM PC의 아이튠즈 환경을 기초로 동기화 프로세스가 진행됩니다.

 메인 아이튠즈로 사용할 컴퓨터 1대를 정의하고 아이튠즈 계정으로 컴퓨터 인증한 후 동기화하는 것이 가장 좋은 방법입니다.

아이튠즈의 동기화는 두 디바이스의 콘텐츠를 일관되도록 유지하는 것이 핵심입니다. 두 디바이스는 PC(IBM, Mac)와 아이패드(아이폰)를 의미하며 PC에 설치된 아이튠즈의 콘텐츠 환경(보관함)을 기준으로 동기화 됩니다. 모든 콘텐츠를 PC에 설치된 아이튠즈에서 관리할 수 있도록 환경을 갖추는 것이 중요합니다.

2. 올바른 동기화 방법

01 동기화의 기본 기준

가장 기본적인 동기화 기준은 PC에 설치된 아이튠즈를 기준으로 콘텐츠 동기화가 진행된다는 원칙입니다.

02 아이패드를 계속 사용해오다 아이튠즈에 동기화하는 경우

동기화를 하면 아이튠즈의 보관함 상태로 아이패드의 콘텐츠가 대체됩니다. 즉, 아이튠즈에는 아무런 콘텐츠가 없으므로 아이패드의 앱이 모두 삭제되고 초기 상태의 앱만 남게 됩니다.

따라서 이런 경우는 아이패드의 콘텐츠를 아이튠즈의 보관함으로 전송(구입항목 전송)하여 아이튠즈와 아이패드의 콘텐츠를 동일하게 만들면 해결됩니다. 동기화하기 전에 백업을 먼저 해두는 것도 좋은 방법입니다.

03 아이튠즈와 아이패드 모두 초기 상태에서 연결하는 경우

동기화를 하면 둘 다 같은 콘텐츠 환경에서 시작되므로 문제될 것이 없습니다. 앞으로 아이튠즈의 보관함에 담긴 콘텐츠를 중심으로 동기화를 진행하면 됩니다.

04 아이패드의 앱스토어에서 앱을 구매한 후 아이튠즈와의 동기화

아이패드와 PC의 아이튠즈가 이미 예전에 동기화 ㅎ되었다는 가정하에, 아이패드에서 앱스토어에 접속하여 앱을 구매한 후 PC의 아이튠즈와 동기화하면 새롭게 추가된 앱이 자동으로 보관함으로 전송됩니다.

.12 Table of Contents

Each of the young princesses had a little plot of ground in the garden, where they might dig and plant as they pleased. One arranged her flower-bed into the form of a whale; another thought it better to make hers like the figure of a little mermaid; but that of the youngest was round like the sun and contained flowers as red as its rays at sunset. In the middle, she placed a statue of a handsome boy which had fallen to the bottom of the sea from a wreck.

iPad Starter Guide

보관함

Macworld Editors

USING THE iPAD AS AN iPOD

Apple has changed the way we obtain media thanks, in large part, to the iPod. One might reasonably make the case that without this company's diminutive music player, there would be no iPad today. Given

iPhone's method). Thanks to the iPad' greater display space, the iPod app look more like iTunes on a Mac or Windows F than it does the iPod touch's Music ap The Videos app is more of a hybrid b tween iTunes and the touch's Videos app

Similar to iTunes' Source list, the iPa iPod app sports a Library list where see entries for Music, Podcasts, Au books, Purchased, New Music, and s

03
iBooks와 iBook Store의 활용

Chapter 01

iBooks와 iBook Store의 활용

이 장에서는 eBook 뷰어 앱으로 알려진 iBooks의 활용방법에 대해서 알아보도록 하겠습니다. 아이패드 기준으로 집필되었으며 활용방법은 아이폰과 동일합니다.

1. iBooks 앱 설치하기

iBooks 앱은 2가지 역할을 합니다. 첫 번째는 ePUB 파일과 PDF를 볼 수 있는 eBook 뷰어의 역할이고, 두 번째는 애플의 전자책 스토어인 iBook Store에 접속하여 eBook을 구매, 관리하는 역할을 합니다.

아이폰, 아이패드에서 iBooks 앱을 사용하려면 iBooks 앱이 설치되어 있어야 합니다. iBooks 앱이 없다면 앱 스토어로 가서 다운받아서 설치하기 바랍니다.

앱 스토어에 접속하여 상단의 검색창에서 iBooks를 입력하고 iBooks 앱을 설치하면 됩니다.

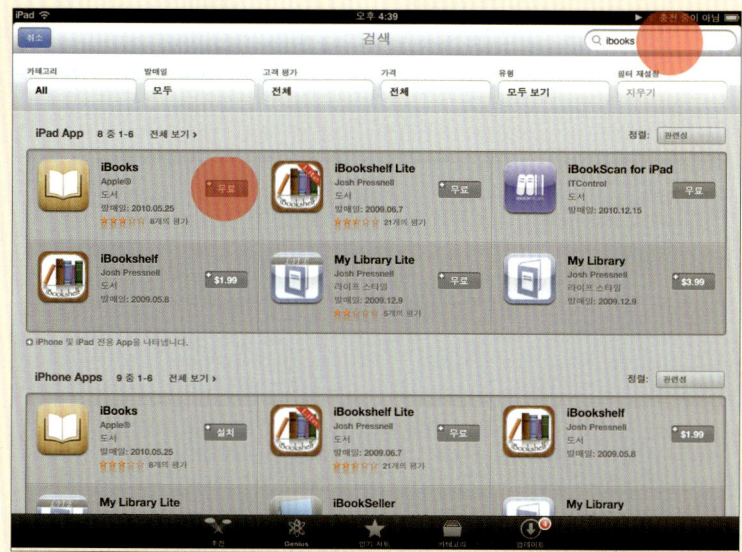

2. iBooks의 화면 레이아웃

eBook 뷰어로서의 iBooks 앱을 살펴보겠습니다.

먼저 iBooks 앱을 처음 실행하면 텅빈 책장이 나타납니다. 이 책장은 iBook Store에서 구매한(ePUB로 제작된) eBook이나 PDF 파일 등 eBook 콘텐츠를 보관·관리합니다.

 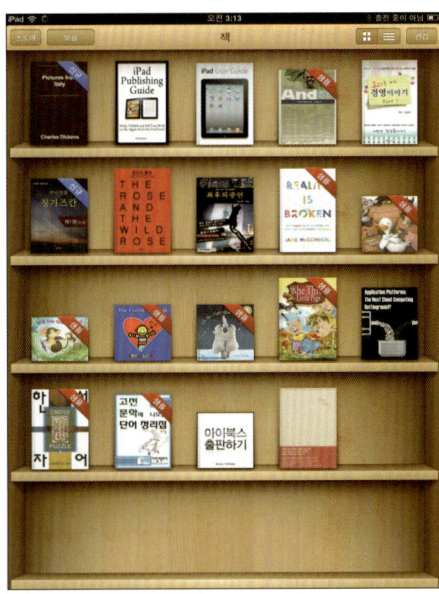

- 스토어 : eBook을 구매할 수 있는 iBook Store로 접속합니다.
- 모음 : eBook이나 PDF 파일 등을 구분할 수 있는 콘텐츠 폴더입니다. 해당 콘텐츠 목록을 선택하거나 책장을 좌우로 슬라이딩하면 이동됩니다.
- 책 : 책장의 이름입니다.
- 편집 : 원하는 콘텐츠를 선택해서 삭제하거나 다른 콘텐츠 폴더로 이동시킵니다.

Tip 책장을 아래로 드래그하면 검색 창이 나타납니다.

3. eBook 뷰어의 기능

iBooks에서 지원하는 eBook 뷰어로서의 기능에 대해서 살펴보겠습니다.

그림은 iBook Store에 등록된, ePUB으로 제작된 eBook Wimile the Pooh입니다. 화면에 손가락을 대고 움직이면 마치 실제 종이 책을 넘기는 효과를 볼 수 있으며 기기를 가로로 회전시키면 두 페이지 뷰로 바뀝니다.

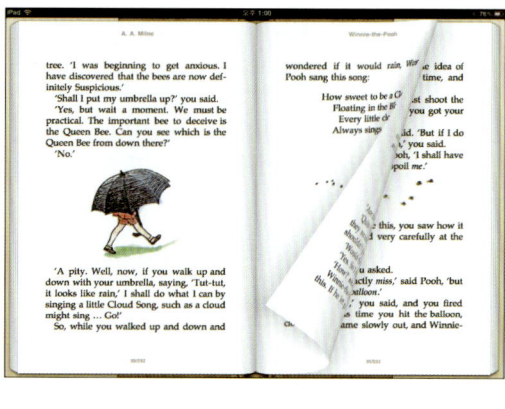

제작자의 설정에 따라서 'Table of Contents'의 항목을 터치하면 해당 페이지로 이동합니다.

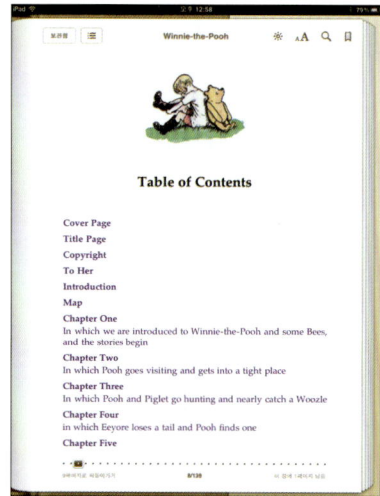

원하는 단어를 살짝 누르고 있으면 영역 도구가 나타납니다. 양쪽 끝에 위치한 점을 드래그 하면 해당 영역을 조정할 수 있습니다. 하이라이트는 중요한 문구에 형광펜을 사용한 듯한 마킹 표시를 해줍니다. 화면의 중앙을 한번 터치하면 위아래로 메뉴가 나타나고 다시 터치 하면 사라집니다. 하단 바는 원하는 페이지로 빠르게 이동할 수 있는 페이지 슬라이드 기능 입니다.

화면의 밝기, 텍스트 폰트의 종류와 크기를 조정할 수 있습니다. 텍스트의 폰트와 크기를 바꾸면 전반적인 본문 레이아웃이 변형될 수 있습니다.

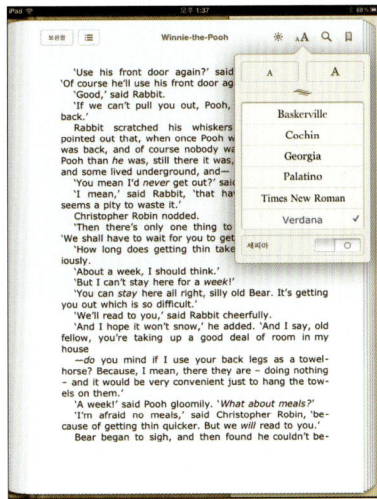 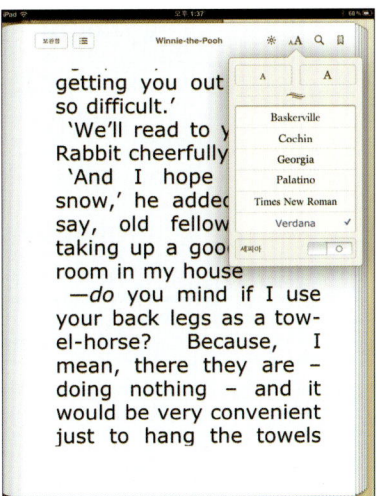

ePUB for iBooks

북마크, 책갈피 기능이 있어서 현재 페이지의 위치를 기억합니다. 목차 페이지에서 북마크 리스트를 확인할 수 있습니다.

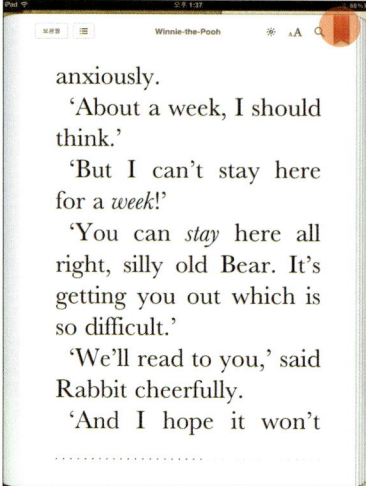 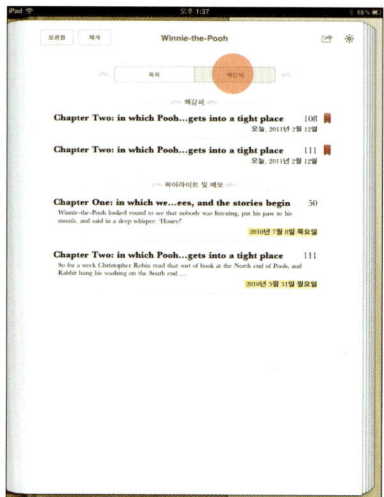

동영상이 삽입되어 멀티미디어 기능이 포함된 페이지를 구성할 수 있습니다.

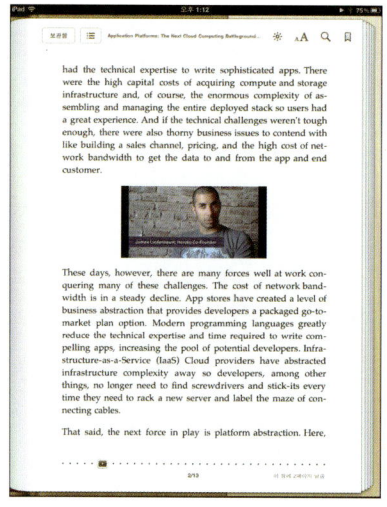 

어린이 동화책과 같은 일러스트 북의 효과도 볼 수 있습니다.

PDF로 제작된 파일을 볼 수 있습니다. PDF로 제작된 파일은 AirPrint 기능으로 즉시 출력도 가능합니다.

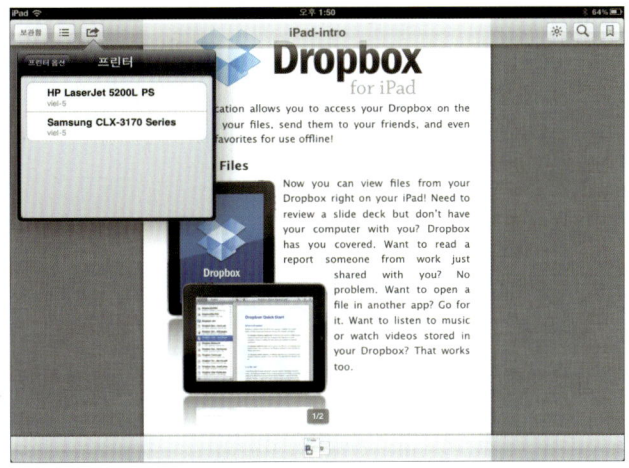

Tip Air Print는 같은 네트워크에 연결된 프린터에 적용됩니다.

4. PDF 파일을 iBooks에 넣어보자

우리가 일반적으로 많이 사용하는 PDF 파일을 iBooks 앱에 넣어보도록 하겠습니다. PC에 있는 PDF 파일을 iBooks로 보내려면 아이튠즈의 동기화로 전송해야 합니다. 아이튠즈와 아이패드를 연결한 후 동기화하면 iBooks의 PDF 폴더에 자동 등록됩니다. 단, 여기서 주의해야 할 것이 동기화입니다. 앞서 설명한 아이패드의 동기화에 대해서 반드시 숙지한 후에 사용하기를 권합니다.

PC에 보관하고 있는 PDF 파일 중에서 iBooks에 넣고자 하는 PDF를 선택합니다. 윈도우 탐색기에서 PDF파일을 아이튠즈의 보관함으로 드래그해서 넣습니다. 연결된 아이패드의 장비에 바로 드래그해도 되지만 보관함을 이용하는 습관을 갖는 것이 좋습니다.

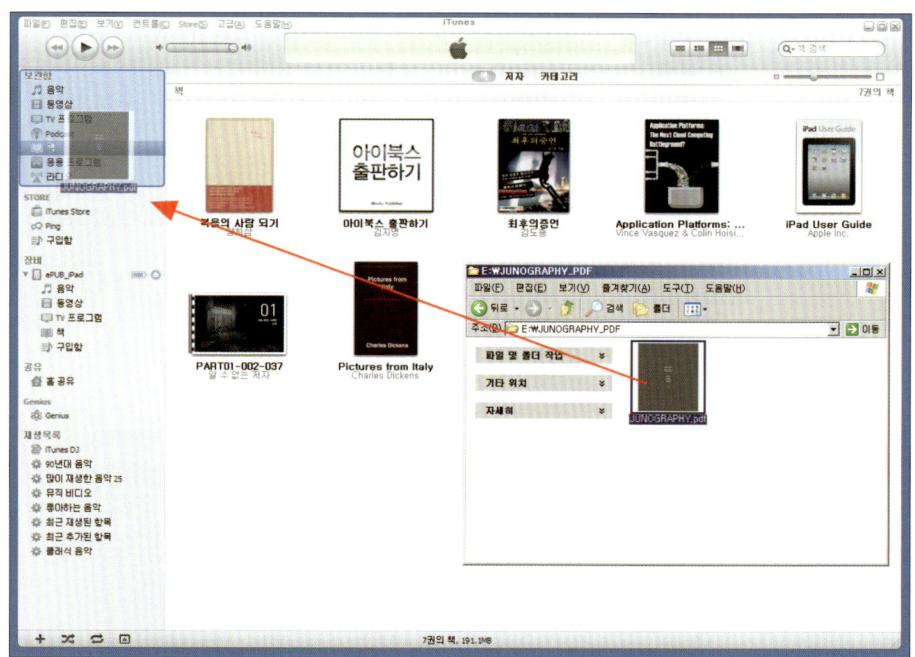

Tip MS OFFICE 2007부터는 MS-Word / Excel / Power Point 파일을 PDF로 생성하는 기능이 포함되어 있으니 iBooks와 연계하면 아주 유용하게 문서를 관리할 수 있습니다.

장비에서 자신의 아이패드(아이폰)를 선택한 후 상단의 책 카테고리로 들어갑니다. 책 동기화를 체크하고 아래 비활성화된 리스트에 방금 보관함으로 드래그한 PDF 파일이 있는지 확인합니다. 동기화하기 전에 [파일 > '~ 기기로 부터 구입항목 전송']을 진행하는 것이 좋습니다. 확인되었으면 하단의 동기화 버튼을 눌러서 아이패드로 전송합니다.

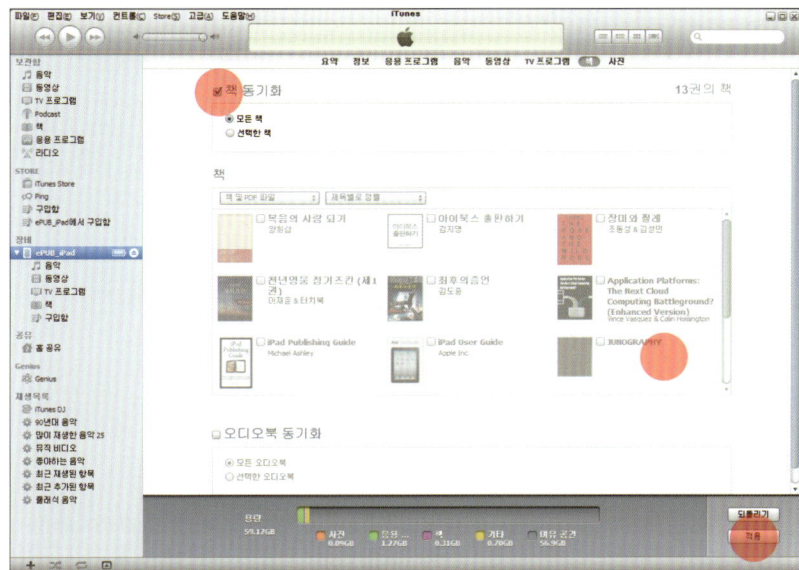

동기화가 끝나면 iBooks의 PDF 폴더에 파일이 전송되어 있습니다. 간혹 큰 이미지가 많이 포함된 PDF 파일은 초반 로딩 시간이 걸릴 수 있습니다.

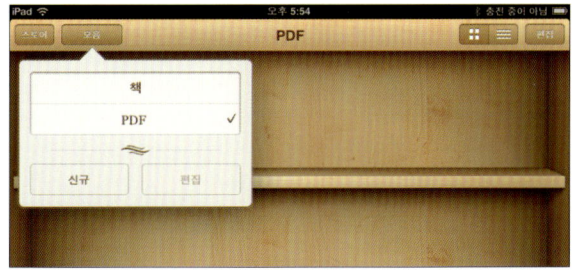

Tip *.epub 파일도 같은 방법으로 동기화하면 iBooks 앱에서 볼 수 있습니다. ePUB파일을 제작, 변환하는 방법은 다음 장에 자세히 소개되니 참고하세요.

iBooks 앱에서 PDF 문서를 확인합니다.

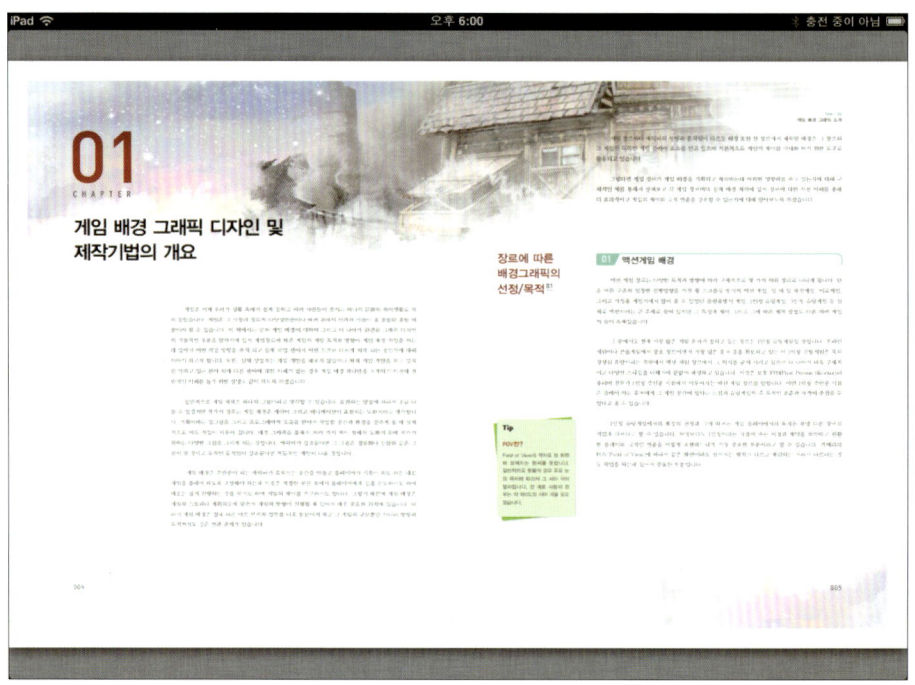

5. iBook Store 활용하기

01 아이튠즈 계정 확인하기

iBooks Store에 접속하여 eBook을 구매하기 전에 현재 아이패드에 로그인되어 있는 아이튠즈 계정에 대해서 확인해야 합니다. 한국 아이튠즈 계정이라면 로그아웃을 한 후 미국 아이튠즈 계정으로 로그인 합니다.

> **Tip**
> 한국 아이튠즈 계정으로 접속되는 iBook Store에서도 eBook을 구매할 수 있지만, 실제 애플의 심사 하에 출판사들이 eBook 콘텐츠를 등록할 수 없는 기본 스토어입니다. 이유는 나라별 출판 환경에 따라 협의되어야 할 이슈들이 많기 때문에 영미권 외의 나라에서 iBook Store가 오픈되려면 상당한 시간이 걸릴 것으로 예상됩니다. 현재는 미국 iBooks Store가 가장 활발한 마켓으로 운영되고 있습니다.

02 iBook Store에 접속하기

iBook Store의 전반적인 레이아웃은 앱 스토어와 비슷한 구조를 갖고 있습니다. 앱 스토어와 다른 점은 eBook의 상세 페이지 구성이 다르다는 것, 유료 eBook도 모두 맛보기 버전을 제공한다는 것이고, 해당 계정으로 eBook 구매내역을 볼 수 있다는 것입니다.

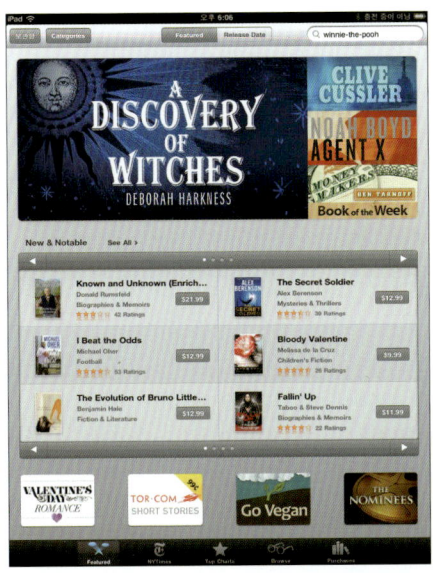 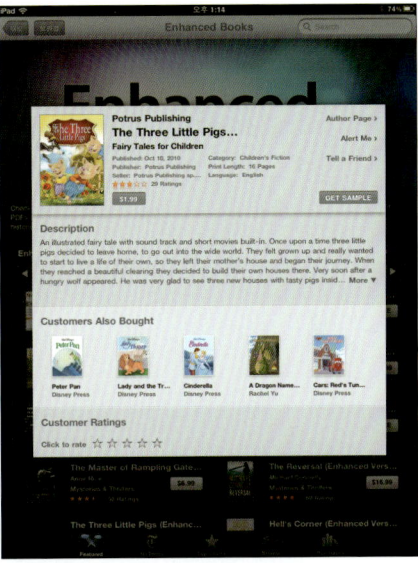

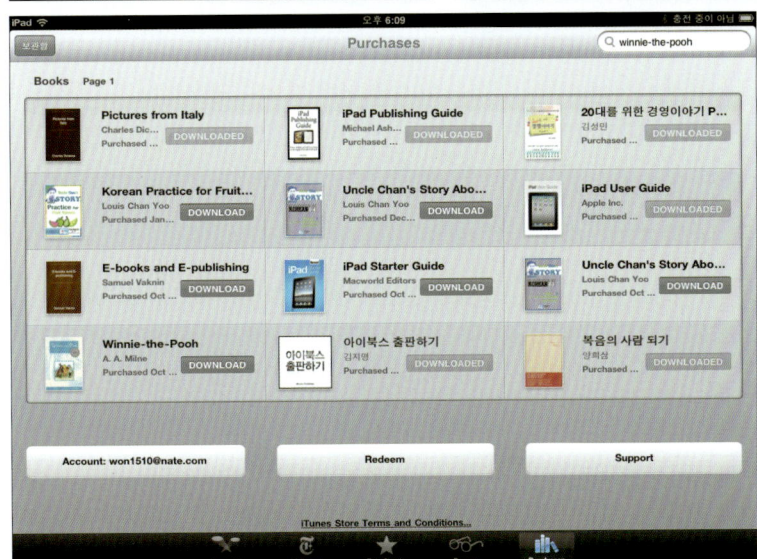

해당 계정의 구매내역을 관리할 수 있다는 점이 앱스토어와의 기능적 차이입니다.

 미국 계정을 2개 사용할 때 정확한 구매내역을 알고 싶다면, 아이패드를 부팅하거나 메모리에 상주되어 있는 iBooks를 삭제한 후 다시 실행하면 현재 계정으로 구매한 내역을 볼 수 있습니다.

02 eBook 구매하기

eBook을 구매하는 방법은 앱 스토어에서 앱을 구매하는 방법과 동일합니다. 원하는 카테고리 또는 검색 창을 활용하여 eBook을 찾아서 구입하면 됩니다. 미국에서 발행된 신용카드 또는 미국에서 인증하는 지불 방식으로 생성된 계정이 아니라면 유료 eBook은 구입할 수 없고 무료 eBook만 구입 가능합니다. 따라서 유료 eBook을 구매하려면 아이튠즈 기프트 카드를 이용해서 금액을 충전해야 합니다.

> **Tip** 2010년 가을, 아이튠즈 기프트 카드 외에 iBooks 기프트 카드도 출시되었다는 소식입니다.

이제 전자책 단말기로서의 아이폰, 아이패드에 대해서 살펴보았고, eBook을 즐기기 위해 필요한 iBooks와 iBook Store에 대해서도 알아보았습니다. 다음 장에서는 실제 ePUB 포맷에 대해서 알아보고 eBook의 제작방법과 만들어진 eBook을 iBook Store에 등록하는 방법에 대해서 알아보도록 하겠습니다.

Tip

미국 iBook Store에 한글로 등록된 주요 eBook

무료	아이북스 출판하기
	나는 내식대로 살아왔다
	자취생 이야기
	워시
	복음의 사람 되기
	일본어투 용어 순화 자료집
	나를 너희 편에 서게 하라
	숏츠
	Uncle Chan's Story about Korean
	Uncle Chan's Story about Korean
	최후의 증언
	장미와 찔레
	20대를 위한 경영 이야기 Part 1
유료	천년 영웅 칭기스칸(1~8권)
	소설 바우덕이
	국민일보 주말이야기
	속담풀이[익힘본]
	영어상식칼럼100
	교회 영상조명 가이드북
	교회 음향 가이드북
	지금 이곳에서 행복하기
	재미있는 일터 만들기
	컬러가 내몸을 바꾼다
	최고의 날 최고의 그리스도인
	고전문학에 나오는 단어
	나는 여자다, 나는 역사다
	CEO에게 생존을 묻다
	엘트랜다공주와 비비바바
	너 진짜 기도하니

위의 리스트는 사정에 따라 변동이 있을 수 있습니다.

ePUB for iBooks

… Each of the young princesses had a little plot of ground in the garden, where they might dig and plant as they pleased. One arranged her flower-bed into the form of a whale; another thought it better to make hers like the figure of a little mermaid; but that of the youngest was round like the sun and contained flowers as red as its rays at sunset. In the middle, she placed a statue of a handsome boy which had fallen to the bottom of the sea from a wreck.

Macworld Editors

USING THE iPAD AS AN iPOD

Apple has changed the way we obtain media thanks, in large part, to the iPod. One might reasonably make the case that without this company's diminutive music player, there would be no iPad today. Given

iPhone's method). Thanks to the iPad greater display space, the iPod app look more like iTunes on a Mac or Windows I than it does the iPod touch's Music ap The Videos app is more of a hybrid b tween iTunes and the touch's Videos ap

Similar to iTunes' Source list, the iPa iPod app sports a Library list where see entries for Music, Podcasts, Au books, Purchased, New Music, and sr playlists that you've sy

04
eBook을 만들어 보자

Chapter 01

ePUB(이펍)의 개요

eBook을 제작할 수 있는 ePUB에 대해서 알아보겠습니다.

1. ePUB의 탄생 배경

01 ePUB과 IDPF의 관계

ePUB는 Electronic Publication의 약어이며 '.epub'로 표현되는 파일 포맷을 통칭합니다. IDPF(International Digital Publishing Forum, 국제디지털출판포럼)는 1999년 기존에 활동하던 Open E-Book Forum의 역할을 승계한 국제기구이며, OEBPS 1.0(Open Ebook Publication Structure 1.0)을 발표하는 한편, 이후 2002년 OEBPS 1.2로 업데이트 하는 등의 활동을 펼쳐왔습니다.

Tip 최근 IDPF는 ePUB의 공식적인 로고를 공모를 통하여 그림과 같은 이미지로 결정하였습니다.

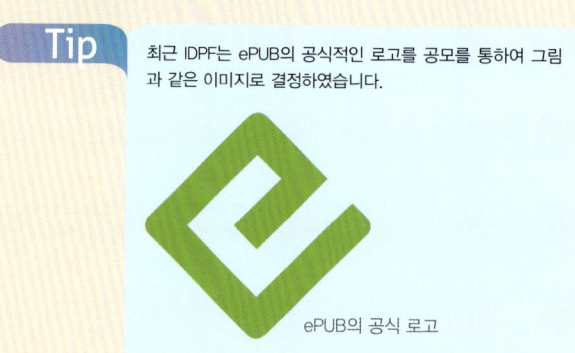

ePUB의 공식 로고

IDPF 사이트

이러한 OEBPS 1.2 표준을 바탕으로 2003년 이후 다양한 eBook 단말기들이 출시되었습니다. 단말기들이 독자적인 포맷(.pdb, .prc, .mobi, .lit, .imp, .lrf 등)을 채택하여 콘텐츠들을 제작, 제공함으로써 콘텐츠에 대한 이들 기기 간의 호환성이 모자랐고, 결과적으로 eBook 시장의 활성화에 실패하게 되었습니다.

이후 지속적인 논의를 바탕으로 2007년 9월 IDPF(국제디지털출판포럼)는 기존에 공표되었던 OEBPS 1.2를 대체하기 위한 포맷으로 XML 기반의 ePUB을 공식 채택하기에 이르게 되었습니다.

02 ePUB의 독자적 특징, Reflow 기능

IDPF는 과거 단말기 간에 서로 다른 포맷을 사용함에 따른 시장의 실패를 반복하지 않기 위해 하나의 디지털 결과물(.epub)을 가지고 다양한 단말기에서 함께 사용될 수 있도록 강력한 호환성을 규정하고, 또한 단말기가 갖는 화면 크기나 성능에 관계없이 사용될 수 있도록 콘텐츠의 Reflow를 지원하는 내용을 중심으로 ePUB 표준을 개정하였습니다.

> **Tip** ePUB → Reflow

Reflow는 ePUB 포맷의 가장 강력한 장점 중의 하나로써 PC와 같은 큰 화면에서 읽던 eBook 콘텐츠를 휴대폰과 같은 작은 화면에서 동일한 eBook을 읽거나, 또는 글자 크기를 크게 키우더라도 가독성을 해치지 않고 eBook을 자연스럽게 읽을 수 있도록 콘텐츠의 배열구성을 자동으로 바꾸어주는 것을 말합니다.

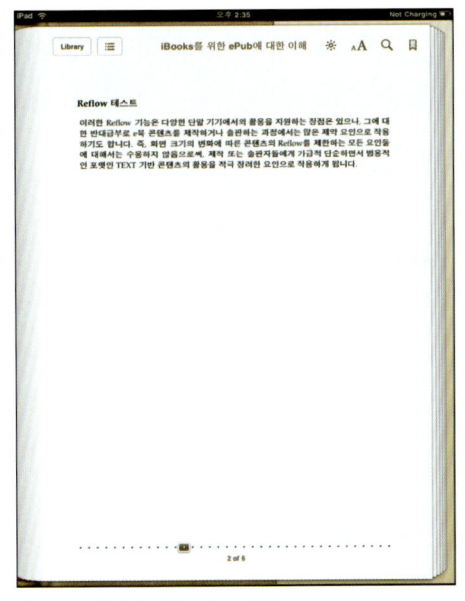
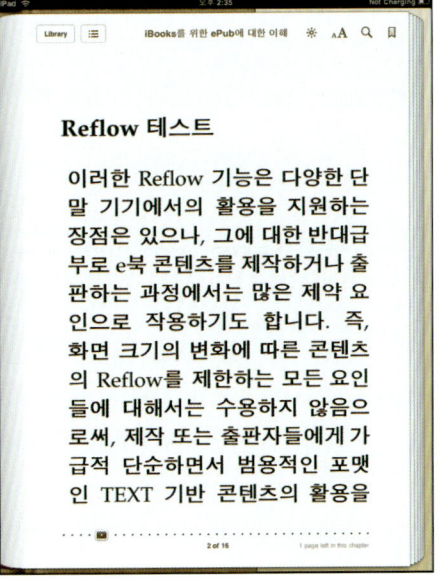

글자 크기 확대에 따른 Reflow 상태

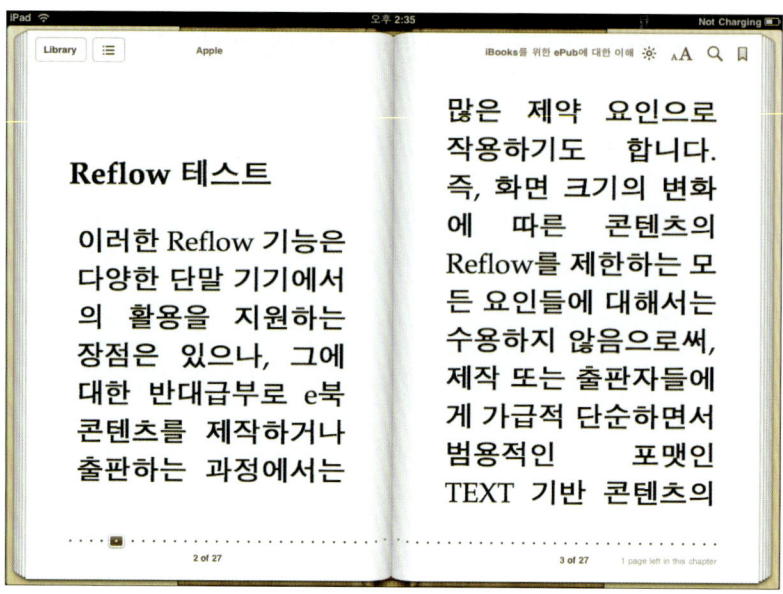

화면 크기 축소에 따른 Reflow

이러한 Reflow 기능은 다양한 단말기기에서의 활용을 지원하는 장점은 있으나, 그에 대한 반대급부로 eBook 콘텐츠를 제작하거나 출판하는 과정에서는 많은 제약 요인으로 작용하기도 합니다. 즉, 화면 크기의 변화에 따라 콘텐츠의 Reflow를 제한하는 모든 요인에 대해서는 수용하지 않음으로써, 제작 또는 출판 관계자들에게 가급적 단순하면서 범용적인 포맷인 Text 기반 콘텐츠의 활용을 적극적으로 장려한 요인으로 작용하게 됩니다.

2. ePUB의 구성 요소

01 ePUB의 규격

ePUB은 3개의 공개 표준으로 구성되어 있습니다. OPS(Open Publication Structure), OPF(Open Packaging Format), OCF(OEBPS Container Format)이 바로 그 세 가지 표준입니다. 이 중 OPS가 과거의 eBook 출판 표준인 OEB(Open e-Book Publication Structure)를 계승하는 표준입니다.

1. OPS(Open Publication Structure)

OPS는 과거 OEB 표준에서 볼 수 있듯이 eBook 콘텐츠의 표현이 출판사 혹은 제작자, 그리고 단말기기 생산자들 간에 공통으로 이해될 수 있도록 ePUB과 관련한 최소한의 통일된 기준을 제시하는 역할을 담당하고 있습니다.

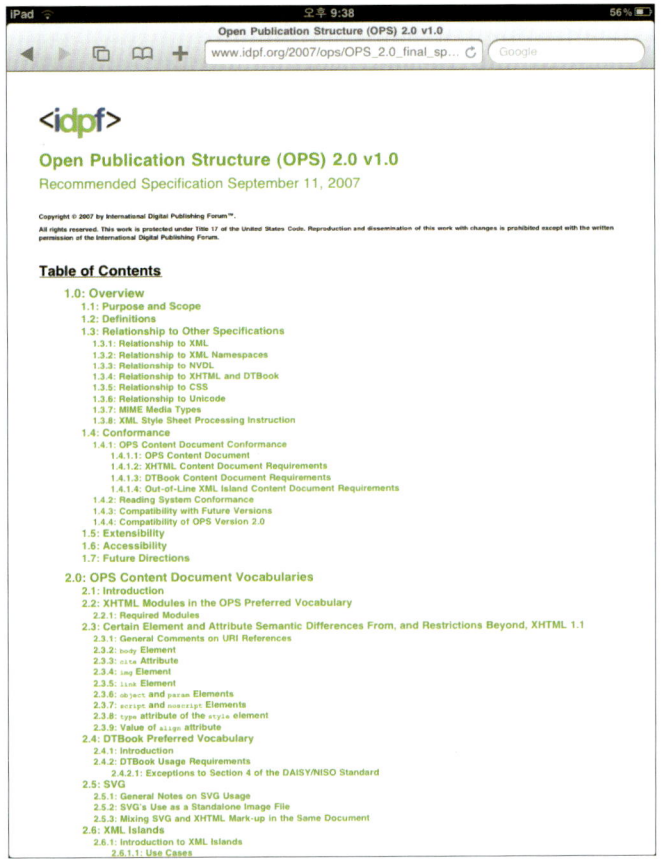

IDPF의 OPS 표준 규정 문서

XML, XHTML과의 연계성

OPS에서는 마련된 표준이 XML 기반임을 명확히 규정하고 있으며, 포함된 모든 콘텐츠가 XML 1.1에 적합하라고 요구하고 있습니다. 아울러 기존의 저작 툴이나 데이터들을 고려하여 XHTML 1.1에서 규정하는 특정 모듈을 수용하고 있습니다.

ePUB → XHTML 1.1 Elements

이러한 선택은 때로는 개발자 또는 제작자들이 XHTML 1.1에서 지원되는 태그와 OPS 규정 태그 간의 차이를 명확히 파악하지 못하여 ePUB 개발 시에 오류를 유발하는 요인이 되기도 합니다.

현재의 ePUB 표준은 사용자와의 상호작용을 지원하지 않아 forms와 script 등 관련 모듈은 필수 태그로 규정하지 않고 있습니다.

XHTML 1.1 Module Name	Elements (non-normative)
Structure	body, head, html, title
Text	abbr, acronym, address, blockquote, br, cite, code, dfn, div, em, h1, h2, h3, h4, h5, h6, kbd, p, pre, q, samp, span, strong, var
Hypertext	a
List	dl, dt, dd, ol, ul, li
Object	object, param
Presentation	b, big, hr, i, small, sub, sup, tt
Edit	del, ins
Bidirectional Text	bdo
Table	caption, col, colgroup, table, tbody, td, tfoot, th, thead, tr
Image	img
Client-Side Image Map	area, map
Meta-Information	meta
Style Sheet	style
Style Attribute (deprecated)	style attribute
Link	link
Base	base

XHTML Elements 규정 내용 〈자료 : Open Publication Structure (OPS) 2.0 v1.0, http://www.idpf.org〉

CSS와의 연계성

OPS 표준은 콘텐츠의 형태와 양식 등을 규정하기 위해 CSS2(Cascading Style Sheet 2.0)에 기반을 둔 스타일을 정의하고 있습니다. CSS 역시 XML과 마찬가지로 다양한 단말기기의 환경을 고려하여 모든 내용이 수용되지는 못하였습니다.

Tip ePUB → CSS로 꾸밈

CSS에서 규정된 속성은 아래와 같은 몇 가지 방법을 이용하여 포함된 XHTML 문서에 적용될 수 있습니다.

- 특정 XHTML 엘리먼트에 Style 속성값을 이용하여 적용
- XHTML head 엘리먼트 내에 Style 엘리먼트를 이용하여 적용
- XHTML head 엘리먼트에 지정된 외부의 Style 문서를 Link 엘리먼트를 이용하여 적용
- Xml-stylesheet에 규정된 처리 과정을 통하여 외부의 Style 문서를 이용하여 적용

CSS와 관련하여 알아두어야 할 것은 Position Property 값의 사용에서 'absolute positioning((예)absolute와 fixed)'의 사용은 ePUB의 가장 큰 특징인 Reflow를 방해할 수 있기 때문에, 이의 사용을 권장하지 않고 있다는 점입니다.

> **Tip** ePUB → absolute positioning 불가

CSS와 관련한 또 다른 중요한 내용은 폰트와 관련된 내용입니다. 제작된 ePUB, eBook에 대한 저자, 개발자 혹은 출판사의 독자적인 표현을 지원하기 위해 OPS 표준에서는 폰트의 삽입을 지원하고 있습니다. 이러한 폰트의 삽입을 위해서는 font-family, font-style, font-variant, font-weight, font-size, src(source) 등의 폰트와 관련한 부가적인 설명이 반드시 사용되도록 규정하고 있습니다. 이처럼 별도의 폰트를 삽입하는 경우 반드시 (나중에 설명될) OPF Manifest에 적합한 미디어 타입의 내용을 함께 포함하도록 요구하고 있습니다.

Unicode와의 연계성

Unicode 인코딩의 경우, OPS 표준에서는 문서 내에 포함된 문자들이 UTF-8 또는 UTF-16을 사용하도록 규정하고 있습니다. 일반적인 경우 ePUB 인코딩을 위해서는 UTF-8을 사용하는 것을 볼 수 있습니다.

> **Tip** ePUB → UTF-8 인코딩

Image및 Media에 대한 규정

OPS 표준에서는 "img" 엘리먼트를 이용하여 다양한 이미지들을 활용할 수 있도록 규정하고 있습니다. 다만 이러한 이미지들은 "Core Media Type"이라는 개념으로 .jpg, .png, .gif의 사용을 요구하고 있습니다. 물론 벡터 이미지의 한 종류인 SVG(Scalable Vector Graphic)의 사용도 규정하고 있으나, SVG의 장점인 애니메이션 및 스크립트가 현재 ePUB의 기준과 적합하지 않아 그 사용은 제한적인 상황입니다.

> **Tip** ePUB img → Fallback 필수

이러한 "이미지들은 사용에 있어서 URI 속성(src)과 Fallback 속성(alt)을 반드시 사용할 것을 규정"하고 있습니다.

앞서 언급한 Core Media Type을 제외한 여타 미디어 포맷에 대해서는 "Object" 엘리먼트를 이용하여 ePUB을 구성하도록 규정하고 있습니다. 특히 멀티미디어 eBook으로 진보하기 위해 필수 요소가 되는 Video, Audio 등의 파일은 Object 엘리먼트와 함께 Fallback 기능을 지원할 수 있는 별도의 이미지 또는 문서를 사용할 것을 권장하고 있습니다.

Fallback이란 최초 지정된 이미지 혹은 미디어가 여타의 이유로 인하여 원활하게 표현되지 못할 때 이를 대체할 수 있는 Text나 이미지 혹은 메시지를 말합니다.

2. OPF(Open Packaging Format)

OPF는 제작된 ePUB의 메타데이터 및 패키징과 관련한 정보를 제공하는 것과 관련한 표준입니다. .epub 파일 내에서는 대체로 content.opf와 같은 이름으로 존재하고 있으며, 다양한 문서와 미디어 정보를 담고 있습니다.

OPF → ePUB 구성의 모든 것 포함

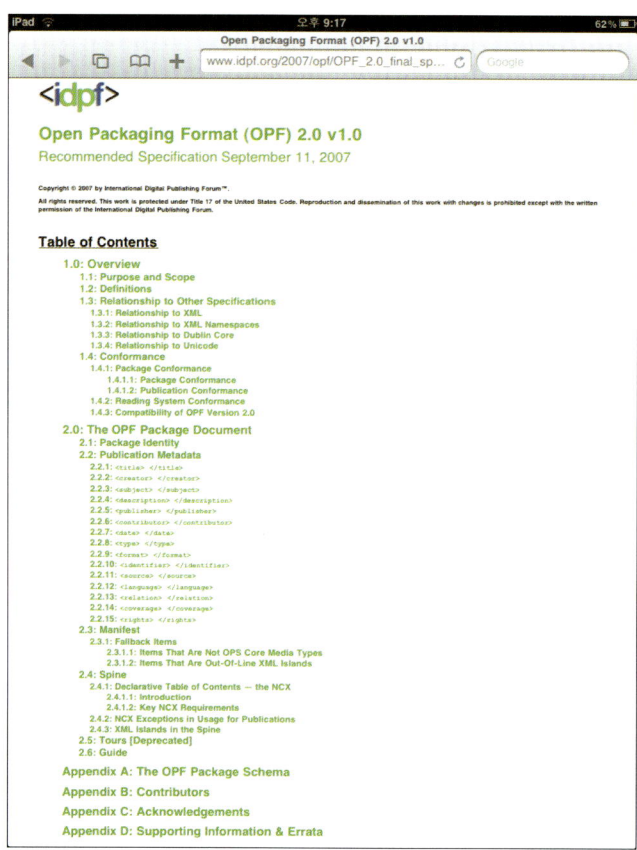

IDPF의 OPF 표준 규정 문서

OPF의 구성은 크게 아래와 같은 다섯 가지로 구분할 수 있습니다.

- OPF Overview : 전체 OPF에 대한 개요
- OPF Metadata : eBook의 저자, 생성일 등과 관련한 메타데이터
- OPF Manifest(Fallbacks) : eBook의 구성 파일 목록
- OPF Spine : eBook 구성 파일 간의 순서를 기술
- OPF Guide : eBook의 구조 정보를 기술

OPF의 구성요소에 대해 간략히 살펴보면 아래와 같습니다.

OPF Overview

Overview에서는 OPF의 모든 부분이 XML 1.1 규약에 근거하고 있다는 정보로서 XML Namespace가 선언되고 있습니다. 이러한 Namespace는 다양한 단말기기에서의 원활한 처리를 돕기 위한 목적이 있습니다.

```
<?xml version="1.0" encoding="UTF-8"?>
<package xmlns="http://www.idpf.org/2007/opf" version="2.0" unique-identifier="ISBN"></package>
```

OPF Metadata

OPF는 더블린 코어(Dublin Core) 메타데이터의 표준을 지원하며, 이 가운데 title, identifier, language 세 가지를 필수 요소로 지정하고 있습니다.

Tip   OPF → title, indentifier, language 필수

OPF 표준에서는 아래와 같은 주요 메타데이터를 규정하고 있습니다.

- `<title></title>`
- `<creator></creator>`
- `<subject></subject>`
- `<description></description>`
- `<publisher></publisher>`
- `<contributor></contributor>`
- `<date></date>`
- `<type></type>`
- `<format></format>`

```
- <identifier></identifier>
- <source></source>
- <language></language>
- <relation></relation>
- <coverage></coverage>
- <right></right>
```

```
<metadata xmlns:opf="http://www.idpf.org/2007/opf" xmlns:dc="http://
purl.org/dc/elements/1.1/">
<dc:title>iBooks 활용을 위한 ePUB의 이해</dc:title>
<dc:creator opf:file-as="Yoo, Louis Chan" opf:role="aut">Louis Chan
Yoo</dc:creator>
<dc:publisher>ePUBFactory Publishing</dc:publisher>
<dc:rights>Copyright ePUBFactory ©2010 </dc:rights>
<dc:identifier id="ISBN">978-89-964200-00</dc:identifier>
<dc:language>Ko</dc:language>
<meta name="cover" content="cover-image"/>
</metadata>
```

> **Tip** iBooks → identifier은 ISBN으로 표시

OPF Manifest

OPF 표준의 Manifest는 eBook 내에 포함된 다양한 문서와 이미지, CSS 그리고 나아가 폰트나 비디오 및 오디오에 대한 파일 목록을 제공합니다. 차후 거론하게 될 파일의 검증과 관련하여 가장 많은 오류가 발생하는 부분이며, 가장 중요한 내용은 eBook에 포함된 모든 파일이 manifest에 나열되어야 한다는 점입니다.

Manifest의 구성은 아래 샘플에서 보는 바와 같이 개별 item들의 id, href(URI), media-type(mime type)로 이루어져 있습니다. 문서들은 각각의 media-type는 개별 문서의 속성을 표현하는 xhtml+xml, text/css, x-dtbncx+xml, image/jpeg 등으로 나눌 수 있습니다.

> **Tip** media –type → xhtml+xml, text/css, x-dtbnc+xml, image/jpeg

```
<manifest>
        <item id="cover" href="cover.xml" media-type="application/xhtml+xml"/>
        <item id="cover-image" href="images/cover.jpg" media-type="image/jpeg"/>
        <item id="style" href="css/stylesheet.css" media-type="text/css"/>
<item id="body" href="body.xhtml" media-type="application/xhtml+xml"/>
        <item id="ncx" href="toc.ncx" media-type="application/x-dtbncx+xml"/>
</manifest>
```

앞서 OPS 표준에서 언급한 바와 같이 Core Media가 아닌 video, audio, 기타 문서 등은 Fallback을 이용하여 ePUB에서 활용할 수 있으며, 이럴 때 Fallback도 Manifest 부분에서 반드시 제시되어야 합니다.

OPF Spine

OPF 내의 Spine은 말 그대로 eBook의 핵심적인 뼈대를 의미합니다. 앞서 설명한 manifest에서 제시된 다양한 문서와 미디어 파일들이 eBook에서 표현될 순서 혹은 차례를 정의하고 있다고 말할 수 있습니다. 단말기기들이 나열된 파일들을 Navigation 하기 위한 일종의 "순서도"라고도 이해할 수 있습니다. 아래 샘플에서 표시된 ncx가 "Navigation Center eXtended"를 의미하고 있는 것에서도 그 역할을 이해할 수 있습니다.

```
<spine toc="ncx">
        <itemref idref="cover" />
        <itemref idref="body"/>
</spine>
```

OPF Guide

Guide 요소는 eBook의 가장 기본적인 구성요소에 대해 제시하는 역할을 담당합니다. 이러한 Guide 요소는 각 단말기기의 특성에 따라 활용되지 않을 수도 있는 항목입니다. 보완적 성격이 강한 규정으로 이해할 수 있습니다.

```
<guide>
        <reference type="copyright" title="Copyright" href="copyright.html"/>
        <reference type="cover" title="Cover Image" href="cover.xml"/>
</guide>
```

3. OCF(OEBPS Container Format)

ePUB 표준에서 다루고 있는 OCF 표준은 우리에게 가장 익숙한 부분 중 하나입니다. 앞서 언급한 OPS와 OPF의 경우 대체로 eBook 결과물에 포함된 내용과 그 내용의 목록과 같은 역할을 하고 있다면, OCF는 eBook 전체를 싸고 있는 틀과 같은 역할을 담당하고 있기 때문입니다.

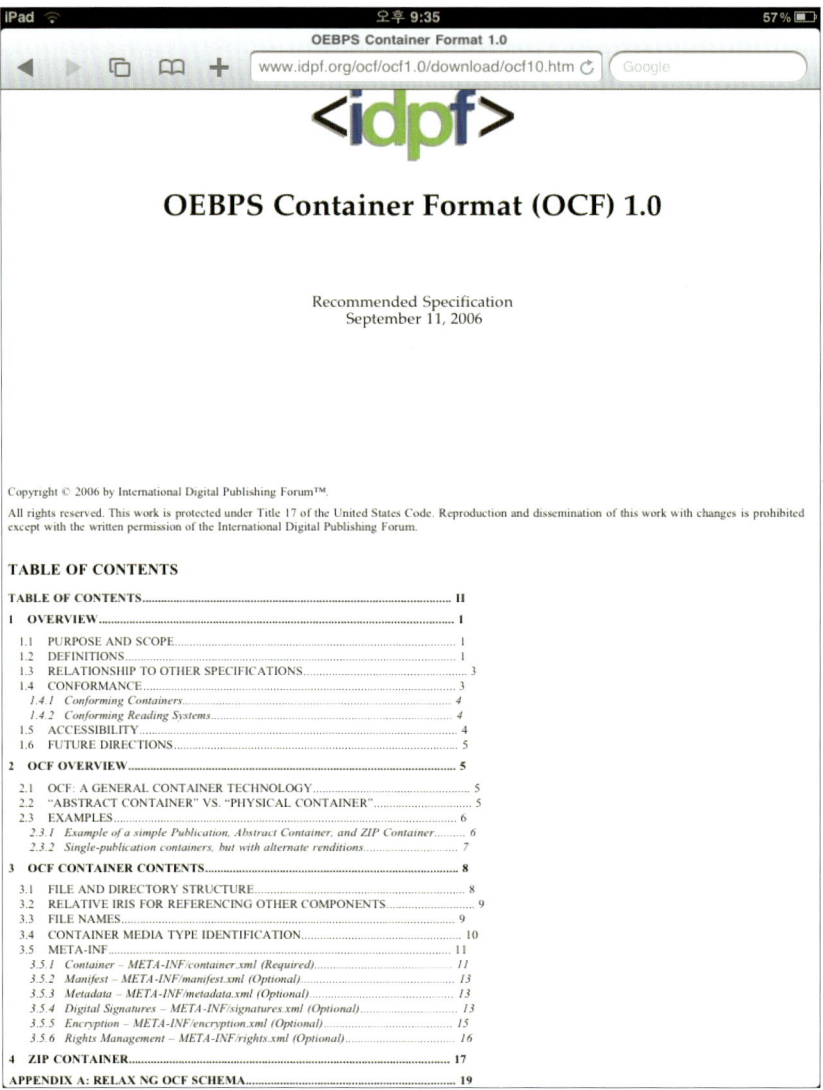

IDPF의 OCF 표준 규정 문서

OCF의 가장 큰 특징은 우리가 확장자(Extention)로 이해하고 있는 Container 즉 '.epub' 파일이 단지 eBook(OEBPS)만을 위해 새롭게 작성된 기술이 아니라 일반적으로 사용되고 있는 Container 기술을 활용하였다는 점입니다.

OCF표준에서 제시하는 ePUB의 구조는 아래와 같습니다.

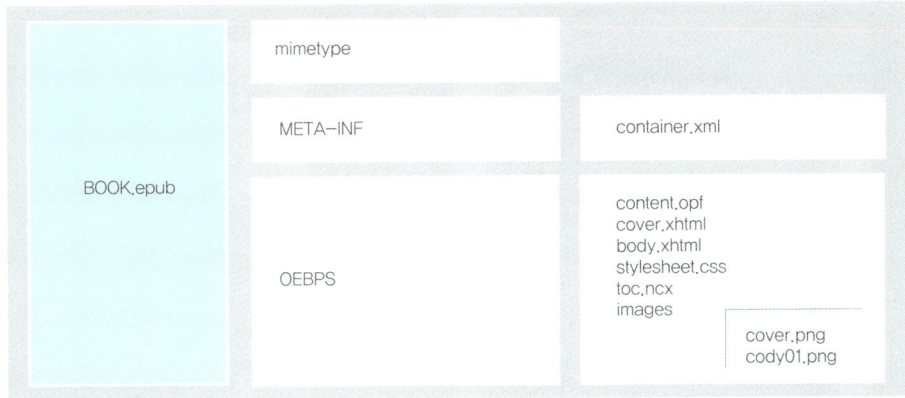

ePUB의 구성 내용

02 .zip과 .epub의 차이점

일반적으로 ePUB 파일은 ZIP 파일과 크게 다른 점이 없는 것으로 알려졌습니다. ZIP 프로그램으로 해당 파일 전체를 묶은 뒤 파일의 확장자를 .epub으로 변경하면 큰 차이 없이 다양한 단말기나 뷰어 프로그램을 통해 이용할 수 있기 때문입니다.

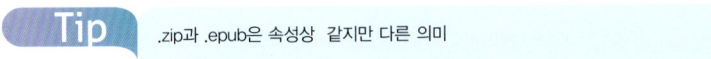

.zip과 .epub은 속성상 같지만 다른 의미

그러나 IDPF의 OCF 표준에서는 .epub이 .zip과는 다른 점들에 대해 아래와 같이 규정하고 있습니다.

- .epub은 일반적인 .zip과는 달리 하나의 파일을 분리하여 별도의 스토리지에 저장·활용할 수 없다.
- .epub은 uncompressed files 또는 Flate-compressed files만을 zip 파일 구조 내에 포함해야 한다.
- .epub은 필요에 의해 ZIP64 extension을 활용할 수 있고, 요구되는 경우 반드시 이를 사용한다.
- .epub은 일반적인 zip 포맷에서 규정된 것과 같은 encryption(암호화)을 사용해서는 안 된다. 사용 시 OCF에서 별도 규정한 encryption 표준을 따른다.
- pub은 반드시 File System Name 인코딩에 UTF-8을 사용한다.

이외의 특정한 field 값에 대한 규정들이 있지만, eBook 구성과 관련하여 알아야 할 내용은 .epub 파일 내에 가장 먼저 인식돼야 할 파일은 "mimetype"이라는 점입니다. 아울러 이 파일은 압축되거나 암호화되어서는 안 되며, 이러한 비압축, 비암호화는 단말기기가 해당 파일이 .epub 파일로 정확하게 인식할 수 있도록 합니다.

> **Tip** "mimetype"은 비 압축된 20byte 크기의 파일

Chapter 02
ePUB의 활용

1. ePUB의 수용 현황

ePUB의 활용은 다양한 분야에서 빠르게 이루어지고 있습니다. 특히 ePUB의 태생적 목적인 eBook의 활성화와 관련된 분야에서 빠른 수용이 이루어지고 있습니다. 최근 들어 ePUB의 수용은 초기의 eBook 전용 단말기 분야에서 벗어나 다양한 모바일 기기로 확산하고 있습니다.

01 eBook 전용 단말기

eBook 전용 단말기들은 초기 ePUB의 수용과 활용에 커다란 공헌을 하였습니다. 이들은 대체로 Adobe 사의 Reader Mobile 엔진과 이를 채용한 단말기들로서 Sony, Barnes & Noble 등의 제품이 있으며, 국내에서는 아이리버의 스토리와 네오럭스의 누트시리즈 등이 있습니다.

이들 eBook 전용 단말기들은 대체로 e-ink 기반의 제품들로서 장시간 사용할 수 있는 배터리와 종이 책과 같은 자연스러움을 제공하는 e-ink 디스플레이를 장점으로 갖추고 있습니다. 우리가 익히 알고 있는 아마존의 '킨들' 제품은 e-ink 기반의 eBook 전용 단말기이지만, ePUB 표준을 그대로 수용하고 있지 않아 ePUB 관련 단말기에는 포함되지 않습니다.

최근에는 Apple의 Tablet PC인 iPad의 출시와 함께 '킨들'의 가격 인하로 촉발된 저가 경쟁으로 말미암아 e-ink 기반 주요 업체들의 제품 가격이 크게 낮아지고 있어 이들 제품의 빠른 확산도 기대되고 있습니다.

일각에서는 킨들과 같은 e-ink 기반의 단말기들이 eBook 본연의 특성을 가장 잘 소화할 수 있는 단말기로서 멀티미디어 eBook을 지원하는 Table PC 와 함께 별도의 시장 형성이 가능할 것으로 예상하고 있습니다.

e-ink 기반 전용 단말기들

02 Tablet PC

최근 들어 e-ink 기반 단말기에 이어 또 다른 트렌드로 자리매김한 것은 '멀티 터치' 기반의 Tablet PC 제품들입니다. 특히 Apple의 iPad가 출시된 이후 단기간에 400만 대 이상의 판매량을 기록함으로써 관련 업체들이 기존에 Tablet PC 시장에 대해 품고 있던 의구심을 제거하는 결과를 가져오게 되었습니다.

이후 삼성전자의 Tablet PC 출시, HP, Asus 등 글로벌 PC 기업들의 Tablet PC 출시와 함께 국내에서도 중견기업인 삼보컴퓨터와 PMP 전문회사인 아이스테이션 등이 Tablet PC의 진입을 선언하고 있습니다. 이러한 Tablet PC들에는 대체로 기본 application(응용 프로그램)으로 eBook 기능이 탑재되고 있고 eBook 뷰어가 지원하는 주요 포맷에는 .epub이 자리 잡고 있습니다.

e-ink 기반 단말기보다 장시간 독서 시 눈의 피로도가 높고 상대적으로 짧은 배터리 사용시간이라는 약점이 있지만, 컬러 디스플레이와 다양한 멀티미디어에 대한 지원이라는 강점을 바탕으로 e-ink 단말기기에 대한 수요와 노트북, 넷북 등에 대한 수요를 일부 대체할 것으로 예측됩니다.

앞서 언급한 업체들 이외에도 세계적으로 많은 전자기기 제조업체들이 Tablet PC 또는 유사한 제품을 생산하거나 앞으로 생산할 계획을 밝히고 있어 양적인 측면에서는 e-ink 단말기기를 빠르게 앞설 것으로 예상하고 있습니다.

Apple, Samsung, HP의 Table PC들

03 스마트 폰

ePUB은 앞서 제시한 e-ink 단말기들과 Tablet PC를 넘어 이제는 스마트 폰까지 그 적용이 확대되고 있습니다. Apple은 iPhone 3와 4에 대하여 iBooks 서비스할 수 있도록 OS를 업그레이드하였고, 이를 통하여 iPad에서 서비스되는 동일한 ePUB 콘텐츠를 iPhone에서도 즐길 수 있게 되었습니다.

삼성전자는 최근 내놓은 스마트 폰 '갤럭시S'에 국내 교보문고의 eBook 뷰어를 탑재함으로써 교보문고에서 서비스하고 있는 다양한 ePUB 콘텐츠들을 활용할 수 있도록 지원하고 있습니다.

이외에도 안드로이드 기반의 다양한 스마트 폰들에 ePUB을 지원하는 eBook 뷰어가 탑재되고 있어 ePUB은 모바일 환경에서도 활발히 수용되고 있습니다.

Apple, Samsung, HTC 스마트 폰

04 PC 및 노트북

다양한 기기들에서 ePUB이 빠르게 수용되고 있지만, 가장 먼저, 가장 효과적으로 활용되었던 분야는 PC와 노트북 등을 이용한 환경이었습니다. 지금도 흔히 찾아볼 수 있지만 'Public Domain'이라 분류되는 저작권이 만료된 수많은 영문 고전들과 콘텐츠들이 ePUB화되어 제공되고 있습니다. 이 중 가장 유명한 것이 "구텐베르크 프로젝트"라 불리는 Google이 주도한 프로젝트입니다.

이러한 공공 콘텐츠들은 e-ink 기반의 단말기들이 본격적으로 도입되기 이전에는 PC나 노트북에서 사용되는 eBook 뷰어(Adobe Digital Edition 등)를 이용하여 활용되었습니다.

구텐베르크 프로젝트 사이트

2. eBook Reading Engine

앞서 ePUB이 다양한 형태의 단말기들과 기기들에 수용되고 있는 상황을 살펴보았습니다. 그러나 동일한 표준을 따르는 ePUB임에도 불구하고 우리는 각기 다른 기기에서 각기 다른 경험과 만족도를 느끼고 있습니다.

이러한 원인이 개별 단말기들의 하드웨어적인 성능의 차이에만 기인한 것은 아닙니다. 일부 이러한 하드웨어적인 차이, 즉 CPU 성능, Display 크기 차이, 컬러 지원 여부 등 때문이라고 할 수 있습니다. 그러나 많은 원인은 우리가 흔히 eBook 뷰어라고 부르는 각각의 소프트웨어가 가지고 있는 특징과 성능의 차이 때문입니다.

이러한 eBook 뷰어들은 크게는 두 가지 핵심적인 Reading Engine 기술에 의존하고 있습니다. Adobe 사의 Reader Mobile 기술과 Webkit 기반의 뷰어 기술입니다. 이 두 개의 서로 다른 Engine은 ePUB 콘텐츠를 원활하게 단말기 화면에 뿌려주는 역할을 담당하고 있습니다.

01 Adobe Reader Mobile

Adobe 사의 Reader Mobile 기술은 현재까지 가장 많은 단말기에 의해 수용되고 있는 기술입니다. Sony, Barnes & Noble, IREX, KOBO 등 대부분의 e-ink 기반의 단말기들이 Reader Mobile 기술을 채용하고 있습니다. 또한, 우리가 PC나 노트북에서 eBook을 읽을 때 사용하는 Adobe 사의 Digital Edition에도 Reader Mobile과 매우 유사한 기술이 활용되고 있다고 합니다.

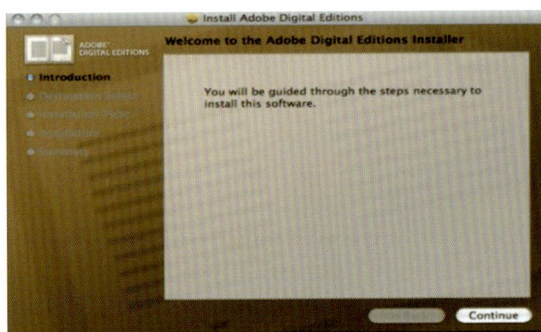

Adobe사의 Reader Mobile SDK

이러한 Reader Mobile 기술은 보안을 위한 DRM과 서비스를 위한 Server 및 Management 기술과 연동하여 함께 제공됨으로써, 서비스 사업자나 출판사업자들에게 상용 가능한 기술 중에서 현재까지는 가장 완성도가 높은 것으로 평가되고 있습니다.

Reader Mobile이 ePUB과 관련하여 가진 장점과 단점은 전문가들에 의해 아래와 같이 설명되고 있습니다.

장 점	단 점
ePUB 보안을 위한 강력한 DRM 지원 기기에 관련 없이 일관성 있는 표현력 제공 SVG(Scalable Vector Graphic) 지원 Flash 지원 완성도 있는 레이아웃 구성과 페이지 구분 기능 지원	제한적인 CSS 지원 비영어권 폰트에 대한 지원 미비함(폰트 임베드 지원) 좁은 기본 마진 Flash만을 지원하는 멀티미디어 기능

Adobe Reader Mobie 기술의 장·단점   〈자료 : Designing eBooks for ePUB Reading Engines, Threepress.org〉

02 Webkit

Webkit은 원래 eBook의 Reading Engine으로 사용하기 위해 개발된 기술이 아닙니다. Webkit은 Google의 Chrome, Apple의 Safari 등에 사용되고 있는 Web Browser 기술입니다. Webkit은 이외에도 iPhone / iPad / iPod Touch, Android, Palm 등 최근 우리가 매우 익숙하게 듣고 있는 다양한 기기들에 채용되어 사용되고 있습니다.

eBook 뷰어와 관련한 Reading Engine으로서 Webkit을 거론하는 이유는 ePUB의 구조 및 성격이 마치 Web Page 혹은 Home Page와 매우 유사함으로 인해 이러한 Web Brower를 이용한 읽기가 가능하기 때문입니다.

Web Browser로는 Webkit 이외에도 Microsoft의 Internet Explorer, Firefox, Opera 등이 존재하고 있지만, eBook을 포함한 모바일 분야에서는 Webkit 만큼 빠르게 성장하고 있지 못하는 상황입니다. 그러한 상황에 대한 핵심적인 이유로는 Google과 Apple의 Webkit을 이용한 Browser와 eBook 뷰어, 그리고 Mobile Browser를 개발하여 자사의 제품과 솔루션에 활용하고 있기 때문입니다.

앞으로 우리가 심층적으로 다루어 갈 iPad의 ibooks 또한 이러한 Webkit 기반의 Reading Engine을 이용한 솔루션임을 이해할 때보다 효과적인 접근이 가능할 것으로 생각합니다.

Google, Apple, Webkit의 로고

3. ePUB 보안

ePUB과 관련된 보안 부분은 단순히 ePUB 콘텐츠 자체에 그치기보다 전반적인 디지털콘텐츠의 보안문제와 일맥상통한다고 할 수 있습니다. 앞으로 ePUB이 현재의 문서 형식에서 오디오와 비디오 등을 포함한 멀티미디어 형식으로 진보할 때 콘텐츠 보안을 위해서는 지금보다 훨씬 복잡한 보안 시스템이 필요로 될 것으로 보입니다.

이러한 보안과 관련한 큰 이슈는 생산자와 사용자 간의 커다란 기본적인 견해 차이에 기인합니다. 생산자, 즉 출판사나 저자들은 디지털콘텐츠의 속성상 언제, 어디서나 복사하여 재배포 가능하다는 점 때문에 강력한 보안 시스템이 없는 콘텐츠 배포는 이들의 권리를 침해할 수 있다는 점에 매우 우려하고 있습니다.

반면 소비자, 즉 독자들은 종이책과 마찬가지로 자신이 대가를 내고 완전하게 소유권을 가진 eBook을 자신이 보유하고 있는 또 다른 단말기기나 혹은 친지나 친구에게 빌려줄 수 있는 권리를 주장합니다. 즉 콘텐츠 보안을 위한 DRM(Digital Right Management)으로 말미암은 사용상의 장애나 불편이 없어야 한다는 것입니다.

이러한 주장에 일부 진보성향의 고객들은 모든 eBook 콘텐츠의 완벽한 Non-DRM 혹은 DRM Free를 역설하고, 사용자의 윤리적 태도에 기반을 둔 Social DRM을 주장하고 있습니다. 그리고 그러한 Social DRM 혹은 Non-DRM의 성공 가능성에 대한 근거를 우리가 이미 경험한 음악이나 음원(mp3) 콘텐츠의 유통 경험에서 찾고 있습니다.

01 DRM(Digital Right Management)

DRM 기술은 우리가 사용자의 입장에서 흔히 경험해 온 기술입니다. DRM은 영화나 음악, 그리고 이미지나 문서 등의 콘텐츠에 폭넓게 사용되고 있습니다. 이러한 DRM의 핵심적인 내용은 "사용 권한의 인증"이라고 요약할 수 있습니다. 즉, 적합한 권한을 가진 자의 정상적인 사용 및 활용을 지원하기 위한 기술로 설명할 수 있습니다. 포털 사이트나 홈페이지의 내용을 보기 위한 로그인도 넓게 보면 콘텐츠를 보호하기 위한 DRM의 개념에 포함된다고 하겠습니다.

ePUB 또는 eBook과 관련한 DRM은 기술적 난이도보다는 독자의 행동양식을 이해하는 서비스 체계의 구축에 더 큰 어려움이 있다고 할 수 있습니다. 기술적 측면에서는 DRM을 위한 암호 혹은 특정 프로그램을 해당하는 eBook에 삽입 또는 연계시키고, 해당 콘텐츠를 이용하기 위해 독자가 입력하는 암호나 기타 key에 대한 인증을 통해 정상적으로 사용할 수 있는 권한을 부여하고 관련된 보안 체계를 풀어주는 것으로 요약할 수 있습니다.

그러나 일방적인 기술의 적용은 독자나 사용자의 일반적인 이용 방법을 방해하고, 나아가 구매 의욕을 감퇴시키는 요인으로 작용할 수 있습니다. 따라서 더욱 세밀하고 세심한 형태의 DRM이 요구되고 있는 것입니다.

Adobe 사의 ADEPT 기술

상대적으로 DRM 시스템의 유연성을 확보한 기술은 앞서 소개한 Adobe 사의 ADEPT (Adobe Digital Experience Protection Technology)라 불리는 Reader Mobile 뷰어를 지원하는 DRM 기술입니다. ADEPT DRM 기술은 뷰어에 해당하는 Reader Mobile뿐만 아니라 이러한 뷰어와 통신하고 필요로 되는 내용을 지원하거나 또는 활용에 제한을 가할 수 있는 서버(Content Server 4)가 유기적인 기능을 담당하는 것으로 평가되고 있습니다.

DRM 적용을 위한 다양한 세부 설정은 ADEPT Admin Portal을 이용하며, 관련된 상황을 관리할 수 있도록 지원하고 있습니다. 이러한 Adobe 사의 ADEPT DRM 기술은 독자가 가지고 있는 서로 다른 6대의 단말기기에서 독자가 구매한 하나의 eBook 콘텐츠를 사용할 수 있도록 관리할 수 있으며, 필요 시 독자가 eBook을 사용할 수 있는 기간을 제한하는 등 독자와 서비스 제공자의 입장을 잘 반영하는 것으로 알려졌습니다.

특히 현재까지 표준안으로 확정된 ePUB DRM이 없는 상황에서 Adobe 사의 ADEPT DRM 기술은 서비스를 시작한 많은 e-ink 기반 단말기기를 운용하는 eBook 사업자들에게 유용한 툴로서 활용되고 있습니다. 국내에서도 북센과 네오럭스 등이 이러한 ADEPT 기술을 활용하고 있습니다.

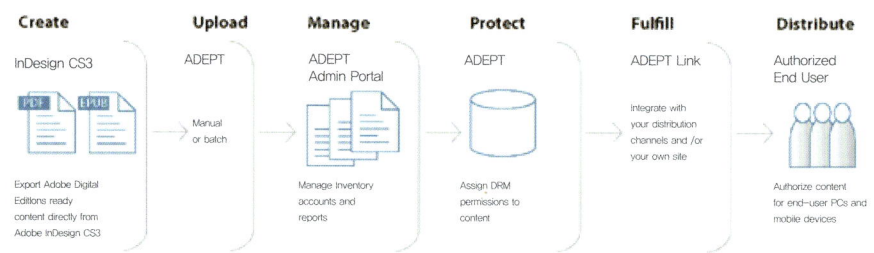

Adobe 사의 ADEPT Workflow 과정

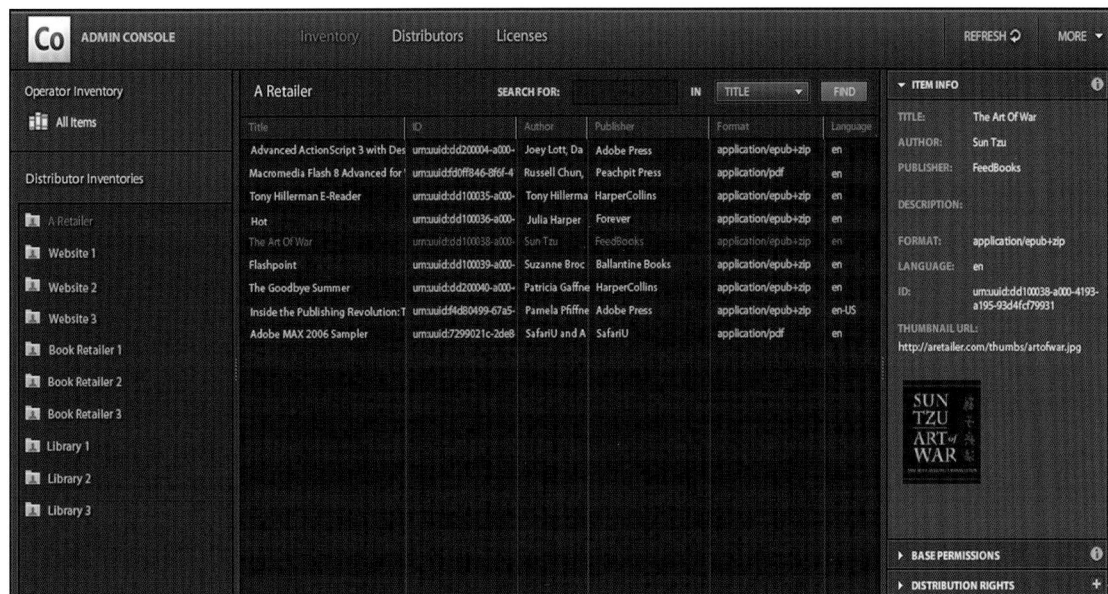

Adobe Content Server 4 UI

Apple 사의 FairPlay 기술

Apple사의 FairPlay DRM 기술은 멀티미디어를 위한 DRM 기술로 알려졌습니다. Apple의 퀵타임 플레이어에 내장된 이 DRM 기술은 아이튠즈 스토어나 앱 스토어에서 판매되는 콘텐츠에 적용되고 있습니다. 오디오 파일도 Non-DRM 적용이 되기 전까지는 이 FairPlay DRM이 활용되었습니다.

Apple 사의 iPhone, iPad, iPod Touch 등에도 같은 DRM 시스템이 작동하고 있으며, 이들 기기에 내장된 뷰어(플레이어)와 서버와의 통신을 통하여 개별 단말기를 인식시키고, 서버의 Master Key와 사용자의 User Key를 비교, 검증하는 방식으로 알려졌습니다.

Apple 사는 이러한 FairPlay DRM을 iBooks의 ePUB 콘텐츠에도 적용하고 있는 것으로 알려졌습니다. 다만, 기존에 Apple 사가 음악과 관련하여 보여준 Non-DRM 정책이 iBooks에서도 일부 반영되고 있습니다. 출판사 혹은 eBook 콘텐츠 공급자가 iBooks에 ePUB을 등록할 때 Non-DRM 혹은 DRM 적용을 선택할 수 있도록 하고 있어, 일방적인 DRM 적용은 피하고 있는 것으로 이해됩니다.

아이북 스토어를 통해 구매한 eBook들은 아이튠즈 동기화를 이용하여 PC를 포함한 최대 5개의 기기, 5개의 account가 아닌 하드웨어 기기에서 사용될 수 있는 것으로 알려졌습니다.

02 DRM Free

ePUB과 관련한 DRM Free, 혹은 Non-DRM 콘텐츠는 주로 Public Domain 콘텐츠를 중심으로 형성되어 왔습니다. 앞서 소개한 구텐베르크 프로젝트 결과물 역시 대부분 DRM이 적용되지 않은 콘텐츠들로서 표준을 따르는 ePUB 뷰어를 내장한 단말기기들에서 자유롭게 활용할 수 있는 상황입니다.

출판을 영위하거나 독자적인 콘텐츠 제작하여 보급하는 사업자 중에서도 이와 같은 DRM Free 정책을 지지하며, 자신들의 콘텐츠를 일반에 제공하고 있는데 주로 Public Domain 콘텐츠가 많은 영어권에서 이러한 서비스가 진행되고 있습니다.

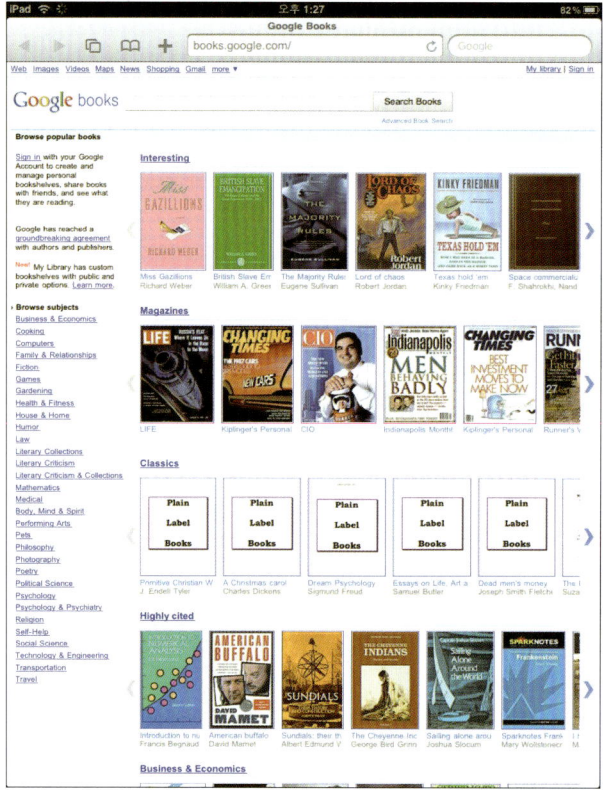

Google Books 사이트

ePUBBooks 사이트

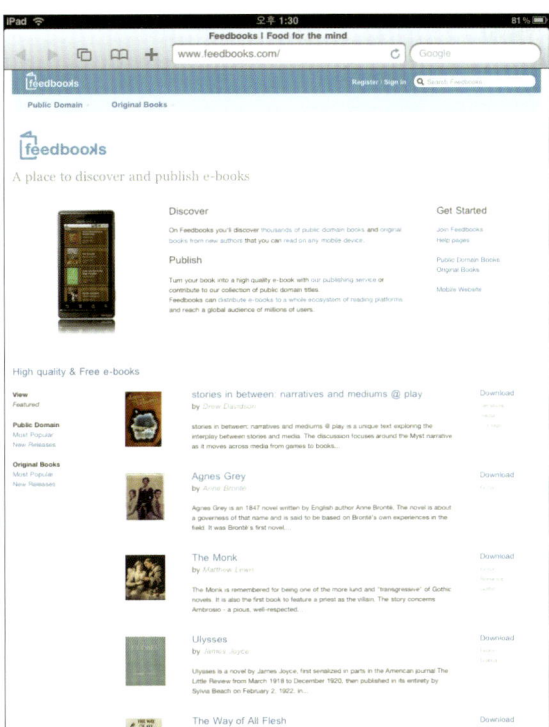
Feedbooks 사이트

ePUB for iBooks 101

Chapter **03**

ePUB를 이해하자

eBook을 구성하고 있는 .epub 파일의 구성은 앞서 OCF 표준을 설명하면서 간략하게 그 구성에 대해 다루었습니다. 이번 장에서는 압축된 몇 가지 샘플 파일을 열어 실제 파일들의 구성을 살펴보도록 하겠습니다.

1. ePUB Book의 구성

아래 이미지는 샘플로 선택한 Template.ePUB 파일과 확장자를 zip으로 변경한 Template.zip 파일을 보여주고 있습니다.

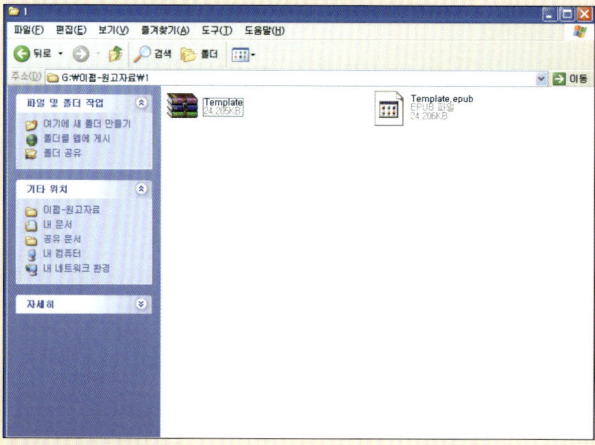

ePUB 파일 및 .zip 파일

zip 파일로 변경된 파일을 해당 프로그램을 이용하여 열어보면 그림과 같습니다. 해당 파일 내에는 앞서 설명된 "mimetype" 파일과 META-INF 폴더, OEBPS 폴더가 기본적으로 있습니다.

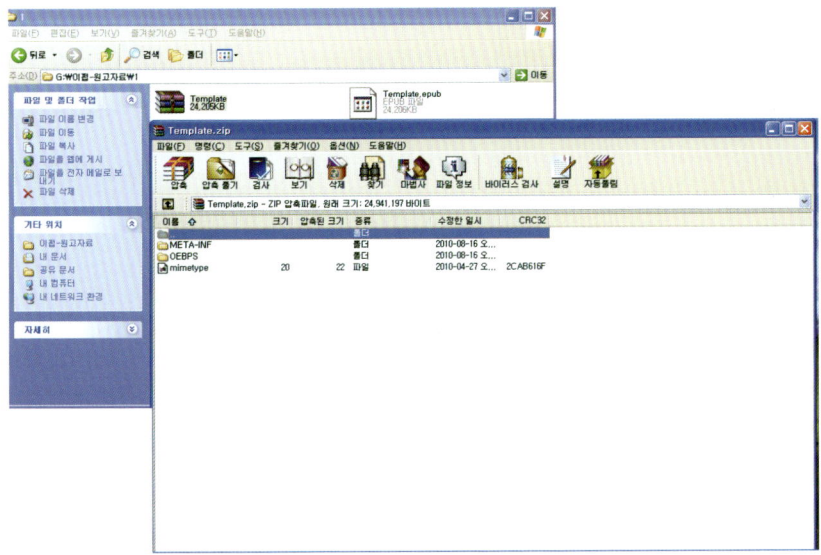

Template.zip 파일의 내부 구성

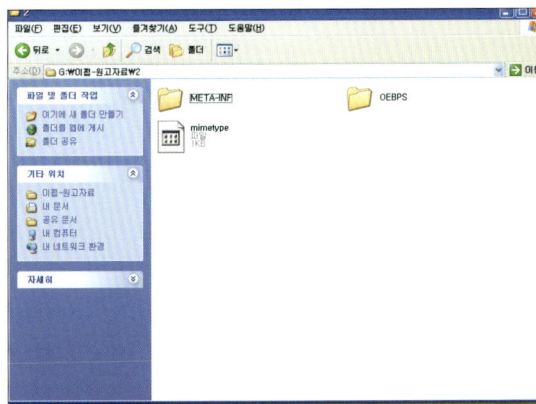

unzip 이후 파일 root의 구성

unzip 이후 OEBPS 폴더 내부 구성

그러나 ePUB의 구성이 항상 상기 샘플과 같이 구성되는 것은 아닙니다. 표준에서 ePUB 구성과 관련하여 규정하고 있는 가장 중요한 핵심은 "mimetype"이 항상 root에 존재하고, 아울러 "META-INF" 폴더가 같은 root에 존재하여야 한다는 것입니다.

> **Tip** ePUB Root → mimetype과 META-INF 폴더가 위치

아래 그림에서는 root에 OEBPS 폴더가 없고, 본문 다수를 구성하는 파일들이 root에 존재하는 .epub 샘플을 볼 수 있습니다.

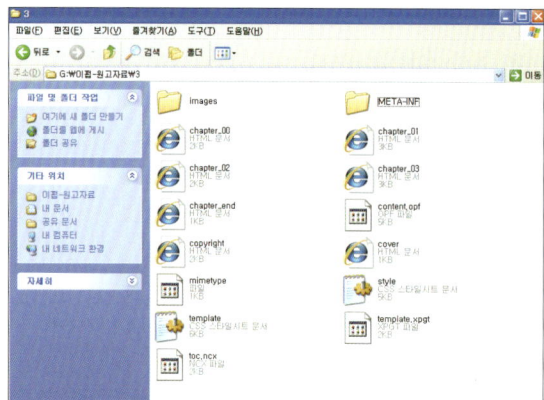

OEBPS 폴더가 없는 ePUB 구성

01 mimetype 파일

mimetype은 OCF 표준에서 규정한 것과 같이 단말기기 혹은 뷰어가 .epub을 인식할 때 가장 먼저 정보를 제공하는 구실을 합니다. 이러한 mimetype 파일은 압축되거나 암호화 되지 말아야 합니다. 암호화나 압축될 때 단말기기가 mimetype에 포함된 내용을 인식할 수 없게 되기 때문입니다.

mimetype 파일을 열어 보면 단지 "application/ePUB+zip"이라는 내용만 존재합니다. 포함된 eBook이 ePUB과 zip 규약을 따른다는 내용입니다. 표준에서는 아울러 zip header에 별다른 내용이 포함되지 말아야 할 것을 강조하고 있으며, 이는 mimetype의 자리까지 "38번째에서 시작"하는 것으로 규정하고 있습니다.

> **Tip** mimetype은 복사하여 사용한다.

이렇듯 민감한 mimetype은 새롭게 작성하기보다는 기존에 존재하는 mimetype를 복사하여 사용하는 것이 오류를 줄이기 위해 더욱 효과적입니다.

이러한 mimetype 파일을 노트패드를 이용하여 열어보면 앞서 설명해 드린 것과 같은 내용이 자리 잡고 있음을 알 수 있습니다.

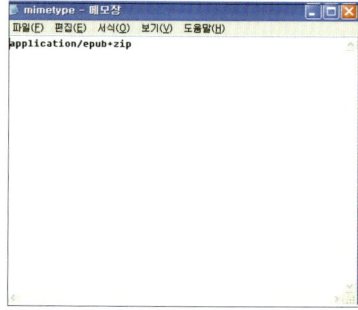

mimetype 파일의 내용

02 container.xml 파일

이어서 META-INF 폴더를 열어 보면 내부에는 container.xml 파일 하나가 있음을 볼 수 있습니다.

zip 파일 상태에서의 META-INF 폴더 내부   unzip 상태에서의 META-INF 폴더 내부

폴더 내부에 존재하는 container.xml 파일을 노트패드로 열어 보면 아래와 같은 내용을 볼 수 있습니다. 앞서 언급한 서로 다른 구조의 샘플임을 고려하여 볼 때 두 개의 이미지에서 제시하는 내용은 Path는 다를지언정 OEBPS 폴더 내부 혹은 root 내에 있는 .opf 파일을 참조하도록 규정하고 있음을 알 수 있습니다.

Tip   container.xmlt → ○○○.opf를 참조 지시

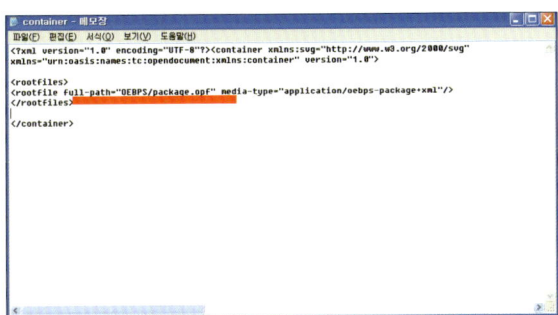 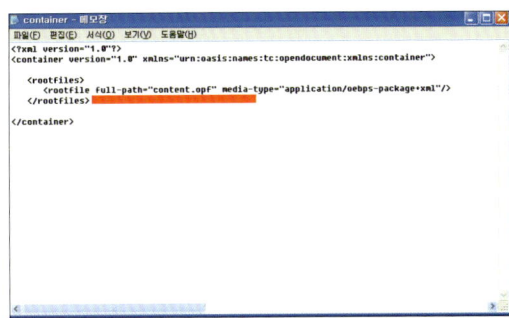

OEBPS 폴더 내의 container.xml 내용   root 내의 container.xml 내용

03 .opf 파일

아래 보는 것과 같은 .opf 파일은 OPF 표준에서 설명한 것과 같은 구조로 되어 있습니다. Overview, Metadata, Manifest, Spine 그리고 Guide의 다섯 가지 항목으로 나누어져 있으며, 각기 요구되고 있는 모든 내용을 충실히 제공하여야 합니다.

```
<?xml version="1.0"?>
<package xmlns="http://www.idpf.org/2007/opf" unique-identifier="bookid" version="2.0">
    <metadata xmlns:dc="http://purl.org/dc/elements/1.1/">
        <dc:title>Memory-Game-Book</dc:title>
        <dc:publisher>ePubFactory Publishing</dc:publisher>
        <dc:rights>powered by ePubFactory@2009. All rights reserved.</dc:rights>
        <dc:date>2010-07-14</dc:date>
        <dc:creator xmlns:opf="http://www.idpf.org/2007/opf" opf:file-as="Yoo, Louis Chan">Louis Chan Yoo</dc:creator>
        <dc:identifier id="bookid">epubfactory</dc:identifier>
        <dc:language>ko</dc:language>
    </metadata>

    <manifest>
        <item href="cover.html"         id="cover-01"    media-type="application/xhtml+xml"/>
        <item href="copyright.html"     id="right"       media-type="application/xhtml+xml"/>
        <item href="chapter_00.html"    id="page-00"     media-type="application/xhtml+xml"/>
        <item href="chapter_01.html"    id="page-01"     media-type="application/xhtml+xml"/>
        <item href="chapter_02.html"    id="page-02"     media-type="application/xhtml+xml"/>
        <item href="chapter_03.html"    id="page-03"     media-type="application/xhtml+xml"/>
        <item href="chapter_end.html"   id="page-04"     media-type="application/xhtml+xml"/>
        <item href="images/cover.jpg"   id="cover-image" media-type="image/jpeg"/>
        <item href="images/logo-ef.png" id="logo-image"  media-type="image/png"/>
        <item href="images/back.png"    id="back-image"  media-type="image/png"/>
        <item href="images/back.gif"    id="back-image-01" media-type="image/gif"/>
        <item href="images/pzn-01.png"  id="image-01"    media-type="image/png"/>
        <item href="images/pzn-02.png"  id="image-02"    media-type="image/png"/>
        <item href="images/pzn-03.png"  id="image-03"    media-type="image/png"/>
        <item href="images/pzn-04.png"  id="image-04"    media-type="image/png"/>
        <item href="images/pzn-05.png"  id="image-05"    media-type="image/png"/>
        <item href="template.css"       id="css"         media-type="text/css"/>
        <item href="style.css"          id="css-01"      media-type="text/css"/>
        <item href="template.xpgt"      id="added7"      media-type="application/adobe-page-template+xml"/>
        <item href="toc.ncx"            media-type="application/x-dtbncx+xml" id="ncx"/>
        <item href="js/script.js"       id="script-01"   media-type="text/javascript"/>
    </manifest>

    <spine toc="ncx">
        <itemref idref="cover-01"/>
        <itemref idref="right"/>
        <itemref idref="page-00"/>
        <itemref idref="page-01"/>
        <itemref idref="page-02"/>
        <itemref idref="page-03"/>
        <itemref idref="page-04"/>
    </spine>

    <guide>
        <reference href="coverpage.html" type="cover" title="Cover"/>
    </guide>
</package>
```

.opf 파일 내용

04 .ncx 파일

ncx(Navigation Center eXtended) 파일은 그 이름에서도 알 수 있듯이 ePUB내 포함된 다양한 파일들에 대한 내비게이션 역할을 합니다. 단말기에 따라서 이러한 ncx 파일을 표현하지 않는 때도 있지만, 대체로 ncx에서 기술한 내용이 목차로서 정리되어 표현됩니다. 때로는 ncx 파일보다는 TOC(Table of Content) 리스트를 별도로 만드는 예도 있습니다.

Tip   ncxt → ePUB navigation

.ncx 파일 내용

05 .css 파일

ePUB에 있어서 CSS(Cascading Style Sheet)는 매우 중요한 역할을 담당합니다. 실제 독자에게 보이는 화면의 구성과 콘텐츠의 표현을 지정하기 때문입니다. 독자들이 만족도를 느낄 수 있는 폰트, 여백, 줄 간격, 이미지, 멀티미디어에 이르기까지 다양한 객체들에 대한 속성과 양식을 지정할 수 있습니다. 그 내용을 어떤 것이 정답이라고 말할 수는 없지만, 각기 제작하거나 개발하려는 eBook의 특성에 맞게 CSS를 세팅하여 활용하는 것이 최선입니다.

.css 파일 내용

ePUB for iBooks 107

06 cover 파일

eBook에 있어서도 표지의 중요성은 대단히 크다고 할 수 있습니다. 단말기에서 해당 eBook의 특성을 한눈에 보여줄 수 있는 표지임에도, 때로는 그 중요성이 간과되고 있기도 합니다. 더 세부적인 내용은 뒤에서 다시 다루기로 합니다.

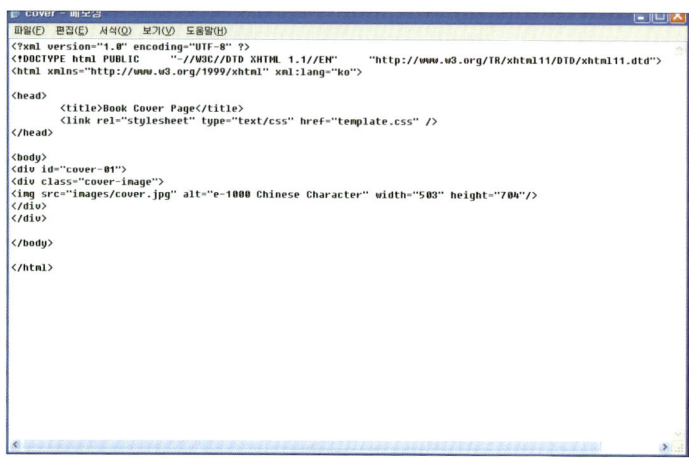

표지 파일 내용

07 .xml, .htm, .html, .xhtml 파일

이제 eBook의 많은 부분을 차지하는 본문 내용입니다. 본문과 관련된 파일은 다양한 확장자를 가질 수 있습니다. 본문 파일에 xml 문서라고 정의된 환경하에서는 .htm, .html, .xml, .xhtml 등의 확장자를 활용할 수 있습니다. 아래 이미지에서는 일반적인 html 문서의 구조와 같은 형식을 갖춘 내용을 엿볼 수 있습니다.

본문 파일 내용

08 .gif, .jpg, .png 파일

ePUB을 구성하는 이미지 파일은 표준에서 언급한 Core Media Type가 많은 부분을 차지하는 데 우리가 익히 아는 .gif, .jpg, .png 파일 등입니다. 이미지는 root에 존재하거나 혹은 별도의 폴더를 만들어 활용할 수 있습니다.

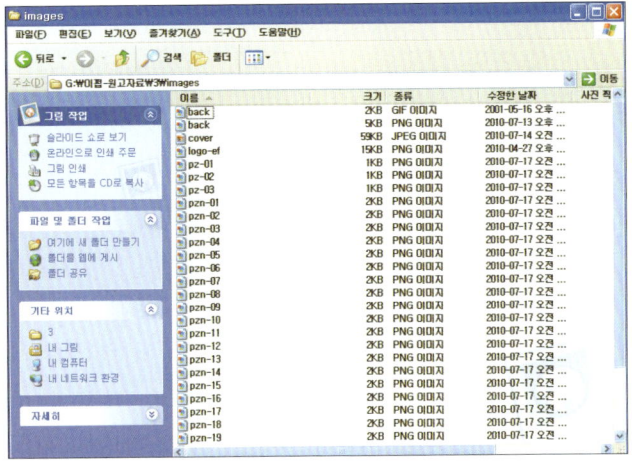

images 폴더 내 파일들

2. ePUB Book 제작 솔루션

ePUB의 표준화와 전 세계적인 수용으로 말미암아 ePUB이 활성화되면서 ePUB 기반의 eBook 제작을 지원하는 다양한 상용 및 무료 제작 프로그램들이 개발되고 소개되고 있습니다. 이들 제작 툴들은 기능적 역량이나 제공되는 장점과 단점들이 각기 다를 수 있어 특정 제품을 권장한다는 목적보다는 이들의 특징을 간략하게나마 이해하는 것을 본 장의 목적으로 하겠습니다.

01 InDesign

Adobe InDesign은 이미 출판과 관련한 많은 영역에서 QuarkXPress와 함께 사용되고 있는 주요 솔루션입니다. ePUB형식으로 Export 할 수 있는 기능을 제공함으로써 그 활용범위를 더욱 넓혀가고 있습니다. 최근에는 CS5 제품을 출시하면서 InDesign의 ePUB 관련 기능을 더욱 보강한 것으로 평가받고 있습니다.

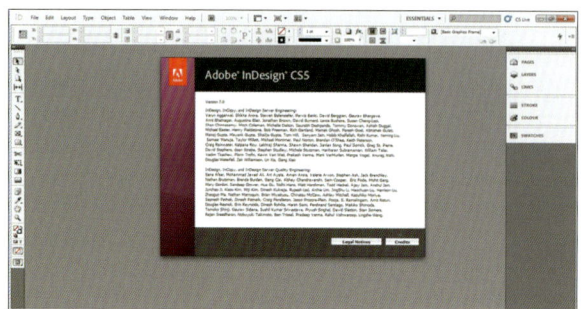

Adobe InDesign CS5

Adobe InDesign CS5

02 Calibre

Calibre 제작 툴은 Open Source 기반의 프로그램으로서 Kovid Goyal이라는 개인 개발자에 의해 개발되어 무료로 배포되고 있습니다. 여타의 제작 툴들이 ePUB 변환에 중점을 두고 있는 것에 반해 Calibre 프로그램은 제작, 변환, 관리, 뷰어, 콘텐츠 네트워킹 등의 기능을 제공하고 있어, 종합적인 솔루션화를 목표로 하고 있음을 엿볼 수 있습니다. 현재 Calibre 툴은 version 0.7.14까지 개발되어 배포되고 있습니다.

Calibre 솔루션은 ePUB으로 변환을 지원하는 포맷으로 TXT, HTML, ePUB, PDF 등의 다양한 파일포맷을 지원하고 있습니다. 아울러 변환되는 파일 형태도 ePUB을 포함하여 MOBI 등 많은 단말기기의 요구사항을 지원하고 있어 매우 강력한 솔루션으로 평가받고 있습니다.

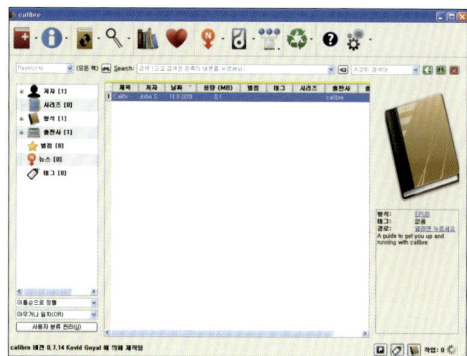

Calibre 제작 솔루션

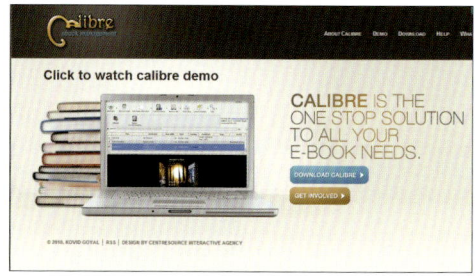

Calibre 사이트

03 Sigil

Sigil 제작 툴도 Open Source 기반의 프로그램으로서 무료로 배포되고 있는 ePUB 제작 툴입니다. 최근에는 version 0.2.0까지 발표되었으며, Text editor 형식의 직관적인 UI를 보여주고 있습니다. 기존 우리가 보던 HTML editor와 같이 텍스트 보기, 코드 보기, 병행해서 보기 등의 기능을 지원하고 있습니다.

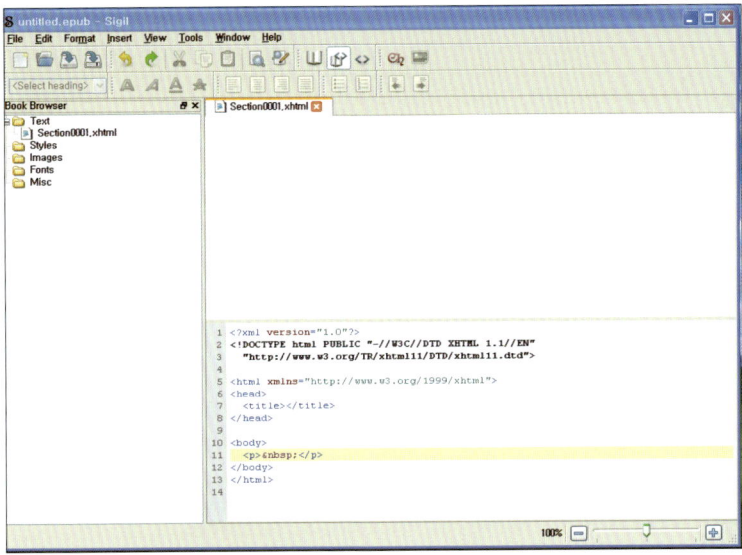

Sigil 제작 툴

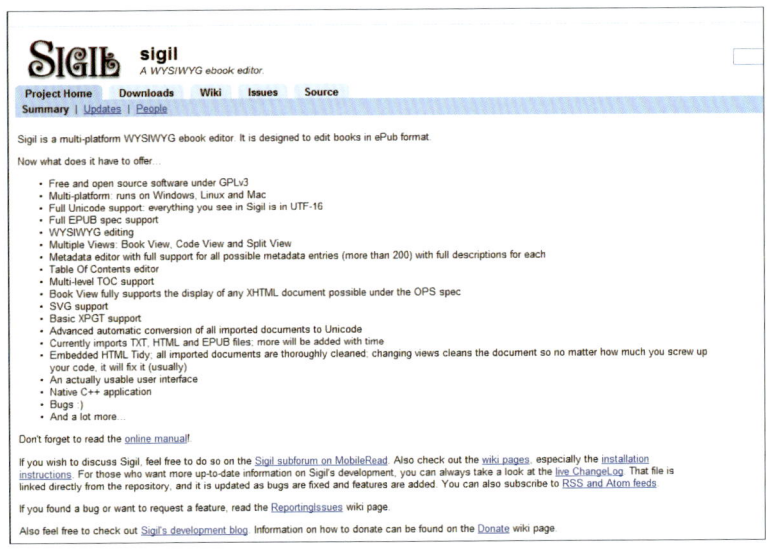

Sigil 사이트

4. eBook을 만들어 보자

04 유페이퍼

유페이퍼 ePUB제작 툴은 국내 지니소프트 사에서 만든 툴로서 일반 사용자들에게 무료로 배포되고 있습니다. 유페이퍼 공식 홈페이지에 따르면 해당 프로그램을 사용하여 생성되는 결과물 중 표지페이지에 삽입된 특정 로고를 삭제하지 않는다면 결과물의 상업적 사용을 허용하고 있습니다.

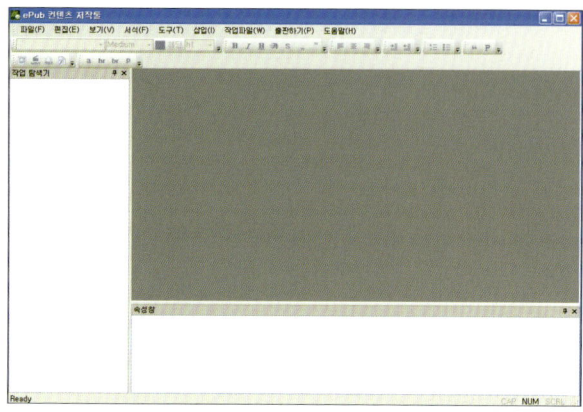

유페이퍼 제작 툴

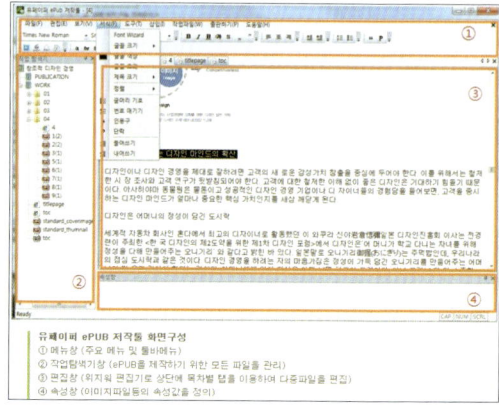

유페이퍼 제작 툴 메뉴 구성

유페이퍼 사이트

05 comic4Portable

Comic4Portable 제작 툴은 만화 이미지의 ePUB 변환 프로그램입니다. 국내 개인 개발자에 의해 개발되었으며, 현재 Version 0.7까지 발표되었습니다. 초기에는 만화 이미지를 기타 eBook 단말기기나 PMP나 PSP 등의 기기에서 보다 편리하게 볼 수 있도록 보정하는 것에 목적을 두었으나, 최근에는 iPad에서의 활용까지 지원하는 것으로 보강되고 있습니다.

Comic4Portable 툴을 사용하기 위해서는 Microsoft Visual C++ 2008 재배포 패키지가 사용하려는 PC 환경에 함께 설치되어 있어야 합니다.

Comic4Portable 제작 툴

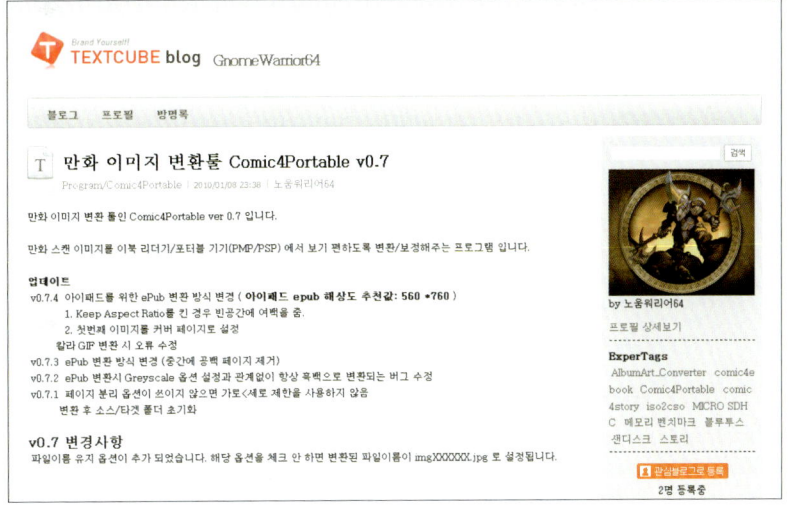

Comic4Portable 사이트

ePUB for iBooks 113

06 KoTxt2ePUB

KoTxt2ePUB 프로그램은 국내 개인 개발자에 의해 JAVA를 기반으로 개발된 프로그램입니다. 주로 텍스트 파일을 활용하여 ePUB을 만들어주는 기능을 제공하며, Version 1.1.9.6까지 소개되고 있습니다. 설치 이후 사용을 위해서는 동일한 PC에 JAVA를 함께 설치하여야 이용할 수 있습니다.

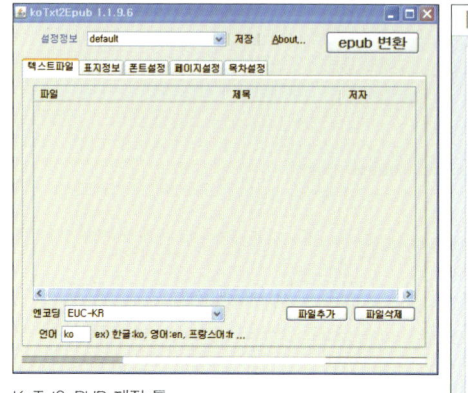

KoTxt2ePUB 제작 툴

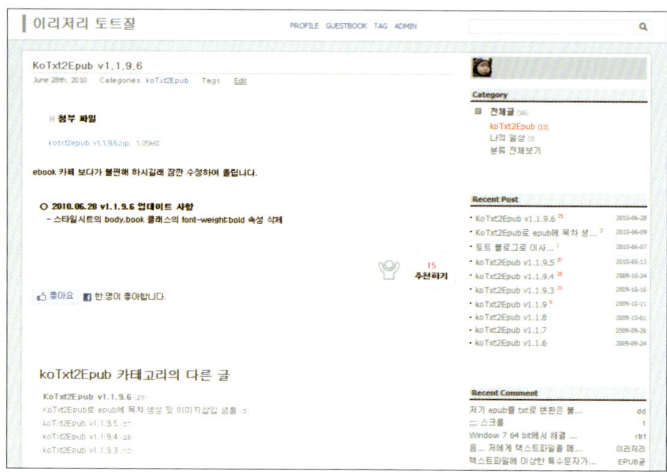

KoTxt2ePUB 사이트

07 기타

이러한 제작 프로그램들 이외에도 다수의 툴과 솔루션들이 존재하고 있으며, 나아가 전체 출판 과정과 연계한 토털솔루션들로 등장하고 있습니다. 앞으로는 멀티미디어 ePUB의 발전과 더불어 이러한 제작 솔루션에도 많은 변화가 올 것으로 예상합니다.

eCub 툴

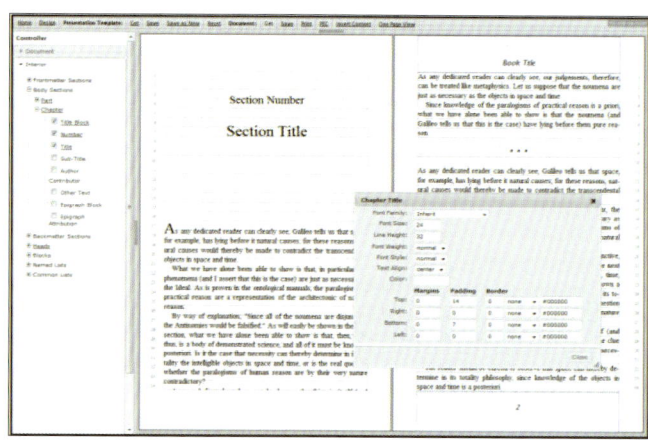

Arzadi 솔루션

3. ePUB 결과물의 검증

제작된 ePUB 결과물의 오류를 검증하는 방법은 크게 세 가지로 나누어 볼 수 있습니다. 먼저 .epub 파일을 사용하는 ePUB 뷰어에서 확인하는 방법입니다. 우리가 흔히 알고 있는 Adobe 사의 Digital Edition이나 Calibre 등의 PC 뷰어에서는 일반적으로 사소한 오류를 무시하고 ePUB 파일을 표시합니다.

> **Tip**
> ePUB 검증 방법
> - PC 뷰어에서 확인
> - 단말기에서 확인
> - epubcheck 1.0.5에서 확인

이처럼 PC 뷰어를 이용하여 검증하였다면, 다음으로는 자신이 사용하고자 하는 단말기에 직접 ePUB 파일을 넣어 확인해 보는 방법을 이용할 수 있습니다. 현재 시중에는 많은 e-ink 기반 단말기가 보급되고 있어 자신이 제작한 ePUB 파일을 넣어 정확한 표현이 되는지를 확인할 수 있습니다.

그러나 때로는 PC에서 확인한 내용과 단말기에서 확인한 내용이 다를 수 있음을 이해하여야 합니다. 특히 Digital Edition이나 Calibre 뷰어의 경우 여타 뷰어에 비해 ePUB의 표현을 상당히 폭넓게 지원하고 있어, 단말기에서는 이와 같은 표현이 지원되지 않을 수 있습니다.

우리가 활용하고자 목표로 한 iPad는 오류를 가진 해당 부분은 의도한 대로 표현하지 않으며, 치명적인 오류를 포함한 ePUB 파일을 넣을 때 iBooks 뷰어가 이를 제대로 지원하지 못하고 eBook을 종료시키는 상황이 발생합니다. 이러한 상황을 미리 방지하기 위해서는 제작이 완료된 ePUB 파일이 표준에 맞는지를 확인하는 것이 필요로 됩니다.

세 번째로는 ePUB 표준 준수 여부를 확인할 수 있는 epubcheck 솔루션을 이용한 검증 방법입니다. 세부 내용은 아래에서 살펴봅니다.

01 epubcheck 1.0.5.

현재 ePUB 파일의 표준 준수 여부를 확인할 수 있는 유일한 방법으로는 epubcheck 1.0.5. 버전의 솔루션을 이용하는 것입니다. 관련 프로그램은 해당 사이트에서 다운받아 직접 검증 솔루션을 설치하고 테스트를 진행할 수 있습니다.

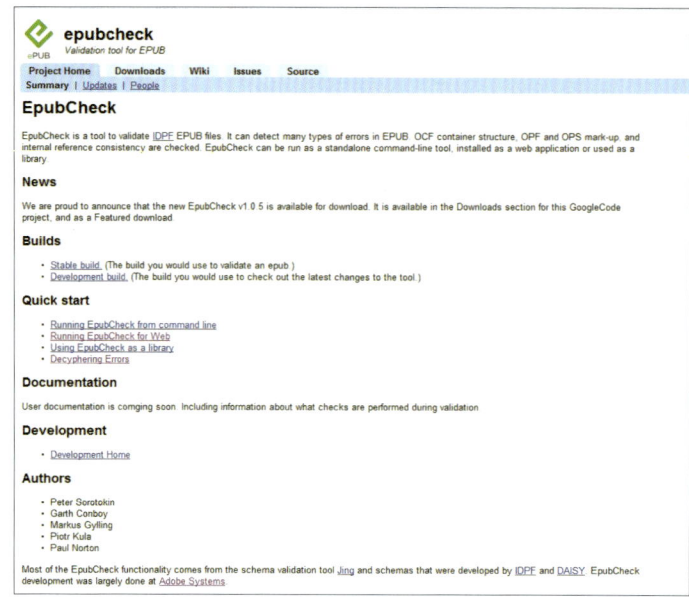

epubcheck 1.0.5. 솔루션 배포 사이트

그러나 이러한 방법이 관련 기술 인력을 보유하지 못하였거나 기술적 능력이 부족한 개인 또는 소규모 제작사의 입장에서는 매우 번거롭고 부담스러울 수 있습니다. 이럴 때 같은 epubcheck 1.0.5를 웹상에서 사용할 수 있도록 구현한 사이트를 활용할 수도 있습니다.

온라인 epubcheck 사이트에 접속하여 검증하고자 하는 ePUB 파일을 upload 하면 원격지에 있는 서버에서 해당 파일의 오류 여부를 검증하여 문제가 있는 경우 관련된 오류 메시지를 표출하며, 무결점의 파일일 때 검증이 성공적으로 끝났음을 표시합니다.

다만, 해당 사이트는 공지를 통해 upload 된 파일이 해당 서버에 영구적으로 보관되지 않지만 테스트할 파일이 저작권에 민감하거나 보안이 우려되는 경우 해당 사이트의 이용은 충분한 검토 이후 진행할 것을 권고하고 있습니다.

온라인 epubcheck 1.0.5. 사이트

ePUB 오류 발생 시 표시

ePUB 검증 성공 시 표시

ePUB for iBooks

Chapter 04

iBooks에서 ePUB 파일 제작 시 고려사항

1. iBooks와 관련된 iPad의 특징들

Apple 사가 iPad에 제공하는 eBook 솔루션은 iBooks라 불리는 애플리케이션입니다. 발표 당시부터 아래 이미지와 같은 세련된 디자인의 서가를 선보여 많은 관심을 불러일으킨 바 있습니다.

iBooks의 다양한 특징과 활용방법은 앞에서 소개한 내용을 참조하시기 바랍니다.

제작한 eBook이 iBooks에서 효과적으로 표현되려면 몇 가지 특성을 고려할 필요가 있습니다. 특히 iPad가 단말기로서 가지고 있는 물리적 특성과 eBook을 표현하는 Reading Engine의 특성 그리고 iBooks에서 현재의 ePUB 표준을 넘어서서 지원하고 있는 내용 등은 향후 제작할 eBook의 표현 가능성과 한계를 파악해 볼 수 있는 주요 사항이라 할 수 있습니다.

iBooks 서가

01 Display 크기와 해상도

iPad는 9.7인치의 화면에 최대 1024×768의 해상도, 132ppi(Pixel Per Inch), Color 체계를 지원합니다. 이러한 화면 구성은 iBooks에 한 페이지 보기(portrait)와 두 페이지 보기(Landscape)를 지원하고 있어, 선택에 따른 해상도와 eBook 제작 시 활용할 수 있는 화면 구성이 다르게 적용됩니다.

> **Tip**
> iBooks 표시 면적
> – 560×760(한 페이지 보기)
> – 380×560(두 페이지 보기)

iBooks에는 iPad에서 지원하는 전체 해상도가 적용되지만, 실제 eBook 콘텐츠 내용이 표현되는 부분은 한 페이지 보기의 경우 560×760, 두 페이지 보기의 경우 380×560의 픽셀 면적이 본문 내용으로 표현되고 있습니다. 이외의 면적은 여백으로써 활용되거나 UI 메뉴와 종이 책과 유사한 디자인 표현을 위해 사용되고 있습니다.

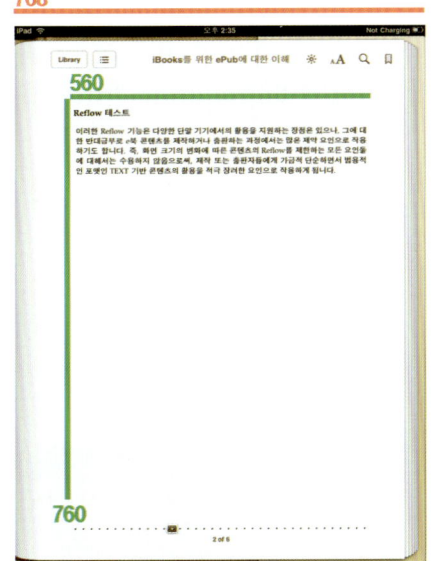

iBooks의 한 페이지 보기(Portrait) 해상도

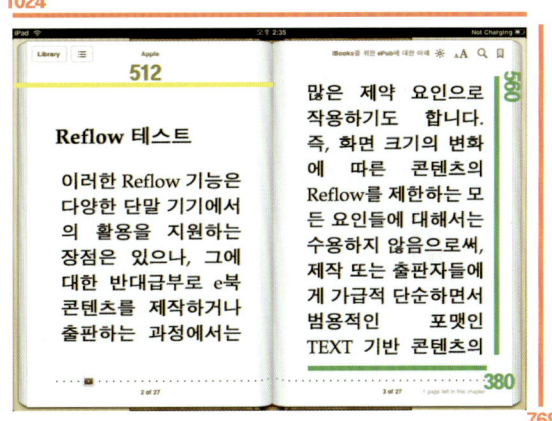

iBooks의 두 페이지 보기(Landscape) 해상도

이러한 Display 면적에 대한 이해는 iBooks에 사용될 eBook의 전체적인 레이아웃과 세부 구성에 대한 기본자료로서, 텍스트 자료와 비교하면 상대적으로 Reflow 또는 Resize가 어려운 이미지나 Table 등의 삽입 시 참고자료로 활용됩니다. 특히 만화나 카툰같이 하나의 이미지로 전체 페이지를 채우는 형식의 콘텐츠에서는 한 페이지 보기와 두 페이지 보기에서 적합하게 표현될 수 있는 이미지의 크기를 사전에 고려하는 것도 매우 중요한 상황입니다.

iPad의 색상 지원과 관련한 부분도 iBooks ePUB 제작 시의 고려 요인 중 하나입니다. 다수의 e-ink 단말이 색상의 표현에서 8가지(8Gray level) 혹은 16가지(16Gray level) 흑백 색상의 심도만을 지원하는 것에 비해, iPad는 LCD 기반의 Color 색상 체계를 지원하고 있어서, 더 풍부하고 다양한 컬러 콘텐츠 구성이 가능하다는 장점이 있습니다. 이러한 장점은 컬러 이미지나 텍스트, Table 등에서의 컬러 구현과 그라데이션 등의 활용을 지원할 수 있습니다.

02 Safari

Apple 사가 기본으로 제공하고 있는 Web Browser인 Safari는 iPad에도 기본 Web Browser로 탑재되어 있습니다. Safari(Mobile)는 앞서 소개한 바 있는 Webkit 기반의 Browser이며 iBooks에 적용된 eBook의 Reading Engine으로 사용되고 있음을 고려할 때, 이러한 Safari에 대한 이해는 iBooks에 대한 이해에도 많은 도움이 될 것입니다.

Apple 사의 홈페이지에 따르면 "Safari의 핵심기술인 Webkit는 iPad, iPhone, iPod touch 등에 사용되고 있으며, 웹 사이트의 그래픽을 표현하고, 서체를 불러오고, 페이지 레이아웃을 결정하고, 해당 사이트의 인터렉티브 요소를 작동하게 한다"라고 합니다.

물론 Safari의 모든 기능이 iBooks에 그대로 적용되는 것은 아니지만, 최근 아직 ePUB 표준으로 확정되지 않은 HTML 5의 Video와 Audio 태그를 적용한 것, Voice Over Screen 등의 적용은 Safari와 iBooks 간의 긴밀한 상호관계를 엿볼 수 있습니다.

따라서 우리는 Safari의 주요 기능과 앞으로 발전 방향을 단지 Web Browser로만 인식할 것이 아니라, 다가올 iBooks의 성능 향상을 짐작할 수 있는 주요 요소라는 측면에서 접근할 필요가 있다 하겠습니다.

Safari Browser

현재 지원되고 있는 Safari의 주요 기능은 다음과 같습니다.

- 차세대 표준 지원
  HTML 5 미디어태그, CSS 애니메이션, CSS 효과 등을 지원
- JavaScript 지원
  JavaScript 표준을 지원하여 다이나믹한 기능을 구동 가능하며, AJAX 지원
- SVG 1.1 지원
  SVG(Scalable Vector Graphics) 기능을 지원(서체, 그래픽 요소, 애니메이션 지원)
- VoiceOver 스크린리더 지원
  화면 상의 텍스트와 링크를 설명하고 읽는 기능을 지원
- 책갈피 지원
  책갈피를 만들고, 정리하는 기능 및 보관함 기능을 지원
- Color Profile 기능 지원
  ICC(International Color Consortium) 프로필을 지원(사진과 이미지를 원본에 충실하게 표현)

03 HTML5와 CSS3

ePUB은 3개의 공개 표준으로 구성되어 있습니다. OPS(Open Publication Structure), OPF(Open Packaging Format), OCF(OEBPS Container Format)이 바로 그 세 가지 표준입니다. 이 중 OPS가 과거의 eBook 출판 표준인 OEB(Open e-Book Publication Structure)를 계승하는 표준입니다.

IDPF가 공식적으로 논의 중인 ePUB 2.1의 주요 추진방향(개정방향)은 아래와 같습니다.

- Video 등의 Rich Media와 Interactivity 지원
- 다국어 지원(중국어, 한국어, 일본어 등. Ruby Markup)
- 뉴스 및 잡지의 article 지원(PRISM Standard)
- 강화된 Metadata 지원
- 페이지 구성 및 대용량 파일 지원
- 강화된 Navigation 지원
- 보편화된 Web 표준 수용
- 주석(annotation) 기능 지원
- 수학 표현(MathML) 기능 지원
- 용례, 참조 등의 기능 지원
- 강화된 DAISY 표준 지원
- 필요로 되는 확장성 강화 지원
- 표준으로서의 입지 강화
- 광고 삽입 지원

ePUB 3
- 인터렉티브 지원
- 멀티미디어 지원
- 다국어 지원

HTML5

Safari에서 지원하는 HTML5 관련 내용 중에서 아래 그림에서 붉은 박스로 표시된 부분은 최근 iBooks에 적용된 내용이며, 파란색 박스로 표시된 부분은 앞으로 ePUB 2.1 개정 논의에 맞춰 적용될 가능성이 큰 항목들입니다.

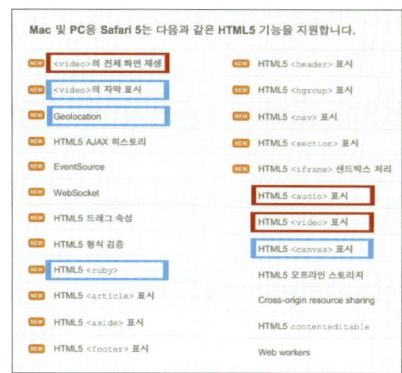

Safari에서의 HTML 5 지원 항목

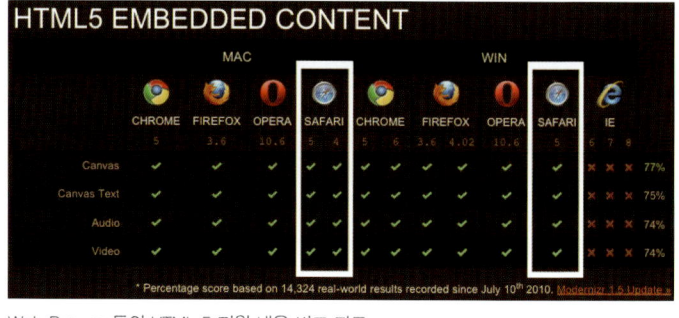

Web Browser들의 HTML 5 지원 내용 비교 자료
〈출처 http://www.findmebyip.com/litmus/#target-selector〉

CSS3

iBooks → CSS 수용

HTML5와 함께 멀티미디어 ePUB 구현을 위해 주목받고 있는 것이 바로 CSS3입니다. CSS는 웹 표준을 개발하고 만들어가는 W3C에서 마련한 표준이며, CSS3에서 다루고 있는 rotation(2D, 3D) 기능과 Animation 기능 등은 Script 기능과 함께 다양한 효과를 구현할 수 있습니다.

이러한 좋은 예로 iPad를 지원하는 애플리케이션으로 제작되어 많은 관심을 받았던 "Alice for iPad" 역시 CSS3와 관련 기술을 활용한 것으로 알려졌습니다. iBooks에도 이러한 CSS3 기술을 일부 이용하여 애니메이션 등, 더욱 풍부한 ePUB을 구현할 수 있습니다.

CSS3와 관련한 주요 항목과 구현 코드 항목은 아래와 같습니다.

TEXT 관련	text-shadow : ; text-overflow : ;
WORD 관련	word-wrap : ;
Font 관련	@font-face { }
OPACITY 관련	opacity : ;
BOX 관련	box-shadow : ;
BORDER 관련	border-radius : ;
BACKGROUND 관련	background : ;
TRANSFORM 관련	-webkit-transform: ;
TRANSITION 관련	-webkit-transition : ;
ANIMATION 관련	-webkit-keyframes { }

Safari에서의 HTML 5 지원 항목

Web Browser들의 CSS Property 지원 비교 자료
〈출처 http://www.findmebyip.com/litmus/#target-selector〉

04 Video와 Audio

Video나 Audio 분야는 기술의 발전과 함께 많은 변화를 가져온 분야입니다. 화질과 전송 부하라는 두 가지 측면을 고려한 최적의 포맷 개발에 많은 회사가 참여하였고, 이로 말미암아 다양한 비디오 포맷이 개발되었습니다.

그러나 Apple 사는 Video와 관련한 자사의 지원 포맷을 국제적인 표준인 h.264(Mpeg 4 part-10 AVC) Video 포맷으로 적용했습니다. 이러한 경향은 아래 자료에서도 볼 수 있듯이 Safari의 HTML5 관련 Video 포맷은 오직 h.264 만을 지원하고 있습니다.

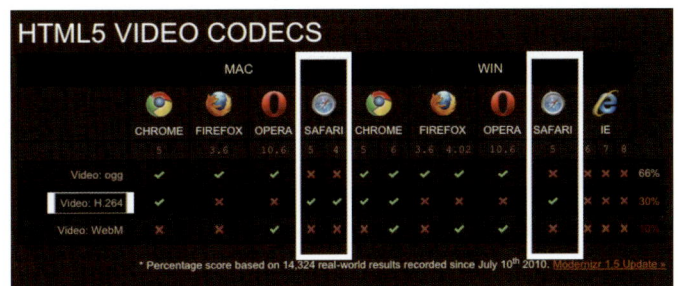

Web Browser들의 HTML 5 Video 지원 내용 비교 자료
〈출처 http://www.findmebyip.com/litmus/#target-selector〉

iPad 지원 미디어 포맷

iBooks ePUB과 관련한 권장 내용에 따르면 iBooks ePUB 내에 삽입되는 Video의 포맷은 .m4v를 활용할 것을 지정하고 있습니다. .m4v는 MPEG4 표준의 하나로서 우리가 알고 있는 .mp4와 그 구조가 거의 유사한 것으로 알려졌으며, Apple에 의해 독자적으로 도입되어 사용되고 있는 Video 포맷입니다.

> **Tip**
> iBooks
> – Video : .m4v
> – Audio : .m4a

.mp4가 h.264 Video와 AAC Audio를 지원하는 반면, .m4v는 h.264 Video와 AAC Audio는 물론 AC3 5.1 채널까지 지원할 수 있습니다. .mp4가 주로 퀵 타임 플레이어에서 사용되는 반면, .m4v는 Apple의 아이튠즈 스토어에서 music video, 영화, TV 콘텐츠 등에 적용되어 활용되고 있으며, 일반적으로 Apple의 FairPlay DRM이 적용되어 배포되는 것으로 알려졌습니다.

iPad가 하드웨어적으로 재생할 수 있는 Video의 한계는 h.264 코덱의 Main profile 3.1(HD 영상을 인코딩하기 위한 기준)로 인코딩된 720p(1280×720 Progressive 방식), 30fps(1초당 30 frame 재생) video까지 재생 가능하며, Audio는 AAC-LC(Advanced Audio Codec) 코덱을 이용하여 48khz로 샘플링되어 초당 160kbps로 인코딩된 Stereo Audio까지 재생 가능한 것으로 알려졌습니다. 이러한 Video와 관련한 재생 포맷은 .m4v와 .mp4 그리고 .mov 파일 포맷의 재생을 지원하고 있습니다.

Key Features of iPad Video

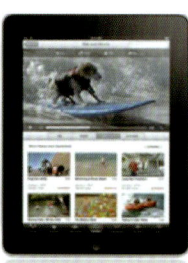

- Video Codec : H.264 (Mpeg 4 part -10 AVC)
  - resolution : 720p (1280 x 720)
  - frame : 30fps (frame per second)
  - encoding level : Main Profile Level 3.1
- Audio Codec : AAC-LC(Advanced Audio Coding)
  - sampling rate : 48khz
  - style : stereo type
  - encoding rate : 160kbps
- Container : .m4v, .mp4, .mov

iBooks ePUB 권장내용에서 Video가 삽입될 수 있는 최대 용량을 2GB로 권장하고 있음을 볼 때 ePUB에 사용할 수 있는 HD Video 콘텐츠(h.264, 720p, 2Mbps)의 최대 재생 약 1시간 내외임을 추정할 수 있습니다.

> **Tip**
> iBooks
> 최대 2GB Video 수용

2. iBooks ePUB 관련 권장 내용들

Apple 사에서는 iBooks에 ePUB 콘텐츠를 퍼블리싱하기 위해서는 ePUB 제작과 관련하여 아래와 같은 조건들이 충족되기를 요구하고 있습니다.

> **Tip**
> iBooks
> - ISBN
> - epubcheck 1.0.5
> - PNG 이미지
> - 기본 폰트 사용

01 ISBN

ISBN(International Standard Book Number)은 ePUB의 제작과는 관련이 없지만, iBooks 퍼블리싱을 위한 가장 기본적인 요구조건입니다. 13자리의 ISBN 숫자는 개별적인 eBook의 독자적이고 고유한 인식체계로서 ePUB 결과물의 등록과 유통에 필수적입니다. 이러한 ISBN 넘버는 개별 ePUB 북의 identifier로서 OPF 내에 명시되어야 합니다.

02 ePUBcheck 1.0.5.

앞서 소개한 바와 같이 ePUBcheck 1.0.5.는 ePUB 결과물의 오류 검증을 위한 공식적인 툴입니다.

얼마 전까지 iBooks에 유통하려는 모든 ePUB 콘텐츠는 ePUBcheck 1.0.5.를 이용한 검증 절차를 통과하여야 한다고 규정하였으나, 최근 Video와 Audio, PDF 콘텐츠 등을 ePUB 내에 수용함으로써 현재의 ePUB 2.0.1 버전의 표준을 벗어나게 되자, 이를 기준으로 오류를 검증하는 ePUBcheck 1.0.5.의 필수적 활용과 관련한 내용을 삭제하였습니다.

이러한 문구의 삭제가 iBooks에서의 ePUBcheck 1.0.5.의 필요성과 활용성을 부정하는 것이 아니라 현재의 표준과 상충하는 비디오 및 오디오 콘텐츠 수용을 위한 단기적인 해결 방안으로서 이러한 검증 절차를 강제하지 않을 뿐이라고 생각됩니다. ePUB 제작물에 대해 발생할 수 있는 다양한 오류를 검증하는 방법으로서는 현재의 ePUBcheck 1.0.5.의 활용이 가장 기본적이며 효과적인 수단이라고 할 수 있습니다.

03 ePUB 파일

1. Cover 및 Content

Cover 페이지와 관련한 권장 내용은 Background의 색상을 흰색을 사용하거나 혹은 특정한 색상을 지정하지 않을 것을 제시하고 있으며, Background에 특정 색상을 활용할 때 표지 이미지 주변에 윤곽선이 생길 수 있음을 설명하고 있습니다.

Content와 관련한 주요 내용은 eBook을 구성하고 있는 모든 구성요소(표지, 목차, 인덱스, 첫 페이지 등)가 OPF 파일의 〈guide〉 항목에 나열되기를 요구하고 있습니다. 이러한 〈guide〉의 주요 역할은 iPad나 iPhone에서 eBook을 열게될 때 〈guide〉에 언급된 항목 중에서 〈spine〉에 가장 처음 표시된 파일을 열도록 지원하고 있기 때문입니다.

2. Images

이미지는 배경부분을 투명(Transparency)하게 처리할 수 있는 PNG 포맷을 이용할 것을 권장하고 있으며, 이미지의 사용 시에는 이미지의 크기와 관련된 정보를 별도로 지정하는 것보다는 한 페이지 보기, 두 페이지 보기, 글자 크기 조정 등 사용자의 선택에 따른 레이아웃의 변경을 고려하여 이미지의 제작 시부터 적합한 크기를 고려하여 활용할 것을 권장하고 있습니다.

아울러 이러한 이미지들의 안정적인 표현을 위해서는 svg : img Tag의 활용보다는 HTML의 img Tag의 사용을 권장하고 있습니다. 특히 이미지의 속성 값을 표시하는 "alt"는 반드시 이미지 Tag 내에 포함될 것으로 규정하고 있습니다.

이러한 이미지의 최대 용량은 하나의 Chapter마다 압축되지 않은 상태에서 최대 11MB까지 허용합니다.

3. Fonts

iBooks는 10가지의 서로 다른 글자크기와 6가지의 폰트(Baskerville, Cochin, Georgia, Palatino, Times New Roman, Verdana)를 지원하고 있습니다. Apple 사는 공식적으로 iPad와 iPhone에서 별도의 폰트를 이용하기 위한 embedded fonts를 지원하지 않고 있음을 밝히고 있습니다. 또한, 앞서 설명한 것과 같이 특정 크기로 폰트 사이즈를 고정하는 것은 권장되지 않고 있습니다.

4. Line Breaking

ePUB의 제작과 관련하여 발생할 수 있는 Line Breaking(특정 텍스트의 줄 바뀜으로 인한 단어 잘림)을 방지하기 위해 Apple 사는 Soft hyphens 방식을 사용할 것을 권장하고 있습니다.

W3C 권장 내용에 따르면 Soft hyphens 방식의 사용은 글자나 단어에 &Shy; (­ or ­)과 같이 활용할 수 있으며, iBooks 샘플에는 "­"을 사용하여 Soft hyphens 설명하고 있습니다

5. Page Mapping

iBooks에서는 독자들이 실제 종이 책을 읽는 것과 유사한 기능을 지원하기 위해 eBook의 페이지 목차를 표시한 NCX 파일의 사용을 새롭게 권장하고 있습니다. 기존에는 NCX 파일을 이용하여 각 각의 Chapter 들에 대한 목차를 활용할 수 있었으나, 이제는 개별 페이지에 대한 접근이 가능하게 되었습니다.

아래 내용은 개별 페이지를 접근 가능하도록 리스트화한 샘플 코드입니다.

```
<pageList>
<pageTarget id="p1" type="normal" value="1">
<navLabel><text>1</text></navLabel>
</pageTarget>
<pageTarget id="p2" type="normal" value="2">
<navLabel><text>2</text></navLabel>
</pageTarget>
</pageList>
```

6. Multimedia

최근의 iBooks ePUB 권장 내용에서는 .epub 콘텐츠에 XHTML과 HTML 5의 Tag를 이용하여 비디오, 오디오, 이미지, PDFs 등을 삽입할 수 있는 것으로 안내하고 있습니다. 이러한 멀티미디어 eBook과 관련한 Apple의 입장은 크게 아래 세 가지로 정리할 수 있습니다.

- 기타 ePUB 콘텐츠보다 멀티미디어 eBook의 품질 검증을 위해 더욱 긴 시간이 요구될 수 있음
- 멀티미디어를 포함한 eBook의 최대 용량은 2GB를 넘지 말아야 하며, 2GB를 넘지 않아도 파일 사이즈가 클수록 다운로드와 관련한 시간이 오래 걸릴 수 있음을 감안할 것
- 멀티미디어 eBook의 경우 eBook 내 여타 콘텐츠는 DRM 적용이 가능하나, 삽입된 비디오, 오디오, PDFs의 경우 여타의 조건, metadata 적용 등에도 DRM 적용이 되지 않음

Video

iBooks에 활용될 Video 콘텐츠는 Apple의 파이널 컷 스튜디오의 Compressor 3.5나 이후 버전을 사용하여 인코딩하라고 요구하고 있습니다. 비디오 인코딩 시 첫 프레임과 마지막 프레임은 아무 내용도 없는 검은 바탕을 삽입하라고 요구하고 있으며, 비디오 삽입을 위한 동영상 파일의 확장자는 "m4v"를 활용합니다.

아울러 ePUB 파일 내에 삽입된 비디오는 대표 이미지(Poster image)를 필수적으로 첨부할 것으로 규정하고 있습니다. 이러한 대표 이미지는 비디오 파일이 시작되기 전까지 eBook에서 Video 콘텐츠를 표현하는 구실을 합니다.

iBooks Video 플레이어

- 가로, 세로 약 300X150 픽셀의 이미지
- 최대 300KB를 넘지 않는 이미지 용량
- 삽입 비디오의 가로X세로 비율과 같은 이미지 비율

이러한 비디오와 오디오 등의 멀티미디어 파일을 구동하기 위한 "Player" 이미지들은 사전에 이미 그 크기가 결정되어 코딩되어 있는 관계로 그 크기나 기능 등에 대한 변경은 불가능한 상황입니다. 비디오는 대표 이미지가 제안된 크기보다 작은 경우 그 여백은 검은색으로 나타나게 됩니다.

```
<video src="video.m4v" controls="controls" poster="img-01.png"></video>
```

Audio

오디오는 아이튠즈를 이용하여 인코딩할 것으로 권장하고 있으며, 256kbps의 Stereo, AAC/MP4 파일을 활용할 수 있으며, 해당 확장자는 "m4a"를 사용합니다.

iBooks Audio 플레이어

```
<audio src="audio.m4v" controls="controls"></audio>
```

3. ePUB 제작 관련 노하우

01 Fonts

Safari에서 지원하는 한글 기능과 마찬가지로 iBooks에서도 한글 eBook 콘텐츠를 읽을 수 있습니다. iBooks에서 지원하는 영어 폰트는 6가지의 폰트(Baskerville, Cochin, Georgia, Palatino, Times New Roman, Verdana) 만을 지원하고 있습니다.

ePUB을 제작할 때 한글 폰트를 표현하는 방법은 크게 두 가지입니다. 그 중 한 가지는 iBooks에서 현재 지원하고 있지는 않지만, 차후 활용 가능성이 있는 Font Embed 방법과 XML 규약에서 다루고 있는 사용 언어에 대한 선언(xml:lang="ko") 방법입니다. 이런 방법을 사용하지 않을 때, 뷰어에 따라서 한글 폰트가 적용이 되지 않아 "?"만으로 표현되기도 합니다.

> **Tip** iBooks 한글 적용 → xml:lang="ko" 삽입

iBooks에서는 위의 두 가지 방법을 모두 사용하지 않고, 테스트에 사용한 샘플 파일에 본문 내용만을 한글로 넣어 보았으나, 아래 이미지와 같이 잘 표현되는 것을 볼 수 있었습니다.

```xml
<?xml version="1.0" encoding="UTF-8"?><html xmlns="http://www.w3.org/1999/xhtml">
   <head>
      <meta http-equiv="Content-Type" content="text/html; charset=UTF-8" />
      <title>Reflow Sample</title>
      <link rel="stylesheet" type="text/css" href="css/stylesheet.css" />
   </head>

<body>
        <h1 class="title">Reflow 테스트</h1>

        <p class="font-indent">이러한 Reflow 기능은 다양한 단말기기에서의 활용을 지원하는 장점은 있으나, 그에 대한 반대급부로 eBook 콘텐츠를 제작하거나 출판하는 과정에서는 많은 제약 요인으로 작용하기도 합니다. 즉, 화면 크기의 변화에 따른 콘텐츠의 Reflow를 제한하는 모든 요인들에 대해서는 수용하지 않음으로써, 제작 또는 출판자들에게 가급적 단순하면서 범용적인 포맷인 TEXT 기반 콘텐츠의 활용을 적극 장려한 요인으로 작용하게 됩니다. </p>

</body>
</html>
```

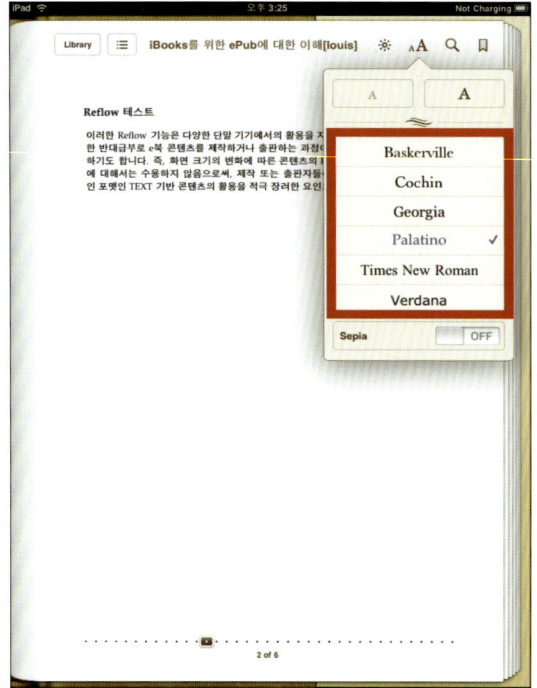

iBooks 지원 영어 폰트 종류

ePUB제작 시에 Font Embed 하는 방법은 아래와 같은 폰트 관련 내용을 CSS 파일 내에 포함하고, 해당 폰트를 CSS와 같은 폴더 내에 위치시킵니다. Embed 할 수 있는 폰트의 타입은 .ttf(True Type Font)와 .otf(Open Type Font)이지만, 표준에서는 가급적 .otf 폰트의 활용을 권장하고 있습니다.

> **Tip**
> Font Embed 시
> – .ttf, .otf 사용
> – css에 삽입
> – opf에 삽입

```css
@font-face {
        font-family: "korean";
        font-weight: normal;
        font-style: normal;
        src: url(korean.ttf);
}

body {
        font-family: "korean", serif;
```

CSS 파일에 해당 내용을 삽입하는 것과는 별도로 OPF 파일에도 Font가 Embed 되었음을 명시해야 해당 폰트가 제작된 ePUB에 적용될 수 있습니다.

```
<item href="korean.ttf" id="font-01" media-type="font/truetype"/>
```

만약 Open Type Font가 Embed에 사용되었을 때 OPF에 적용될 코드는 아래와 같습니다.

```
<item href="korean.otf" id="font-01" media-type="font/opentype"/>
```

02 Images

이전 iBooks 버전에서는 삽입하는 이미지가 페이지 크기보다 크면 여분의 이미지를 다음 페이지로 넘겨 보여주었습니다.

그러나 이번 업데이트 된 iBooks 1.1.2. 버전에서는 이미지의 크기가 페이지 크기보다 큰 경우이지만 가로 크기를 페이지 크기에 맞추고 세로 크기를 이의 비율에 맞게 조정하여 이미지를 해당 페이지에 보여주도록 지원하고 있습니다.

이러한 비율 축소에도 페이지 여백이 부족한 경우에는 역시 마찬가지로 다음 페이지에서 여분의 이미지를 표현하고 있습니다.

> **Tip** 이미지 크기 조정 → 가로 크기를 기준으로 진행

이러한 이미지의 처리와 관련한 몇 가지 테스트를 통하여 이미지 활용을 위한 고려사항을 살펴보겠습니다.

가로 및 세로가 페이지 크기보다 작은 이미지

가로 및 세로의 크기가 현재의 페이지 공간보다 작은 경우에는 자연스럽게 원본 이미지의 크기대로 표현하고 있습니다. 두 페이지 보기에서는 부족한 공간 덕분에 다음 페이지에서 비율 축소 후 표현하고 있습니다.

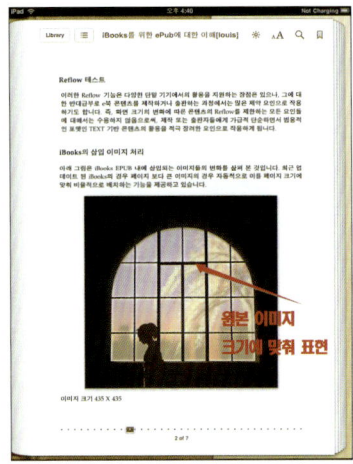
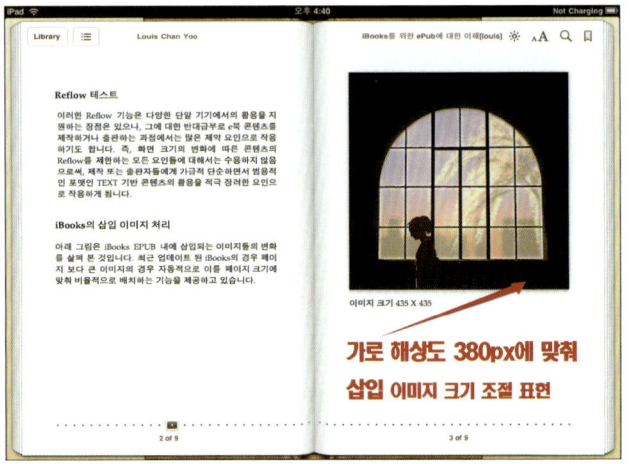

페이지 크기보다 작은 이미지 활용
[한 페이지 보기]

페이지 크기보다 작은 이미지 활용
[두 페이지 보기]

가로 및 세로가 페이지 크기보다 큰 이미지

이번에는 삽입하고자 하는 이미지의 해상도를 1000×1000 픽셀로 바꾸어 ePUB에 삽입해 보았습니다. 그 결과 페이지 크기가 이미지 크기보다 적합하지 못할 경우, 이를 일부 표현하고 남는 이미지 부분을 다음 페이지에서 표현하고 있음을 알 수 있습니다.

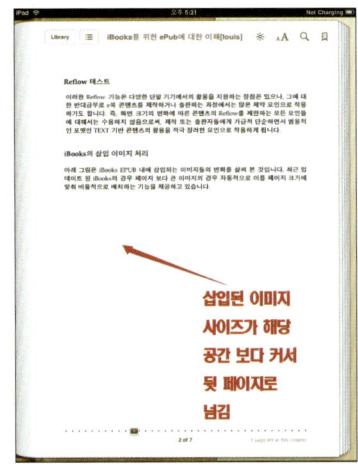

페이지 크기보다 큰 이미지 활용
[한 페이지 보기 - 1]

페이지 크기보다 큰 이미지 활용
[한 페이지 보기 - 2]

페이지 크기보다 큰 이미지 활용 [두 페이지 보기]

가로 크기는 페이지 크기보다 작고 세로 크기는 큰 이미지

이번에는 테스트 하는 이미지의 해상도를 500 X 1000 픽셀로 바꾸어 ePUB에 삽입해 본 결과 앞서 테스트해 본 1000 X 1000과는 달리 일부 이미지를 앞 페이지에서 표현하고, 부족한 공간을 다음 페이지를 이용하여 이미지를 보여주고 있음을 알 수 있습니다.

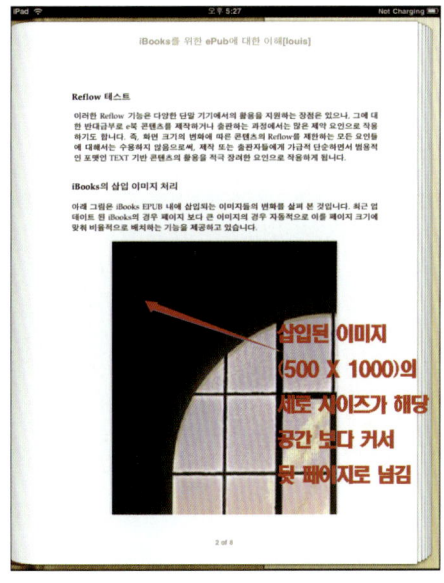

가로 크기가 페이지 크기보다 작은 이미지 활용　　가로 크기가 페이지 크기보다 작은 이미지 활용
[한 페이지 보기 – 1]　　　　　　　　　　　　　　[한 페이지 보기 – 2]

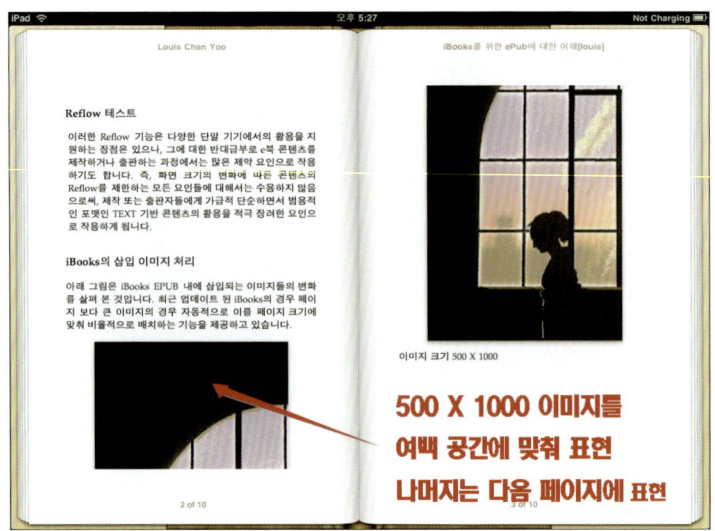

가로 크기가 페이지 크기보다 작은 이미지 활용 [두 페이지 보기]

가로 크기는 페이지 크기보다 크고 세로 크기는 작은 이미지

마지막으로 이미지의 해상도를 1000 X 500 픽셀로 바꾸어 ePUB에 삽입해 본 결과 페이지 크기보다 큰 가로 부분을 페이지에 맞추고 이에 비례하여 세로 크기를 줄여 표현하고 있습니다. 두 페이지 보기에서는 현재 이전 페이지의 여백 공간이 부족하여 다음 페이지를 이용하여 이미지를 보여주고 있음을 볼 수 있습니다.

가로 크기가 페이지 크기보다 큰 이미지 활용
[한 페이지 보기]

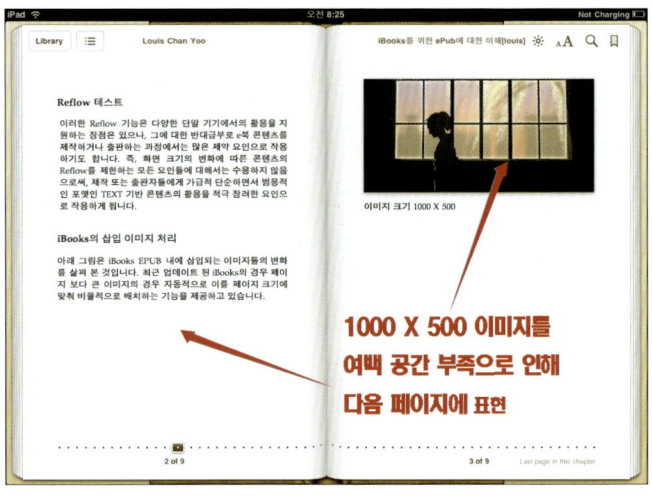

가로 크기가 페이지 크기보다 큰 이미지 활용
[두 페이지 보기]

이와 같은 간단한 테스트를 통해 iBooks 뷰어 내에서 ePUB 파일에 삽입된 이미지의 표현이 어떤 특성이 있는지를 이해할 수 있다고 생각됩니다. 동일한 이미지를 삽입하였다 할지라도 사용자(독자)가 폰트의 크기를 조절함으로 인해 생긴 페이지 내의 여백 공간에 따라 삽입된 이미지가 해당 페이지나 혹은 뒷 페이지에 위치할 수도 있습니다.

이러한 페이지 크기와 이미지 크기 간의 상관관계에 대한 이해를 통해 앞으로 ePUB 내에 이미지를 활용할 때 가장 최적의 상태를 표현할 수 있는 이미지 크기로 제작하고, 이러한 이미지가 페이지 내에서 어떻게 변화할 수 있는지를 고려한 접근은 보다 고품질의 eBook을 제작의 밑거름이 될 수 있습니다.

2. 이미지를 텍스트로 둘러싸기

크기가 작은 이미지를 텍스트로 둘러싸기 위해서는 삽입된 이미지를 Float Tag를 이용한 약간의 코딩이 필요로 됩니다. 먼저 CSS 파일에 아래와 같은 클래스를 준비합니다. 규정된 padding 부분은 이미지 바깥 부분의 여백을 조절하는 역할을 하며, "float: left"는 삽입된 이미지의 위치가 왼쪽에 있음을 지정합니다.

> **Tip** Text wrap은 CSS 내의 float: left로 처리

```css
.float{
    padding-left: 0.5em;
    padding-top: 0.2em;
    padding-bottom: 0.6em;
    float: left;
}
```

해당되는 .XHTML 파일에는 아래와 같은 코드를 이용하여 삽입된 이미지(smallpicture.jpg)가 CSS 파일의 float 클래스를 이용하는 것을 규정합니다.

```html
<div class="float">
        <img src="images/smallpicture.jpg" alt="Image Test in iBooks" id="test_more_1" />
        <p class="caption">Girl in the Dark</p>
</div>
```

4. eBook을 만들어 보자

이후 생성된 ePUB 파일은 아래와 같습니다. 결과물 이미지를 살펴보면 앞서 CSS 파일 클래스에서 삽입 이미지의 오른쪽 부분에 대한 여백 지정이 없어, 텍스트와 이미지 간의 연결이 답답한 느낌이 들도록 있는 것을 볼 수 있습니다.

아울러 이미지 하단 부분에 이미지와 관련된 "caption"이 처리된 것을 볼 수 있습니다. 이러한 caption 또한 CSS 파일에 별도의 클래스를 생성하여 지정해 주어야 합니다.

```
.caption {
    font-size: 0.8em;
    text-align: center;
    text-indent: 0em;
    margin: .5em, 0 .5em 0;
}
```

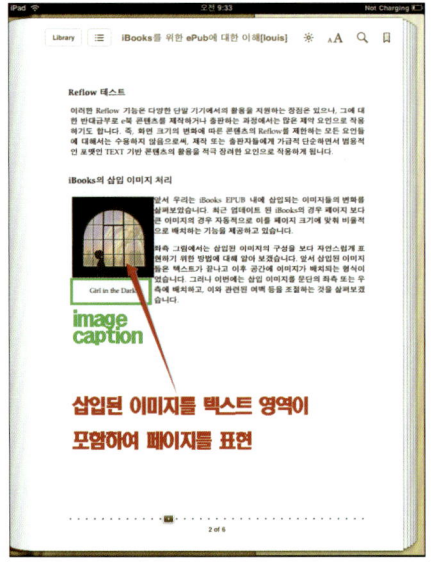

삽입된 이미지를 텍스트로 둘러싸기 [한 페이지 보기]

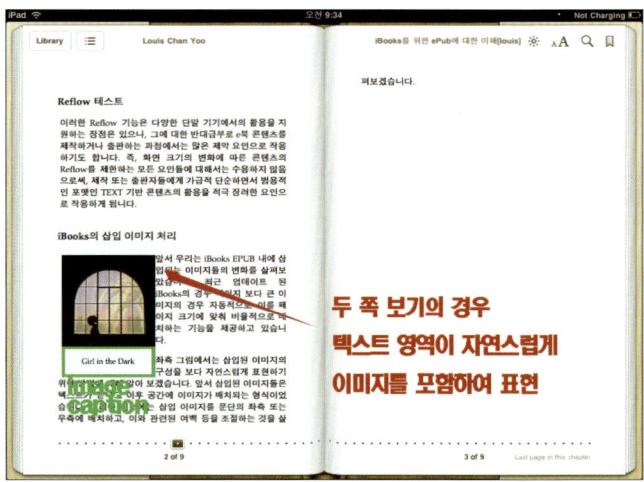

삽입된 이미지를 텍스트로 둘러싸기 [두 페이지 보기]

이처럼 삽입된 이미지를 오른쪽으로 위치시키기 위해서는 CSS 파일 내 float 클래스의 float 항목을 "right"로 바꾸어 줍니다. 이미지 왼쪽의 여백이 한층 여유로워진 것을 볼 수 있습니다.

```
.float{
    padding-left: 0.5em;
    padding-top: 0.2em;
    padding-bottom: 0.6em;
    float: right;
}
```

Caption과 관련해서도 해당 클래스에 font-style 항목을 새롭게 추가하고 이를 italic으로 지정하여 줍니다. 이후 이미지 caption이 이탤릭체로 바뀐 것을 볼 수 있습니다.

```
.caption {
    font-size: 0.8em;
    text-align: center;
    text-indent: 0em;
    margin: .5em, 0 .5em 0;
    font-style: italic;
}
```

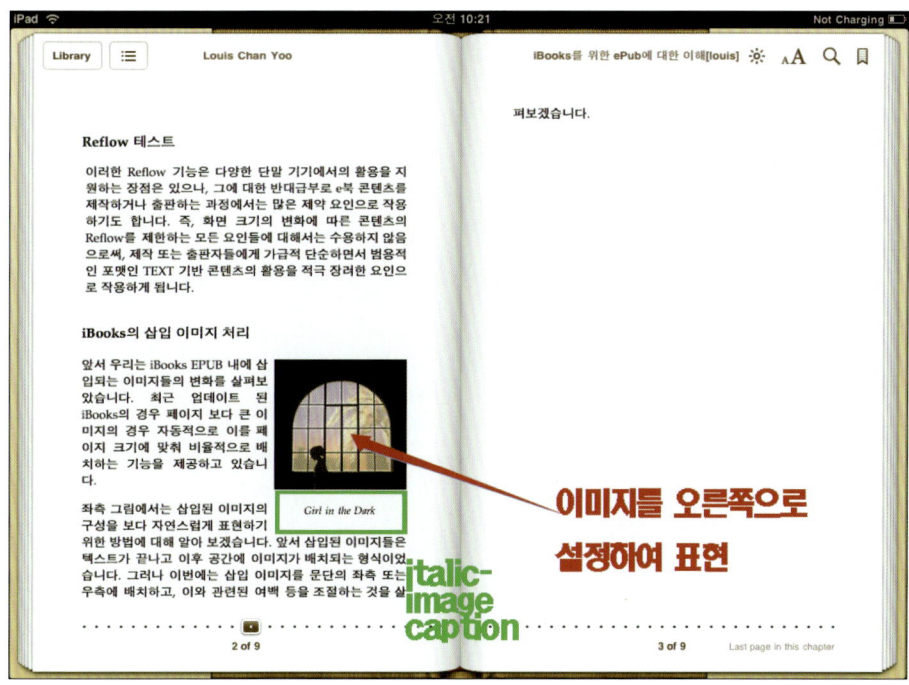

삽입된 이미지를 오른쪽으로 배치하기 [두 페이지 보기]

03 Tables

eBook의 제작 시 텍스트나 이미지만큼 자주 활용되는 것은 아니지만, eBook의 성격에 따라 그 활용도가 높은 것이 Table입니다. 그러나 ePUB이 Reflow 기능을 중심으로 하여 모든 구성요소를 제한하고 있음을 볼 때, 그 적절한 활용이 어려운 것 중의 하나가 바로 Table입니다.

현재 국내에 출시된 e-ink 기반의 단말기 중에서도 이러한 Table 활용에 대한 지원이 어려워 ePUB 콘텐츠에서의 Table 사용을 제한하고 있는 제품들이 있습니다.

관련 코드의 변경에 따라 변화하는 Table의 상황을 iBooks 테스트를 통해 살펴보기로 하겠습니다.

CSS 클래스 없는 Table Code

해당 .XHTML 페이지에 아래와 같이 아무런 부가적인 내용을 포함하지 않는 코드를 삽입한 경우 iBooks에서는 아래 이미지와 같이 표현됩니다. Table 제목은 앞서 설명한 caption 클래스를 활용하였기에, 그대로 반영되어 표현됩니다.

```
<div>
    <p class="caption">Table 1-1 : 이미지 크기에 따른 ibooks 테스트 결과 </p>
        <table>
            <tr>
                <td>이미지 크기</td>
                <td>테스트 결과</td>
            </tr>
            <tr>
                <td>435 x 435</td>
                <td>해당 페이지에 원본 크기 표현</td>
            </tr>
            <tr>
                <td>1000 x 1000</td>
                <td>해당 페이지 크기에 맞춰 축소 표현</td>
            </tr>
            <tr>
                <td>500 x 1000</td>
                <td>세로 부분은 다음 페이지에서 표현</td>
            </tr>
                <tr>
```

```
            <td>1000 x 500</td>
            <td>가로 부분은 축소하고, 세로 부분은 비례시켜 표현</td>
        </tr>
    </table>
</div>
```

이러한 코드들은 Table에 가장 기본적인 구분선과 Table 내의 개별 셀들에 대한 아무런 지정이 없어, 단순히 내용만을 표현하는 것입니다.

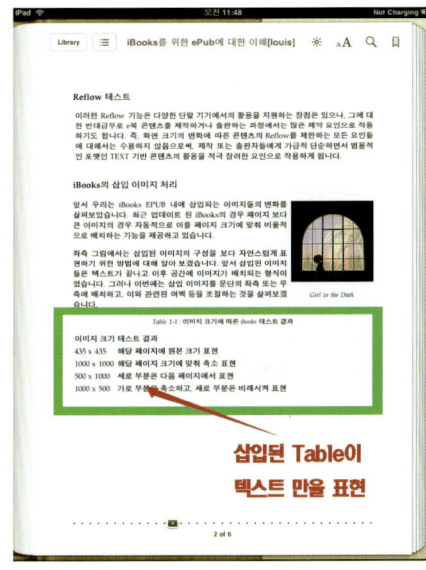

CSS 클래스 없는 Table Code 삽입[한 페이지 보기]

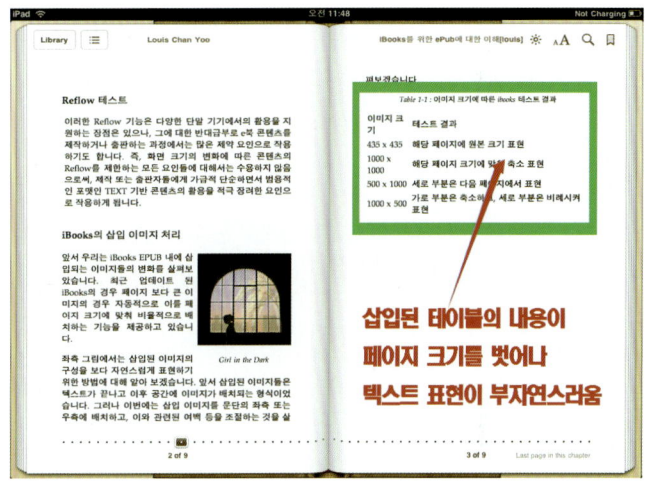

CSS 클래스 없는 Table Code 삽입 [두 페이지 보기]

이러한 Table의 표현과 관련하여 우리가 익히 알고 있는 HTML 코딩 방식을 적용하면 어떻게 되는지 살펴보겠습니다. 우선 이전 코드에 Table 속성 몇 가지를 지정해 보겠습니다. 아래 코드는 가로 크기는 700px, 세로 크기는 200px, 선은 1px, Table 위치는 중앙정렬로 지정한 내용입니다.

```
<h1 class="title">Table 테스트</h1>
      <div>
       <p class="caption">Table 1-1 : 이미지 크기에 따른 ibooks 테스트 결과 </p>
           <table width="700" height="200" border="1" align="center">
               <tr>
                   <td>이미지 크기</td>
                   <td>테스트 결과</td>
               </tr>
               <tr>
                   <td>435 x 435</td>
                   <td>해당 페이지에 원본 크기 표현</td>
               </tr>
               <tr>
                   <td>1000 x 1000</td>
                   <td>해당 페이지 크기에 맞춰 축소 표현</td>
               </tr>
               <tr>
                   <td>500 x 1000</td>
                   <td>세로 부분은 다음 페이지에서 표현</td>
               </tr>
                <tr>
                   <td>1000 x 500</td>
                   <td>가로 부분은 축소하고, 세로 부분은 비례시켜 표현</td>
               </tr>
           </table>
       </div>
```

이러한 코드는 Safari에서 보면 다음 그림과 같이 지정된 속성들이 잘 표현되고 있음을 볼 수 있습니다.

width, height 및 align 등 코드를 삽입한 Table의 Safari에서의 표현

iBooks에서는 동일한 코드가 다음 그림과 같이 경계선 값과 가로, 세로의 크기는 지정한 값을 반영하여 표현됩니다. 그러나 Table의 중앙정렬은 반영되지 않습니다. 실제 가로 크기가 우리가 알고 있는 560px을 넘어선 700px이 지정되었기 때문입니다.

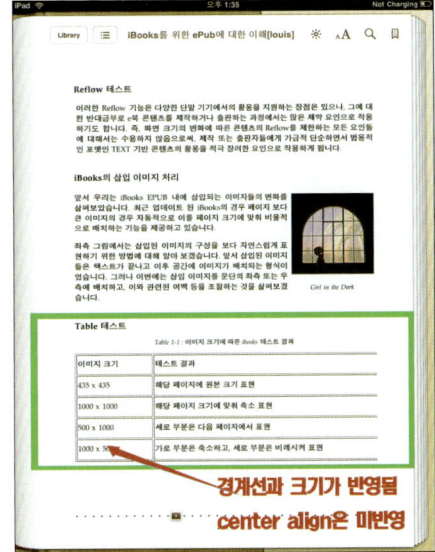

width, height 및 align 등 코드를 삽입한 Table 표현
[한 페이지 보기]

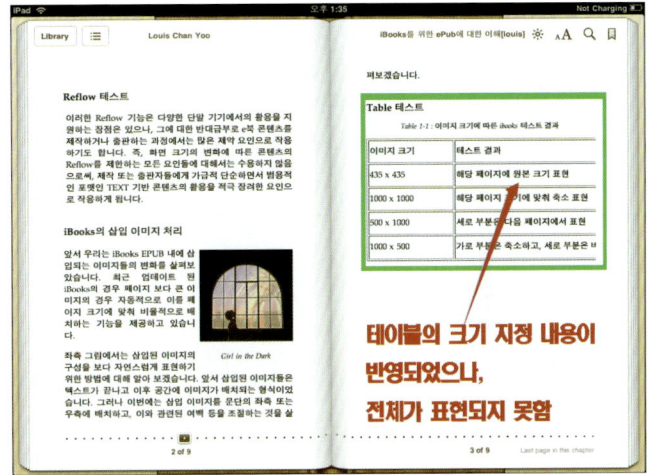

width, height 및 align 등 코드를 삽입한 Table 표현
[두 페이지 보기]

Table의 가로 크기를 450px로 바꾸어 iBooks에 ePUB을 넣어 보면 아래와 같이 Table의 중앙정렬이 반영되고 있음을 알 수 있습니다.

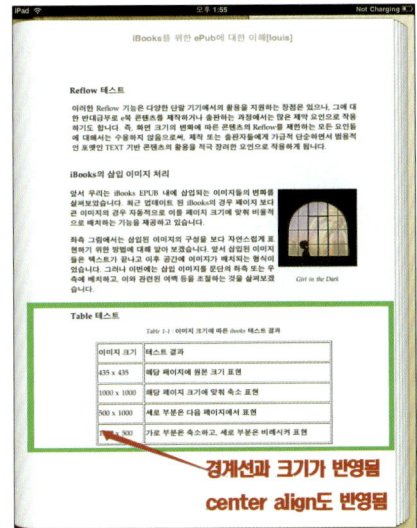

width 크기 축소 코드를 삽입한 Table 표현
[한 쪽 보기]

ePUB for iBooks 141

이러한 결과를 바탕으로 우리는 자칫 HTML에서 사용되는 모든 코딩 방식이 ePUB에서도 똑같이 적용될 수 있다는 잘못된 판단을 할 수 있습니다. 이러한 판단이 맞는지 검증하기 위해서는 ePUB의 검증 솔루션인 ePUBcheck 1.0.5.를 이용하여 해당 파일을 분석해 보도록 하겠습니다.

다른 오류들도 존재하지만, 현재 우리가 살펴보고 있는 Table의 크기 값 및 중앙정렬과 관련한 부분만을 살펴보면 아래와 같이 height나 align과 같은 속성값의 사용이 잘못된 것임을 보여주고 있습니다.

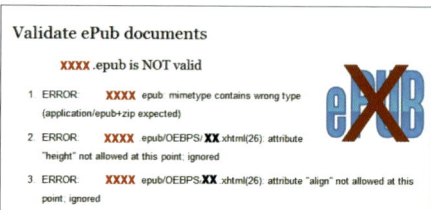

width, height 및 align 등 코드를 Table에 삽입 후 오류 검증 결과

> **Tip** HTML attribute가 ePUB에서 항상 올바르지 않음

```
2. 오류: XXXX.ePUB/OEBPS/XXX.xhtml(26): attribute "height" not allowed at this point; ignored
3. 오류: XXXX.ePUB/OEBPS/XXX.xhtml(26): attribute "align" not allowed at this point; ignored
```

CSS 클래스를 이용한 Table Code

앞서 사용된 Table 코드를 CSS를 이용하여 조금 더 발전시켜 보았습니다. 사용된 코드는 인포그리드 사에서 iPad 테스트를 위해 Table과 박스 모델용으로 작성한 CSS3 내용을 참조하여 재구성하였습니다.

해당 .XHTML 페이지 내에 아래와 같은 코드를 작성하였습니다.

먼저 table 클래스와 size 클래스, 그리고 caption2 클래스를 CSS 파일 내에 새롭게 첨가하였고, 각각의 Table 행마다 row 1, 2, 3, 4라는 클래스를 생성하였습니다.

아울러 모든 Cell에 td를 공통으로 이용하기보다는 Table 구성에 맞추어 table head와 table body로 나누어 태그를 사용하였습니다.

```html
<h1 class="title">Table 테스트</h1>

        <div class="table">
                <div class="size">
                  <p class="caption2">Table 1-1 : 이미지 크기에 따른 ibooks 테스트 결과 </p>

                <table border="0" cellpadding="0" cellspacing="1">
            <thead>
               <tr>
                  <th>이미지 크기</th>
                  <th>테스트 결과</th>
               </tr>
            </thead>
            <tbody>
               <tr class="row1">
                  <td class="col1">435 x 435</td>
                  <td class="col2">해당 페이지에 원본 크기 표현</td>
               </tr>
               <tr class="row2">
                  <td class="col1">1000 x 1000</td>
                  <td class="col2">해당 페이지 크기에 맞춰 축소 표현</td>
               </tr>
               <tr class="row3">
                  <td class="col1">500 x 1000</td>
                  <td class="col2">세로 부분은 다음 페이지에서 표현</td>
               </tr>
               <tr class="row4">
                  <td class="col1">1000 x 500</td>
                  <td class="col2">가로 부분은 축소하고, 세로 부분은 비례시켜 표현</td>
               </tr>
            </tbody>
         </table>
      </div>
   </div>
```

이러한 Table 속성을 규정하는 클래스들을 아래와 같이 CSS 파일에 작성하여 삽입하였습니다. 특히 Table의 caption에 해당하는 부분에 CSS3 형식인 -webkit-border-radius를 부가하여 디자인적인 요소를 강조하였습니다.

```css
.table {
        font-size: 1.0em;
        line-height: 1.2em;
        text-align: left;
        margin-top: 1em;
        margin-bottom: 1em;
}

.size table {
        width: 100%;
        margin: 0;
        padding: 0;
}

p.caption2 {
   text-align: center;
   color: white;
   font-weight: bold;
   font-style: normal;
   background-color: #922790;
   margin-bottom: 0;
-webkit-border-top-left-radius: 0.5em;
   -webkit-border-top-right-radius: 0.5em;
   margin-left: 0.15em;
   margin-right: 0.15em;
   padding: 0.25em;
   }

.table table td {padding-left: 0.5em; }
.table table thead tr {background-color: #D764A6;}
.table table tr.row1 {background-color: #DD7CB2;}
.table table tr.row2 {background-color: #E291B6;}
.table table tr.row3 {background-color: #EEBDD8;}
.table table tr.row4 {background-color: #F8E5F0; }
.table table th {padding-left: 0.5em;}
```

iBooks에서는 이러한 코딩의 결과물을 아래와 같이 표현하여 줍니다. Table의 크기는 전체 페이지 면적의 100%만큼 표현하도록 지정하여 텍스트 크기의 확대 및 축소와 크게 관계없이 Table을 표현해 줄 수 있습니다.

> **Tip** Table의 크기를 고정된 값이 아닌 면적의 %로 지정

Table caption은 글자의 색상, 백그라운드 컬러, 그리고 해당 백그라운드의 모서리 부분에 대한 라운드 처리를 통하여 더욱 세련된 Table을 구현해 주고 있습니다. 아울러 각각의 행에 대해서는 백그라운드 색상을 순차적으로 지정하여 전체적인 Table에 그라데이션 효과를 주고 있습니다.

이처럼 CSS 파일을 이용한 Table을 포함한 ePUB 파일은 epubcheck 1.0.5.에서도 오류 없이 검증되고 있습니다.

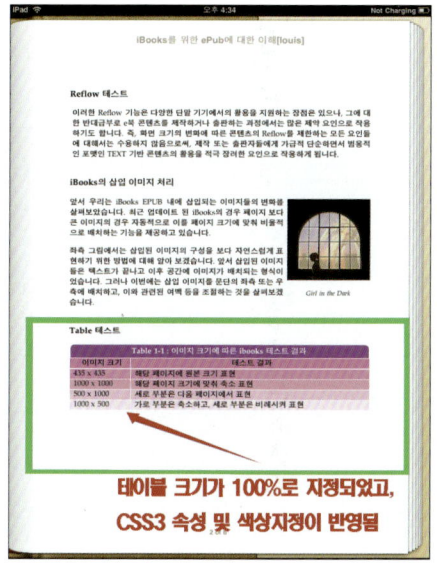

CSS 클래스 이용 Table Code의 삽입 결과
[한 페이지 보기]

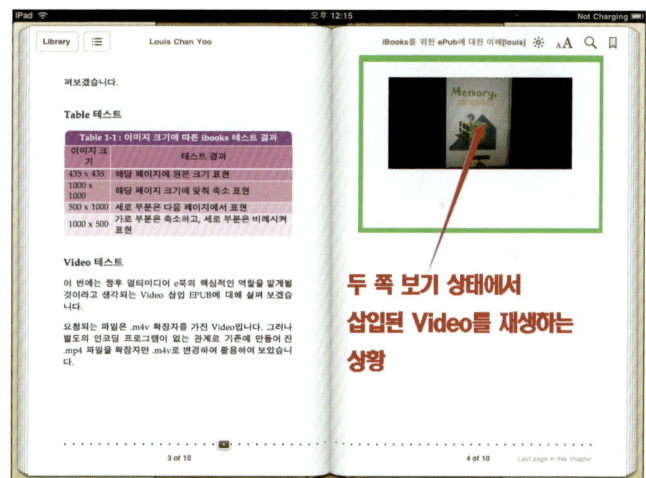

CSS 클래스 이용 Table Code의 삽입 결과
[한 페이지 보기]

04 Video

iBooks에서 Video의 활용은 최근 수용된 관계로 많은 적용사례가 없는 편입니다. 현재 Video의 활용과 관련한 가장 최신의 정보는 앞서 소개한 Apple 사의 가이드 내용과 몇 개의 eBook이 Video 콘텐츠를 포함한 채 iBooks에서 판매되고 있다는 정도입니다.

그러나 Video가 갖는 중요성과 제작 및 소비 인프라를 고려할 때 앞으로 멀티미디어 eBook에서도 매우 중요한 위치를 차지할 것은 분명합니다. 그러나 Video를 제작하고, 편집하고, 또 설명된 것과 같이 h.264 코덱을 이용하여 인코딩하는 과정은 또 다른 영역에 해당하기 때문에 여기서는 .m4v 콘텐츠를 iBooks ePUB에 삽입하는 내용을 주로 살펴보도록 하겠습니다.

.m4v 파일 인코딩

iBooks 가이드에 따르면 .m4v.m4v 동영상 인코딩과 관련해서 Apple은 compressor 3.5 또는 이후 버전을 활용할 것을 권장하고 있습니다.

Compress 3.5 UI

ePUB 콘텐츠 내에 Video 삽입을 위해서는 먼저 CSS 파일에 아래와 같은 Class(자체 설정)를 만들어 지정합니다.

```
.videoPlayer {
    text-align: center;
    display:block;
    margin-top: 1em;
    margin-bottom: 0.3em;
}
```

일부 사용자의 말에 따르면 Final Cut Studio가 없는 경우에도 아래 이미지와 같이 QuickTime Pro의 Save for Web 기능을 이용하여 기존 동영상을 .m4v로 변환하여 HTML5 Video나 iBooks ePUB내에 삽입하기도 합니다. 최근에는 Apple OS X(Snow Leopard)와 함께 지원되는 QuickTime X의 "Save for Web" 기능을 이용한 변환도 가능한 것으로 알려졌습니다.

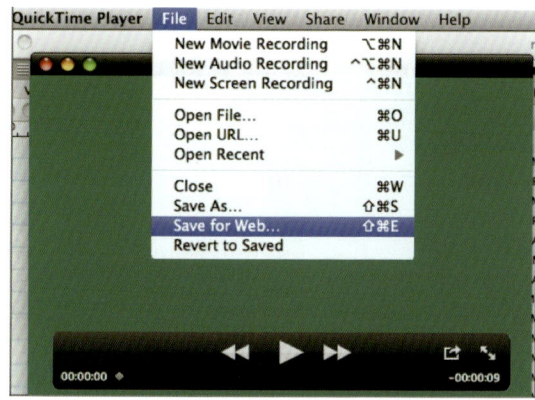

QuickTime Pro를 이용한 .m4v 변환

이후 해당 xhtml 파일에 다음과 같이 코드를 삽입합니다.

```
<div class="videoPlayer">
<video src="video/ipad-test.m4v" poster="images/posterframe2.png" controls="controls"></video>
</div>
```

ePUB for iBooks

OPF 파일에도 이러한 Video와 Poster 이미지의 활용을 명시해야 합니다. 사용된 Video 파일의 media-type는 "video/mpeg4"로 작성해야 합니다. 그리고 사용하는 Video 파일이 별도의 Video 폴더 내에 ipad-test.m4v임을 정확하게 지정하여 줍니다.

```
        <item id="av_m4v_test" href="video/ipad-test.m4v" media-type="video/mpeg4"/>
        <item id="videoPoster2" href="images/posterframe2.png" media-type="image/png"/>
```

이러한 코드가 iBooks에서 어떻게 표현되는지 살펴보면 아래 그림과 같습니다. 이번 테스트에는 세로가 긴 Video를 사용하였고, 이런 이유로 요구되는 대표 이미지 또한 480×640 크기를 사용하였습니다.

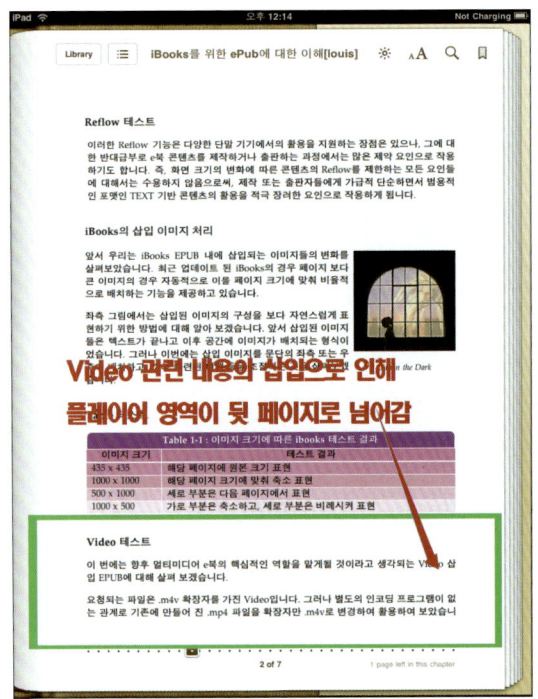

CSS 클래스 이용 Table Code의 삽입 결과 [한 페이지 보기]

앞서 살펴본 바와 같이 Video 플레이어의 이미지 크기(영역)는 300×150입니다. 아래 그림에서는 함께 삽입한 대표 이미지의 비례가 플레이어 영역과는 달라 여백이 검정색으로 표현됨을 볼 수 있습니다.

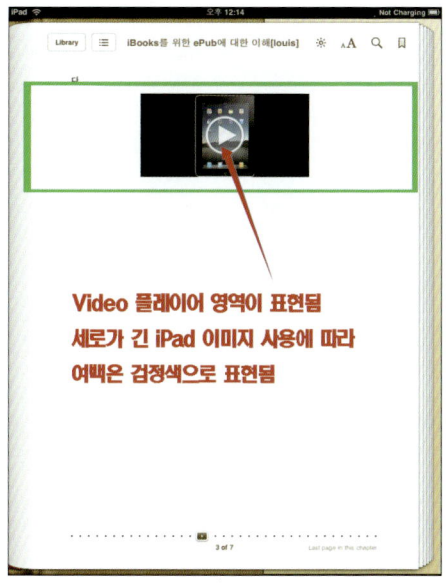
ePUB 내 Video 삽입 결과 [한 페이지 보기 - 2]

전체 화면으로 삽입된 Video 재생 결과 [한 페이지 보기]

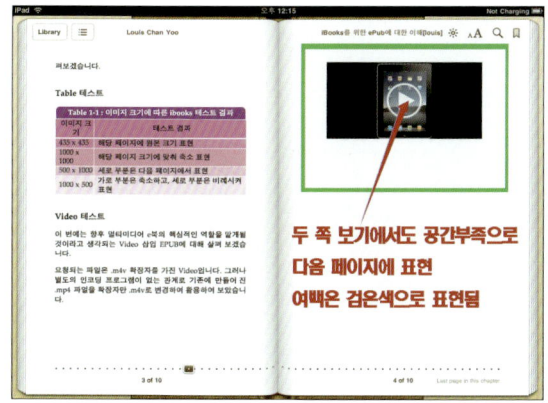
ePUB 내 Video 삽입 결과 [두 페이지 보기 - 1]

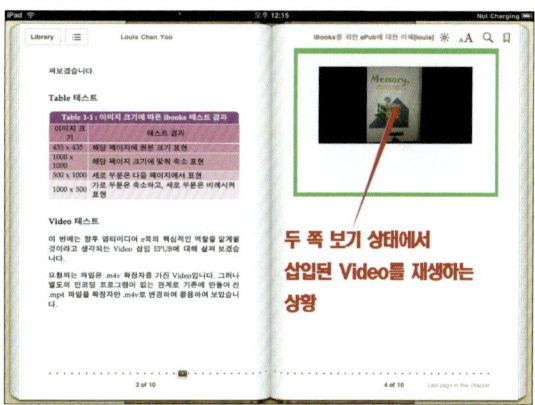
ePUB 내 Video 삽입 결과 [두 페이지 보기 - 2]

05 기타 사항들

배경 색상 지정

이러한 노하우 이외에 응용할 만한 사항으로는 ePUB 콘텐츠에 배경 색상 등을 넣는 것 등이 있습니다. 잘 활용된 배경 색상이나 이미지 등은 간단하지만 더욱 효과적인 결과를 기대할 수 있습니다.

아래와 같이 CSS 파일에 별도의 ID를 만들어 줍니다. 이때 원하는 이름과 색상 등의 지정은 사용자의 선택에 따라 다르게 변경합니다.

```
#background {
  background: yellow;
  }
```

해당 파일에서 각 문단의 제목에 설정한 Background id를 설정하여 줍니다.

```
<h1 class="title" id="background">Reflow 테스트</h1>
<h1 class="title" id="background">iBooks의 삽입 이미지 처리</h1>
<h1 class="title" id="background">Table 테스트</h1>
<h1 class="title" id="background">Video 테스트</h1>
```

이러한 효과는 아래와 같이 나타나게 됩니다. 때로는 단순 색상의 지정만이 아니라 배경이미지를 링크하여 배경화면으로 활용할 수도 있습니다.

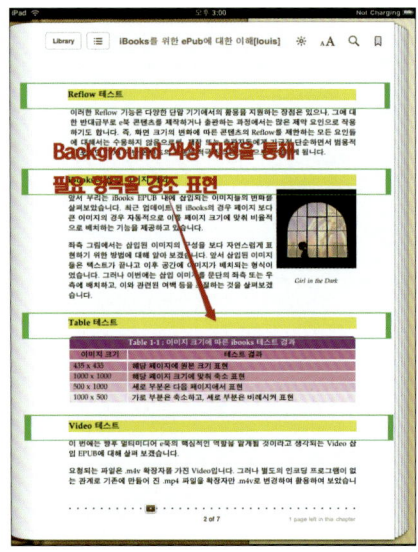

배경 색상 활용 결과 [한 페이지 보기]

CSS 참조 사이트

ePUB의 제작 및 디자인과 관련하여 중요한 역할을 담당하고 있는 CSS 디자인에 대해 관심 있는 독자들은 ePUB의 CSS 스타일의 개선과 공유를 목적으로 출범하여 세련된 레이아웃을 만들어 가고 있는 "ePUB Zen Garden"을 방문하여 살펴보기 바랍니다.

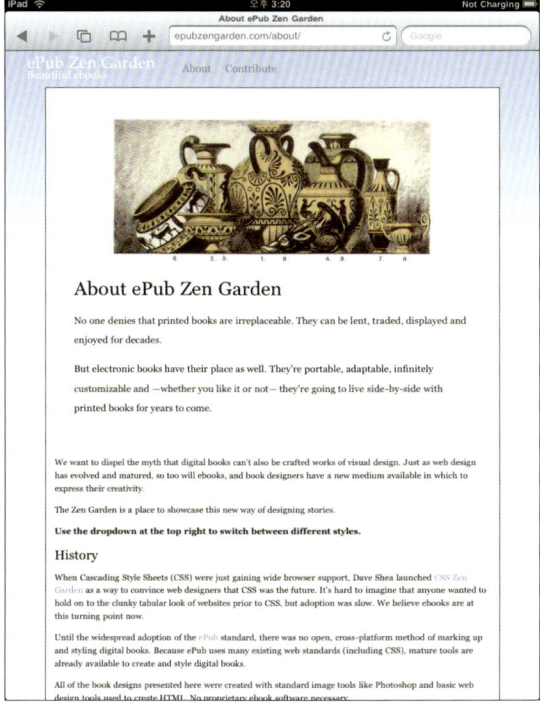 

ePUB Zen Garden 사이트

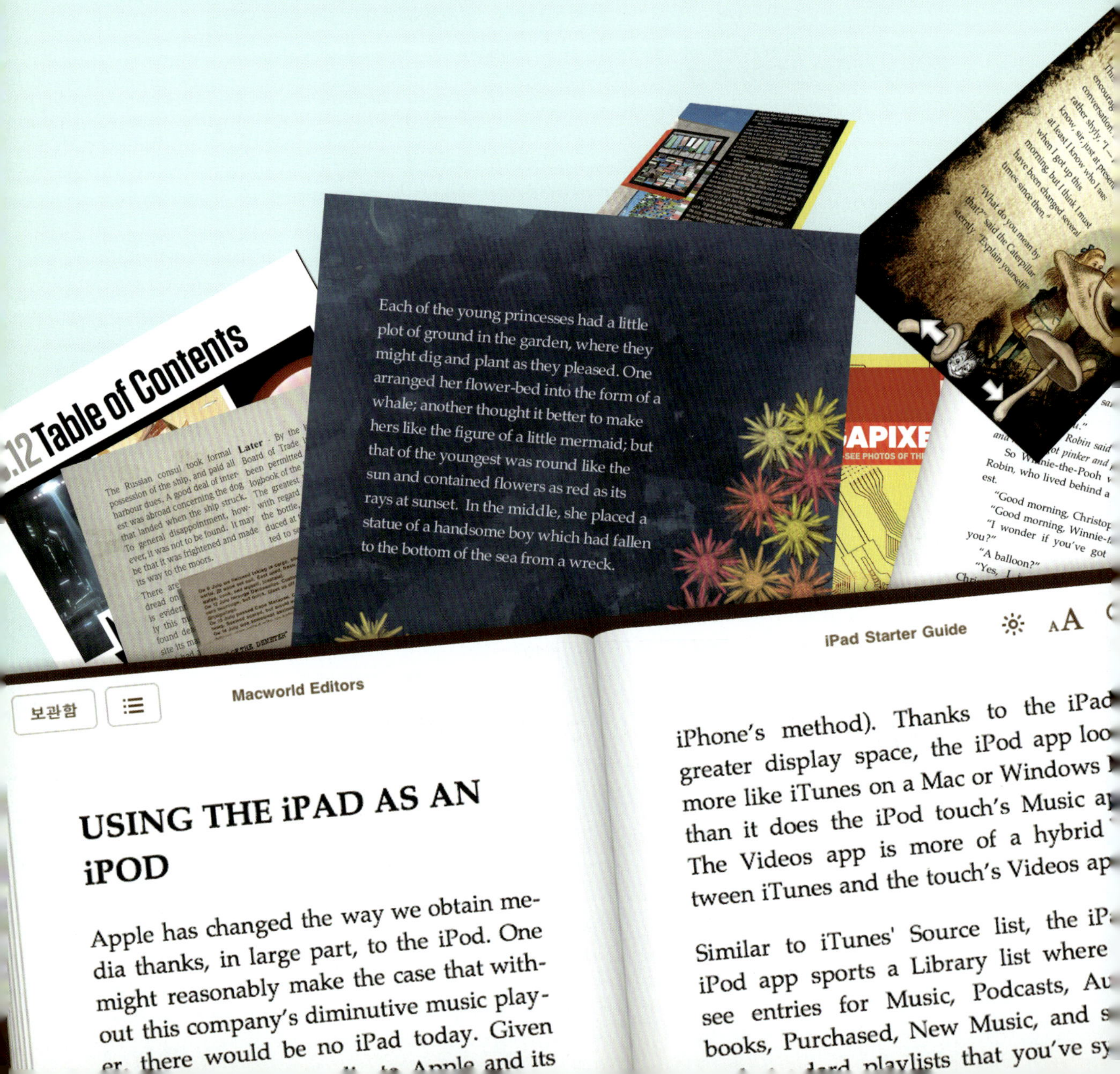

.12 Table of Contents
Each of the young princesses had a little plot of ground in the garden, where they might dig and plant as they pleased. One arranged her flower-bed into the form of a whale; another thought it better to make hers like the figure of a little mermaid; but that of the youngest was round like the sun and contained flowers as red as its rays at sunset. In the middle, she placed a statue of a handsome boy which had fallen to the bottom of the sea from a wreck.
"What do you mean by that?" said the Caterpillar sternly. "Explain yourself!"
iPad Starter Guide
보관함
Macworld Editors
USING THE iPAD AS AN iPOD
Apple has changed the way we obtain media thanks, in large part, to the iPod. One might reasonably make the case that without this company's diminutive music player, there would be no iPad today. Given
iPhone's method). Thanks to the iPad greater display space, the iPod app loo more like iTunes on a Mac or Windows than it does the iPod touch's Music a The Videos app is more of a hybrid tween iTunes and the touch's Videos ap
Similar to iTunes' Source list, the iP iPod app sports a Library list where see entries for Music, Podcasts, Au books, Purchased, New Music, and s

05
eBook(ePUB)의 제작과 활용

Chapter 01

Hand Craft(직접 코딩) 방식으로 제작하기

1. Template 준비하기

ePUB 콘텐츠를 직접 제작해 보기 위한 Template 파일은 독자들의 편의를 돕기 위해 가장 기본적인 내용만을 포함하여 ePUBcheck 1.0.5의 검증 과정을 마친 이후 준비하여 두었습니다.

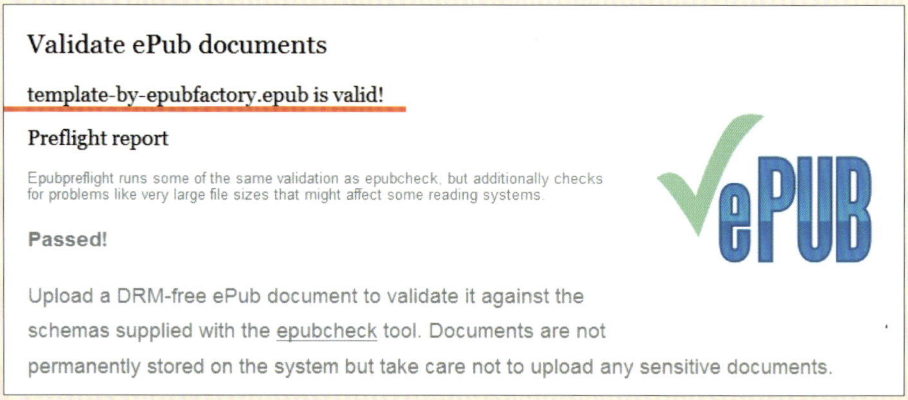

Template 파일의 ePUBcheck 1.0.5 검증 결과

해당 Template 파일은 www.epubfactory.net이나 www.vielbooks.com에서 다운로드합니다. 준비된 Template_before.zip의 구성은 아래 이미지에서 볼 수 있으며, 제목은 제작할 콘텐츠와 관련한 "레이아웃 동선구성"으로 정하여, opf나 기타 파일에 적용하여 두었습니다. 내려받은 파일을 압축을 풀어 별도의 폴더를 만듭니다.

01 Template 파일의 구성

Template 파일의 구성 내역

02 OEBPS 폴더의 구성 파일

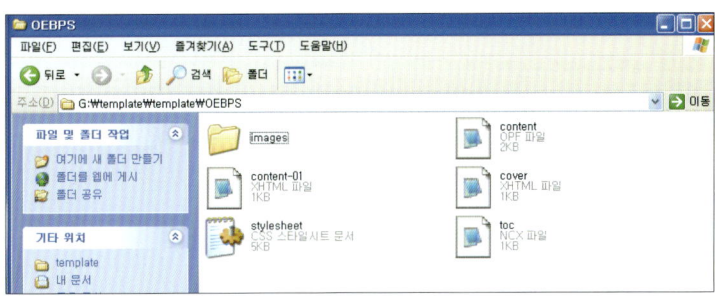

OEBPS 폴더의 구성 내역

03 cover.xhtml 파일 및 이미지

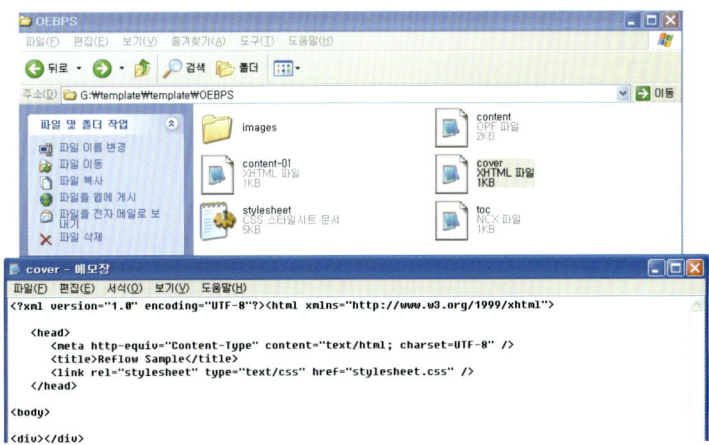

Cover.xhtml 파일 구성 내용

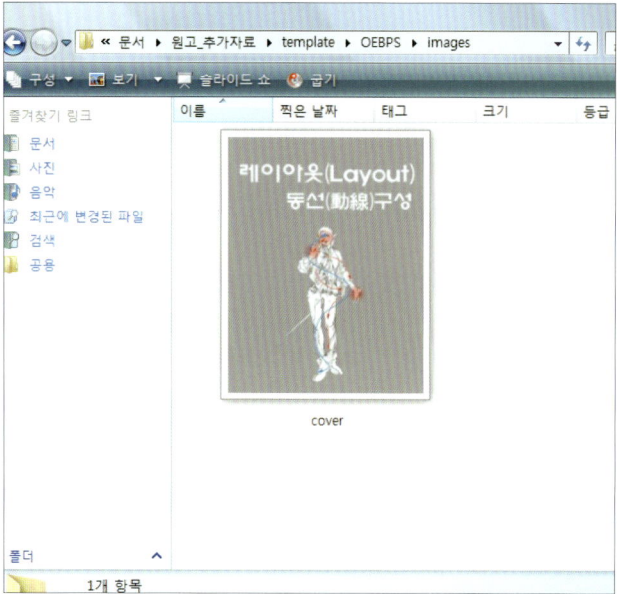

포함된 Cover 이미지

04 stylesheet.css 파일

stylesheet.css 파일

05 toc.ncx 파일

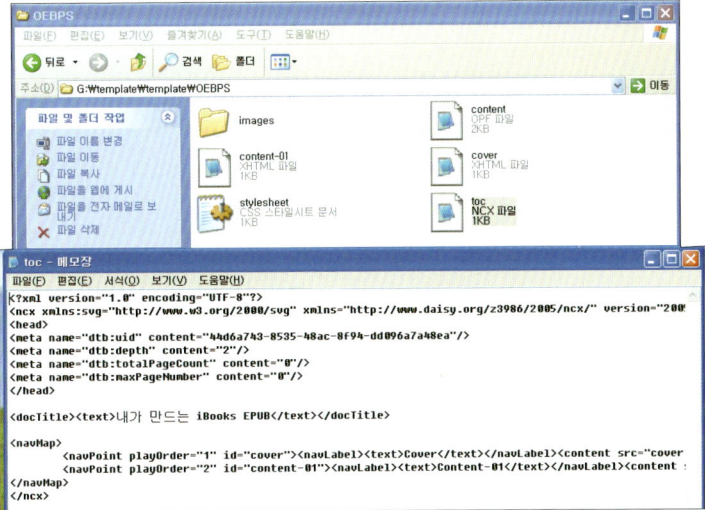

toc.ncx 파일 구성 내용

06 Content-01.xhtml 파일

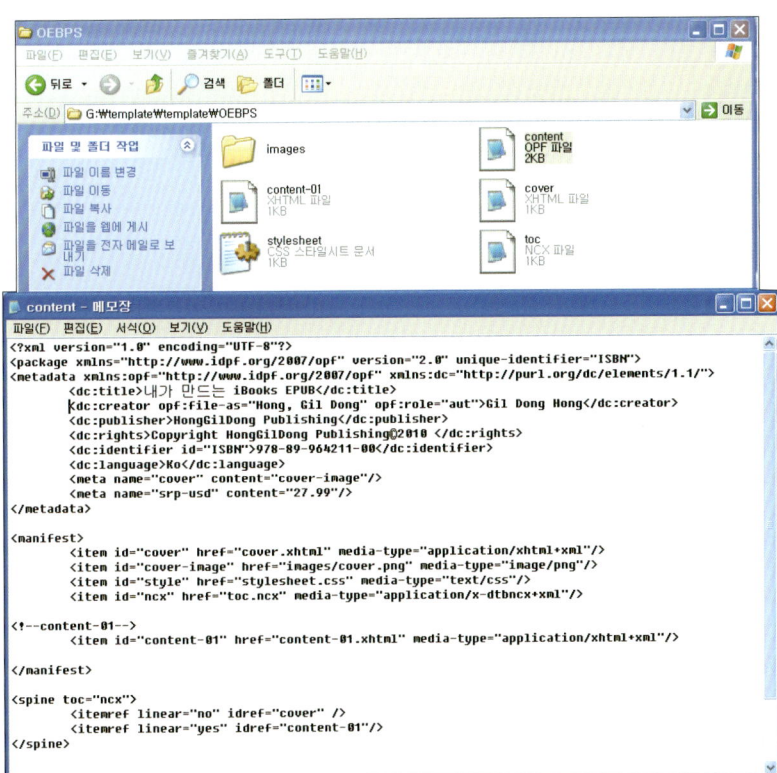

content-01.xhtml 파일 구성 내용

2. 텍스트 준비하기

이제 준비된 템플릿(template_before.zip) 안에 넣을 콘텐츠를 준비하는 것이 필요합니다. 이러한 콘텐츠는 다양한 형태로 존재할 수 있습니다. Word 파일, hwp 파일, txt 파일, pdf 파일 또는 출판 전용 솔루션에서 생성된 Quark 파일이나 InDesign 파일 등이 그것입니다.

각자 독자적인 콘텐츠를 가지고 진행하여도 무방하나, 이곳에서는 설명과 이해의 연속성, 그리고 편의성을 위해 사전에 준비한 자료를 활용하겠습니다. 제공된 자료는 정준호님의 비주얼그래픽 관련 저서 중 "레이아웃 동선구성" 부분에 대한 워드 자료입니다. 해당 자료를 활용할 수 있게 지원해 주신 정준호님께 감사드립니다.

```
제목 : 레이아웃 동선구성
- 개요
- 흐름의 설정
- 유도 동선(보조 동선)의 설정
- 인물의 동선

[ 관련 이미지 자료들 ]

[ 동영상 자료 ]
```

제공된 자료의 구성 내용을 살펴보면 아래와 같습니다.

이러한 자료를 가지고 효과적인 방법으로 eBook을 제작하기 위해서는 약간의 사전 기획이 필요합니다. 짧은 분량은 모든 내용을 하나의 페이지에 담아도 문제가 없으나 그 분량이 많아지면 별도의 페이지로 나누어 제작하는 것이 더욱 효과적입니다. 이곳에서는 모두 5페이지의 eBook을 제작해 보겠습니다.

3. image 준비하기

텍스트가 준비되었으니, 다음으로 준비할 것은 바로 이미지입니다. 이미지는 그 용도에 따라 크게 두 종류로 나누어 볼 수 있습니다. 우선 가장 많이 사용되는 것이 바로 '표지 이미지'입니다.

표지의 제작 방법에 따라 굳이 이미지를 이용하지 않고, 바탕색이나 디자인을 설정하고 텍스트를 이용하여 표현하기도 합니다. 대체로 별도의 표지 이미지가 없는 경우 특정 제작 툴 등에서는 기본적인 양식의 표지를 설정할 수 있도록 지원합니다.

이처럼 '표지 이미지'를 만들 수 있는 가장 좋은 수단은 역시 포토샵 등의 이미지 편집 프로그램입니다. 나름의 개성을 보여줄 수 있는 표지도 좋지만, 역시 많은 노력을 들인 표지가 전달하는 메시지나 이미지 측면에서 효과적입니다. eBook에서도 책 표지 디자인이 갖는 영향력이 매우 크기 때문입니다.

Template 파일의 images 폴더 내에 cover.png 파일이 들어 있습니다. 이 이미지는 이미 제작할 eBook의 제목을 포함한 표지 이미지로서 별도의 사전 작업이 필요 없는 상태입니다.

ePUB에서 활용할 수 있는 이미지의 종류로는 앞서 설명한 것과 같이 gif, jpg, png 등이 있습니다. 간단하게 설명하자면 나열된 순서대로 더욱 많은 색 정보를 담을 수 있으며, 비례적으로 파일 용량도 커지게 됩니다. 표지 이미지로는 될 수 있으면 png 파일의 사용을 권장하나, 파일을 사용하기도 합니다.

표지 이미지의 크기는 통상적으로 가로 600px, 세로 800px을 사용합니다. 품질을 높이기 위해서는 이미지 크기가 크면 클수록 좋으나, 비례적으로 용량이 커지므로 전체 ePUB 파일의 용량을 크게 하는 요인으로 작용합니다.

표지 이미지의 크기가 iBook의 본문 크기인 가로 560px, 세로 760px 보다 작으면 iBooks가 페이지의 가로 크기를 기준으로 세로를 비례적으로 조절하여 보여 줌을 고려할 때 세로 여백이 많은 표지가 될 우려가 있으므로, 될 수 있는 대로 비례를 맞추어 이미지를 준비합니다.

제공된 cover.png는 제작의 편의를 위해 가로 600px, 세로 800px 크기로 포토샵을 이용하여 해당 제목을 넣은 이미지입니다.

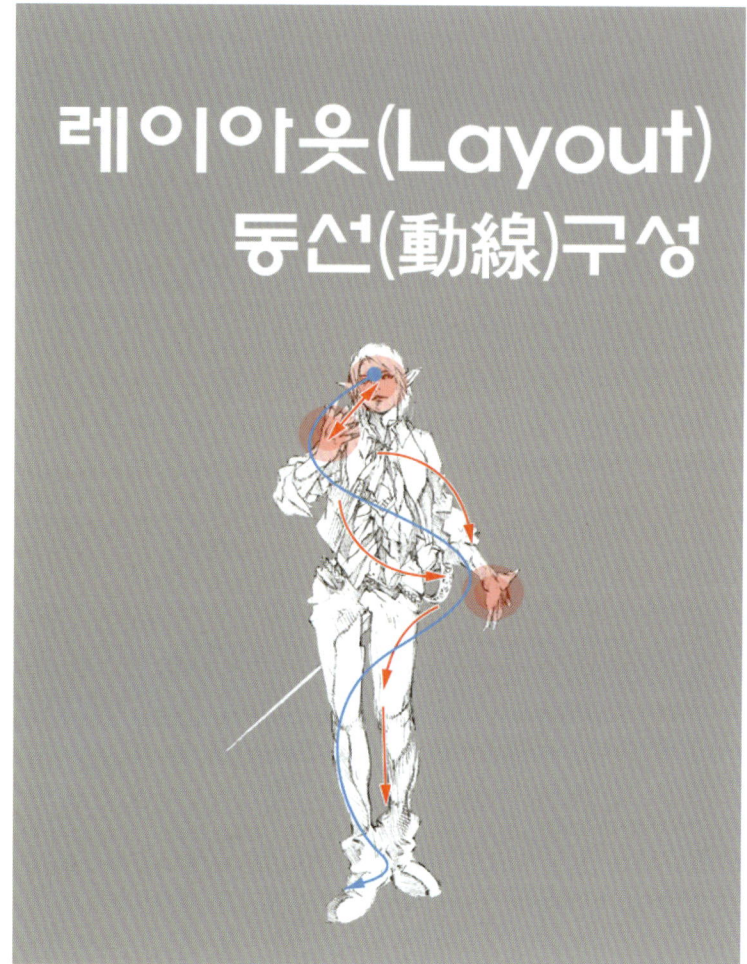

제목을 넣은 표지 이미지 (600 X 800px)

이번 제작에는 위의 이러한 표지 이미지 이외에도 이번 제작에는 총 14개의 이미지가 사용될 예정입니다. 사용되는 이미지가 많을수록 보다 시각적이고 풍부한 콘텐츠가 될 수 있으나 아울러 최종 작업인 ePUB 검증에서 에러를 유발할 가능성은 더욱 높아지므로 보다 높은 주의가 필요로 됩니다. 작업에 사용될 이미지는 다음과 같습니다.

제공된 이미지들은 모두 png 형태의 파일들로서 최대 해상도가 800px를 넘지 않는 자료들입니다. 우리가 앞서 이미지와 관련된 내용을 살펴볼 때 알아본 것과 같이 이미지의 크기에 따라 eBook의 레이아웃이 크게 달라질 수 있으므로 필요에 따라 이미지의 크기를 조절하여 활용하도록 하겠습니다.

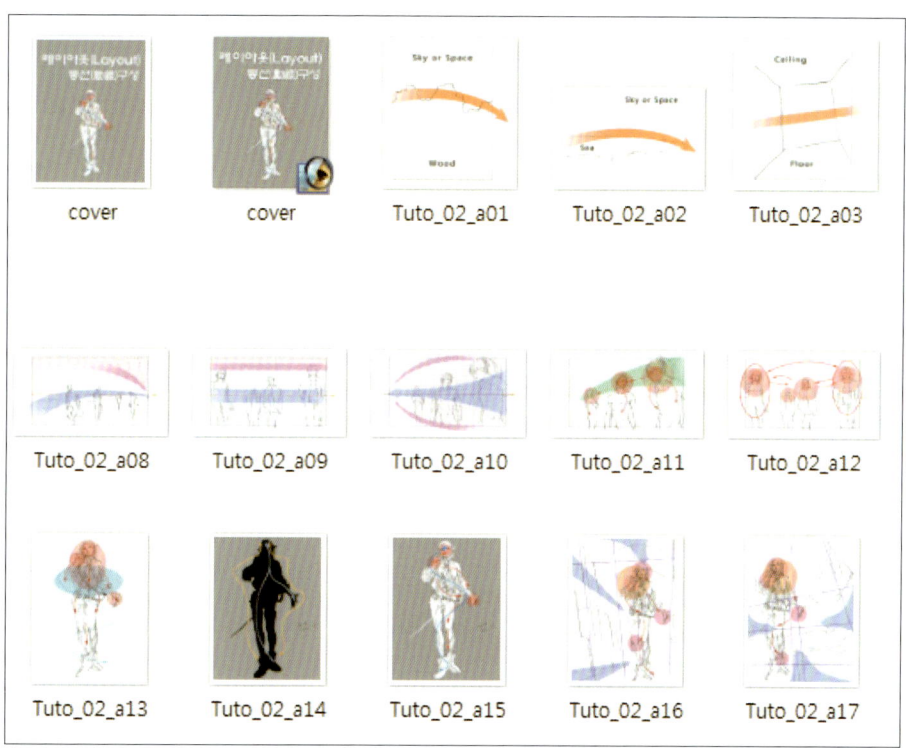

제작에 사용될 이미지들

4. xhtml 파일과 CSS 파일 제작하기

01 cover.xhtml 제작하기

준비된 표지 이미지를 제공된 cover.xhtml 파일 안에 넣어 보겠습니다. 해당 파일을 메모장이나 드림위버, 또는 기타 xhtml 편집할 수 있는 프로그램을 통해 열어 봅니다.

> **Tip** 실제 파일에는 ①과 같은 원문자는 없습니다.

표지 이미지 사용을 위한 코드의 삽입에 앞서 해당 항목의 내용을 이해해 보도록 하겠습니다.

①번에 있는 코드는 해당 문서 또는 파일이 xml과 xhtml 규약을 따른다는 의미이며, UTF-8로 인코딩되었음을 의미합니다.

② 번은 이 문서와 관련한 정보를 수록하는 부분(head)입니다. ③메타데이터와 ④제목, 그리고 이 문서의 ⑤스타일을 외부의 "stylesheet.css"라는 파일 내용을 적용함을 의미합니다. ③번의 경우 ①번에 이어 표기하는 경우도 있으나, iBooks의 가이드 샘플 코드를 그대로 반영하는 차원에서 ③번에 위치시켰습니다. ⑥번은 이러한 head 내용이 끝났음을 알리고 있습니다.

⑦번은 콘텐츠 내용이 들어가야 할 body 부분으로서 표지 이미지와 관련한 코드를 삽입하게 되며, ⑧번은 이러한 body 부분이 마무리되었음을 알리는 코드입니다. Body 부분에 있는 <div></div>는 현재 아무런 역할도 하지 못하고 있으나, division을 의미하는 것으로 구역이나 지역을 지정하는 역할을 합니다. 많이 쓰이는 코드로서 보이지 않는 하나의 틀을 만드는 것으로 이해하면 쉽습니다. ⑨번은 이러한 전체 문서가 끝났음을 알리는 코드입니다.

```
①<?xml version="1.0" encoding="UTF-8"?><html xmlns="http://www.w3.org/1999/xhtml">

②<head>
③<meta http-equiv="Content-Type" content="text/html; charset=UTF-8" />
④<title>Cover Sample</title>
⑤<link rel="stylesheet" type="text/css" href="stylesheet.css" />
⑥</head>

⑦<body>
        <div></div>
⑧</body>

⑨</html>
```

이제 cover.png 파일을 넣어 보겠습니다. ⑦번에 표지 이미지를 위한 작은 틀을 〈div〉로 지정해 주고, 테스트 1.과 같이 img (image)의 src(source, 위치)가 images 폴더 내의 cover.png라는 것을 넣어 줍니다. 쉽게 생각해 보면 이와 같은 이미지의 위치 지정만으로도 작업을 끝낼 수 있습니다. Safari나 explorer 등의 웹 브라우저를 이용하여 아래 코드를 보면 문제없이 표현해 줍니다.

그러나 아래와 같은 코드는 xhtml과 ePUB 2.0.1 표준에 따르면 몇 가지 문제점을 안고 있습니다. 먼저 앞서 제공된 코드 등에서 볼 수 있는 것과 같이 모든 코드는 시작(open) 이후 마감(close)해야 합니다. 즉, 〈img〉로 시작하였다면 〈/img〉로 마감하거나 또는 /〉형식으로 마무리하는 것이 필요로 됩니다.

> **Tip** 모든 Code는 시작과 마감을 정확히 해야 함

다음으로는 우리가 ePUB 표준에서 살펴본 것과 같이 모든 이미지는 alt를 이용한 속성값을 포함해야 한다는 것입니다. 즉 이미지가 지정된 위치에 없을 경우를 대비하여 표시할 수 있는 특정 내용이 존재해야 한다는 것입니다. 테스트 2.에서 이러한 수정 내용을 볼 수 있습니다.

테스트 2. 만으로도 오류 없는 파일을 만드는 것에는 문제가 없습니다. 다만, 이러한 cover.png 파일에 대한 정보를 추가로 제공하기 위해 테스트 3.과 같은 내용을 별도로 추가할 수 있습니다.

```
①<?xml version="1.0" encoding="UTF-8"?><html xmlns="http://www.w3.org/1999/xhtml">

②<head>
③<meta http-equiv="Content-Type" content="text/html; charset=UTF-8" />
④<title>Cover Sample</title>
⑤<link rel="stylesheet" type="text/css" href="stylesheet.css" />
⑥</head>

⑦<body>
        <div><img src="images/cover.png"></div>
<!-- (테스트 1.) -->
<div><img src="images/cover.png" alt="cover image" /></div>
<!-- (테스트 2.) -->
<div><img src="images/cover.png" alt="cover image" title="cover" /></div>
```

우선 지금까지 작업한 내용을 ePUB으로 만들어 iBooks에서 확인해 보겠습니다. 보이는 바와 같이 아래 그림에서 서가에 잘 앉혀져 있는 "레이아웃 동선구성"의 표지를 확인할 수 있습니다.

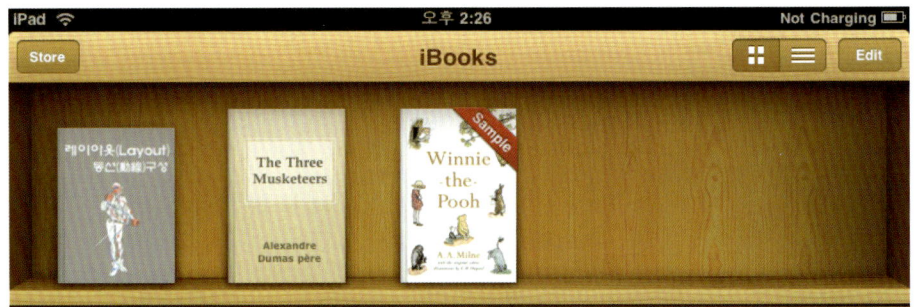

iBooks 서가에 위치한 표지 이미지 (600X800px)

전체 파일을 Template.zip으로 압축하고 나서, 파일 이름을 Template.epub으로 변경합니다. 이제 아이튠즈의 동기화를 통해서 아이패드로 전송하면 iBooks에서 볼 수 있습니다.

02 content-01.xhtml과 Stylesheet.css 제작하기

표지의 제작이 끝났으니, 이제 본문의 제작을 시작해 보겠습니다. 본문 내용은 준비된 워드 문서의 내용을 활용하겠습니다. 제공된 content-01.xhtml 파일을 열어 보면 Cover 제작 시 설명한 내용과 크게 다르지 않습니다.

워드 문서는 www.vielbooks.com에서 '원고_본문_자료.zip'을 다운로드하면 됩니다.

```
<?xml version="1.0" encoding="UTF-8"?><html xmlns="http://www.
w3.org/1999/xhtml">

   <head>
      <meta http-equiv="Content-Type" content="text/html; charset=UTF-8" />
      <title>레이아웃 동선구성</title>
      <link rel="stylesheet" type="text/css" href="stylesheet.css" />
   </head>

<body>

<div></div>

</body>

</html>
```

이러한 코드에 워드 문서의 내용 중 제목 부분과 개요 부분을 표지 이미지와 같이 〈div〉와 〈/div〉 사이에 넣어 보겠습니다. 테스트 1.에서는 단순히 텍스트만을 body 섹션에 위치시킨 것으로 이 상태만으로도 역시 웹 브라우저를 이용하여 확인하여 볼 수 있습니다. 다만, 이러한 구성이 iBooks나 다른 뷰어에서도 많은 오류를 유발하리라는 것은 명확합니다.

```
<?xml version="1.0" encoding="UTF-8"?><html xmlns="http://www.
w3.org/1999/xhtml">

   <head>
      <meta http-equiv="Content-Type" content="text/html; charset=UTF-8" />
      <title> 레이아웃 동선구성 </title>
      <link rel="stylesheet" type="text/css" href="stylesheet.css" />
   </head>

<body>
```

```
<div> 레이아웃(Layout) 동선(動線)구성
묘사에만 너무 몰두한 나머지 정작 중요한 전체 화면의 분할과 동선의 필요성 부분을 놓치고 있는 것은 아닌지 반드
시 확인하는 습관이 필요합니다. 안타깝게도 그림을 그리는 많은 아티스트들이 이 부분을 너무 기본적인 과정으로 치
부하거나, 아예 고려조차 하지 않고 단지 그때마다 자신의 감각이나 컨디션에 의지해서 진행하는 것을 자주 보아 왔
습니다.
공간을 효율적으로 활용하여 안정감을 유도하는 것이나, 비효율적 활용으로 긴장감을 고조시키는 일련의 연출들은,
이미 고전 미술에서부터 개척되어 영화와 같은 영상매체에서 디렉터나 연출가의 메타포를 전달하기 위한 중요한 장
치가 되었습니다. 명작 애니메이션의 콘티집이나 영화감독 코멘터리 등에서 디렉터들이 화면구성에 담은 자신들의
은유를 직접적으로 언급하는 것을 어렵지 않게 발견할 수 있을 것입니다.
그럼 공간을 구성하는 작업을 시작해보겠습니다.
필자의 방식대로 표현하면 가장 먼저 구도의 큰 흐름을 잡아주는 '흐름 동선'과 물체의 배치와 원근을 구체적으로 설
정하는 '유도 동선'으로 구분할 수 있습니다.
</div>    <!-- (테스트 1.) -->

</body>

</html>
```

이때 필요한 것이 스타일 문서인 CSS 파일입니다. CSS 파일을 열어 보면 단지 "p"에 대한 정의만이 있습니다. 본문 내용에 "p"를 적용하여 봅니다. "p"는 paragraph의 약어로서 텍스트 문단을 의미합니다.

CSS 파일에서는 "p"는 크기를 1em으로 지정하였습니다. 우리는 흔히 크기와 관련해서는 px 단위를 자주 보아 왔습니다. em은 W3C에 의해 텍스트의 단위로서 권장되고 있으며, 그 크기는 1em을 px 단위로 계산하면 16px이 됩니다. CSS에서는 크기 이외에도 "p"의 들여쓰기 또한 1em, 위아래 여백은 없고, 텍스트는 왼쪽 정렬을 지정하고 있습니다.

1em = 16px
em 또는 px 사용 가능

```
/* Basic CSS */

p {
    font-size: 1em;
    text-indent: 1em;
    margin-top: 0em;
    margin-bottom: 0em;
    text-align: left;
}
```

아래와 같은 코드는 제시한 텍스트를 "p"에서 지정한 속성대로 표현하여 줍니다. 그러나 한 가지 아쉬운 점은 문단의 제목으로 쓰인 "레이아웃 동선구성"이 문단 내의 텍스트들과 함께 사용되어 페이지의 구성이 효과적이지 못합니다.

```
<?xml version="1.0" encoding="UTF-8"?><html xmlns="http://www.w3.org/1999/xhtml">

    <head>
        <meta http-equiv="Content-Type" content="text/html; charset=UTF-8" />
        <title> 레이아웃 동선구성 </title>
        <link rel="stylesheet" type="text/css" href="stylesheet.css" />
    </head>

<body>
<div>  <p>  레이아웃(Layout)  동선(動線)구성</p>
<p> 묘사에만 너무 몰두한 나머지 정작 중요한 전체 화면의 분할과 동선의 필요성 부분을 놓치고 있는 것은 아닌지 반드시 확인하는 습관이 필요합니다. 안타깝게도 그림을 그리는 많은 아티스트들이 이 부분을 너무 기본적인 과정으로 치부하거나, 아예 고려조차 하지 않고 단지 그때마다 자신의 감각이나 컨디션에 의지해서 진행하는 것을 자주 보아 왔습니다. </p>
<p>  공간을 효율적으로 활용하여 안정감을 유도하는 것이나, 비효율적 활용으로 긴장감을 고조시키는 일련의 연출들은, 이미 고전 미술에서부터 개척되어 영화와 같은 영상매체에서 디렉터나 연출가의 메타포를 전달하기 위한 중요한 장치가 되었습니다. 명작 애니메이션의 콘티집이나 영화감독 코멘터리 등에서 디렉터들이 화면구성에 담은 자신들의 은유를 직접적으로 언급하는 것을 어렵지 않게 발견할 수 있을 것입니다.  </p>
<p>  그럼 공간을 구성하는 작업을 시작해보겠습니다.  </p>
```

```
         <p> 필자의 방식대로 표현하면 가장 먼저 구도의 큰 흐름을 잡아주는 '흐름 동선'과 물체의 배치와 원근을 구체적으
로 설정하는 '유도 동선'으로 구분할 수 있습니다. </p>
</div>    <!-- (테스트 2.) -->


</body>


</html>
```

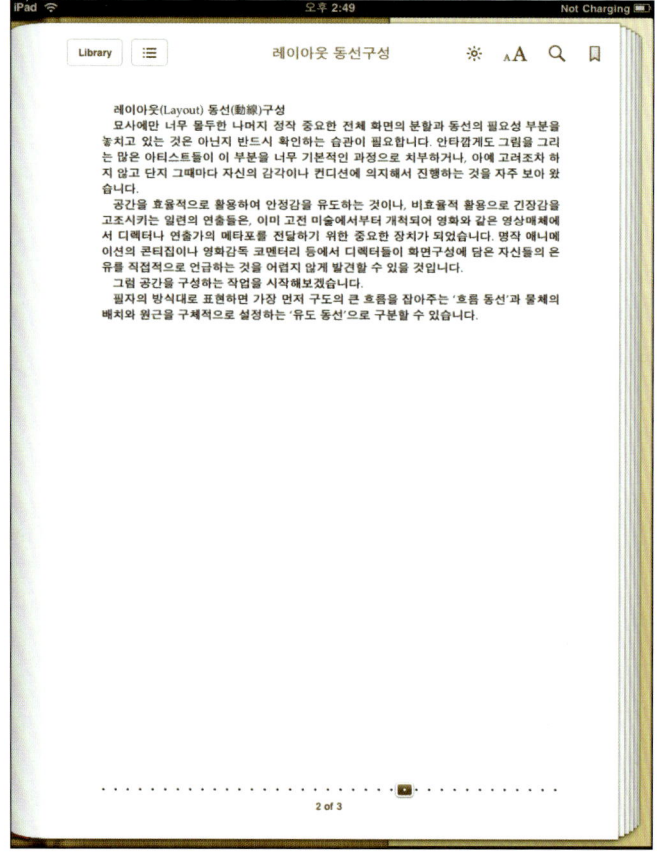

〈p〉〈/p〉만을 적용한 본문 이미지 [한 페이지 보기]

글의 제목과 내용 간의 차이를 두기 위해 CSS 파일과 본문의 내용을 바꾸어 줍니다. 제목으로 활용할 수 있는 코드는 "p"에 별도의 클래스를 만들어 지정하는 방법과 xhtml에서 허용한 〈h〉 엘리먼트를 이용하는 방법이 있습니다. "h"는 heading을 의미하며, h1, h2, h3, h4, h5, h6 등으로 나누어지는 데 숫자가 커질수록 텍스트의 크기가 작아짐을 의미합니다. 우리는 이곳에서 h2를 선택하여 세부 내용을 지정합니다.

```
/* Basic CSS */

h2 {
    font-size: 2.5em;
    text-indent: 0em;
    margin-top: 1em;
    margin-bottom: 1em;
    text-align: left;
    }

p {
    font-size: 1em;
    text-indent: 1em;
    margin-top: 0em;
    margin-bottom: 0em;
    text-align: left;
    }
```

Title에 해당하는 "레이아웃 동선구성"에 〈h2〉엘리먼트로 적용하고 문단 내용은 〈p〉 적용을 유지합니다.

```
<?xml version="1.0" encoding="UTF-8"?><html xmlns="http://www.w3.org/1999/xhtml">

   <head>
      <meta http-equiv="Content-Type" content="text/html; charset=UTF-8" />
      <title> 레이아웃 동선구성 </title>
      <link rel="stylesheet" type="text/css" href="stylesheet.css" />
   </head>

<body>
```

```
<div>
    <h2> 레이아웃(Layout) 동선(動線)구성</h2>
    <p> 묘사에만 너무 몰두한 나머지 정작 중요한 전체 화면의 분할과 동선의 필요성 부분을 놓치고 있는 것은 아닌지 반드시 확인하는 습관이 필요합니다. 안타깝게도 그림을 그리는 많은 아티스트들이 이 부분을 너무 기본적인 과정으로 치부하거나, 아예 고려조차 하지 않고 단지 그때마다 자신의 감각이나 컨디션에 의지해서 진행하는 것을 자주 보아 왔습니다. </p>
    <p> 공간을 효율적으로 활용하여 안정감을 유도하는 것이나, 비효율적 활용으로 긴장감을 고조시키는 일련의 연출들은, 이미 고전 미술에서부터 개척되어 영화와 같은 영상매체에서 디렉터나 연출가의 메타포를 전달하기 위한 중요한 장치가 되었습니다. 명작 애니메이션의 콘티집이나 영화감독 코멘터리 등에서 디렉터들이 화면구성에 담은 자신들의 은유를 직접적으로 언급하는 것을 어렵지 않게 발견할 수 있을 것입니다. </p>
    <p> 그럼 공간을 구성하는 작업을 시작해보겠습니다. </p>
    <p> 필자의 방식대로 표현하면 가장 먼저 구도의 큰 흐름을 잡아주는 '흐름 동선'과 물체의 배치와 원근을 구체적으로 설정하는 '유도 동선'으로 구분할 수 있습니다. </p>
</div>   <!-- (테스트 3.) -->

</body>

</html>
```

코드를 적용한 결과는 아래와 같습니다.

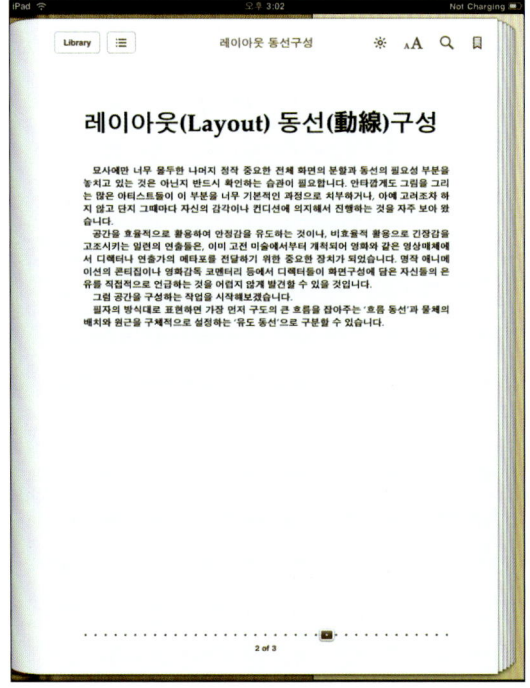

제목에 h2를 적용한 결과 [한 페이지 보기]

단순히 제목에 ⟨h2⟩ 엘리먼트를 적용하였으나 ⟨p⟩만을 적용하던 것보다는 훨씬 구성이 좋아진 것 같습니다. 그러나 보다 짜임새 있게 구성하기 위해서는 조금 더 수정이 필요합니다.

먼저 제목을 좌측정렬에서 가운데 정렬로 바꾸어 봅니다. 그리고 부제목인 "개요"를 삽입하고 이에 대한 스타일을 h4와 같이 지정해보겠습니다. 마지막으로 각 문단 간의 공간을 조금 더 여유 있게 만들기 위해 본문 문단 간의 여백을 1em으로 지정하여 보겠습니다. Title에 해당하는 "레이아웃 동선구성"에 ⟨h2⟩엘리먼트로 그대로 적용하고 문단 내용은 ⟨p⟩ 적용을 유지합니다.

```
/* Basic CSS */

h2 {
        font-size: 2.5em;
        text-indent: 0em;
        margin-top: 1em;
        margin-bottom: 1em;
        text-align: center;
}
h4 {
        font-size: 2.0em;
        text-indent: 0em;
        margin-top: 1em;
        margin-bottom: 1em;
        text-align: left;
}
p {
        font-size: 1em;
        text-indent: 1em;
        margin-top: 0em;
        margin-bottom: 1em;
        text-align: left;
}

<?xml version="1.0" encoding="UTF-8"?><html xmlns="http://www.w3.org/1999/xhtml">
```

```html
<head>
    <meta http-equiv="Content-Type" content="text/html; charset=UTF-8" />
    <title> 레이아웃 동선구성 </title>
    <link rel="stylesheet" type="text/css" href="stylesheet.css" />
</head>

<body>

<div>
  <h2> 레이아웃(Layout) 동선(動線)구성</h2>
<h4> 개요 </h4>
<p> 묘사에만 너무 몰두한 나머지 정작 중요한 전체 화면의 분할과 동선의 필요성 부분을 놓치고 있는 것은 아닌지 반드시 확인하는 습관이 필요합니다. 안타깝게도 그림을 그리는 많은 아티스트들이 이 부분을 너무 기본적인 과정으로 치부하거나, 아예 고려조차 하지 않고 단지 그때마다 자신의 감각이나 컨디션에 의지해서 진행하는 것을 자주 보아 왔습니다. </p>
<p> 공간을 효율적으로 활용하여 안정감을 유도하는 것이나, 비효율적 활용으로 긴장감을 고조시키는 일련의 연출들은, 이미 고전 미술에서부터 개척되어 영화와 같은 영상매체에서 디렉터나 연출가의 메타포를 전달하기 위한 중요한 장치가 되었습니다. 명작 애니메이션의 콘티집이나 영화감독 코멘터리 등에서 디렉터들이 화면구성에 담은 자신들의 은유를 직접적으로 언급하는 것을 어렵지 않게 발견할 수 있을 것입니다. </p>
<p> 그림 공간을 구성하는 작업을 시작해보겠습니다. </p>
<p> 필자의 방식대로 표현하면 가장 먼저 구도의 큰 흐름을 잡아주는 '흐름 동선'과 물체의 배치와 원근을 구체적으로 설정하는 '유도 동선'으로 구분할 수 있습니다. </p>
</div>    <!-- (테스트 4.) -->

</body>

</html>
```

이처럼 수정한 결과는 아래와 같습니다. 처음보다 훨씬 나은 레이아웃이 잡혔습니다. 만약 더 수정하고자 한다면 앞서와 같은 방법으로 스타일 문서를 수정하여 적용하면 됩니다.

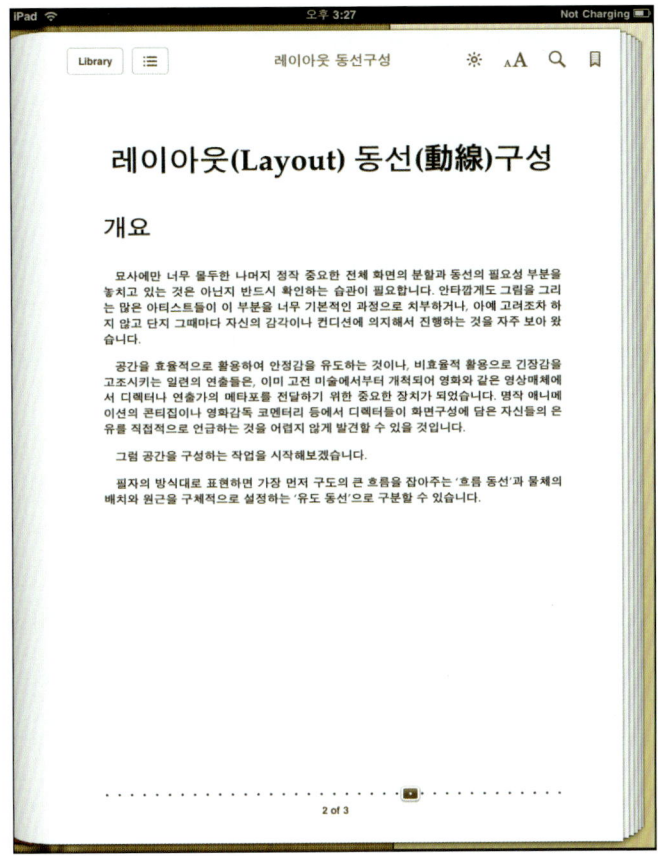

부제목을 생성하고 본문 문단 간 여백 조정한 결과 [한 페이지 보기]

이제 하나의 페이지를 완성하였습니다. 만약 전체 자료의 구성상 첫 번째 페이지에 연결하여 나머지 자료들을 구성할 것인지 아니면 별도의 페이지로 만들 것인지에 대한 선택은 eBook을 디자인하는 사람의 몫입니다.

Tip Page의 구성은 편집기획/디자이너의 몫 우리는 앞서 총 다섯 페이지를 구성하기로 하였으므로 다음 자료는 별도의 페이지에 구성합니다.

03 content-02.xhtml 제작하기

첫 번째 페이지는 이미 제공되고 있어 별도의 조치가 필요로 되지 않지만 두 번째 페이지부터는 새롭게 만들어야 합니다. 페이지의 추가를 위해서는 기존 파일을 복사하여 동일한 폴더에 붙이고, 이름을 바꾸어 줍니다.

content-02.xhtml은 앞 페이지와는 다르게 다양한 이미지가 삽입되었고, 마지막에 테이블이 있습니다. 이러한 구성을 지원하기 위해서는 조금 다른 코드가 필요로 됩니다.

> **흐름의 설정**
>
> 큰 흐름에서는 먼저 '주(主)동선'을 확보합니다. 내가 구상한 장면을 이상적으로 소화하기 위해서 먼저 종적인 동선으로 유도할 것인지, 횡적인 동선으로 유도할 것인지 생각해야 합니다.
>
> 일단 인물이나 주제를 아무런 계획 없이 중앙에 그려놓고, 그림 위아래가 비면 위아래를 채워놓고, 그림이 가로로 넓으면 좋겠다는 생각이 들면 옆면을 늘려 채우는 식의 발상은 좋은 방법이 아닙니다. 완성도 높은 결과물들은 이미지의 어느 한 부분이 잘려나가거나 비율이 조금 어긋나도 당장 무언가 부족하고 어색하게 보입니다.
>
> 물론 산업에서 상업적 용도로 다채롭게 가공되어 사용되는 상업 일러스트레이션의 경우, 다양한 비율로 활용할 수 있는 재가공에 대해 충분히 고려하기도 하지만 원칙적으로는 회화적인 정공법에 충실하게 접근하는 것이 옳은 방법이라고 할 수 있습니다. 다양한 화면 비율에 능동적으로 대응할 수 있는 설계를 할 수 있을 때까지는 작업자의 오랜 경험과 회화 실력 또한 필요합니다. 노련한 프로 일러스트레이터라도 의도와 다른 방향으로 가공되면서 원본의 감성까지 잃어버리는 일도 발생합니다.
>
> 우선 새로운 캔버스에 무엇인가 그리고자 마음이 들었다면 당연히 그 공간을 화면 안에 필요한 만큼 가지고 와야 합니다.
>
> 예를 들어 우리가 숲이라는 공간을 설정했다면, 일단 그림과 같이 구불구불한 줄기선 만으로도 숲으로 설정한 공간과 숲이 아닌 공간으로 나뉘게 됩니다.
>
>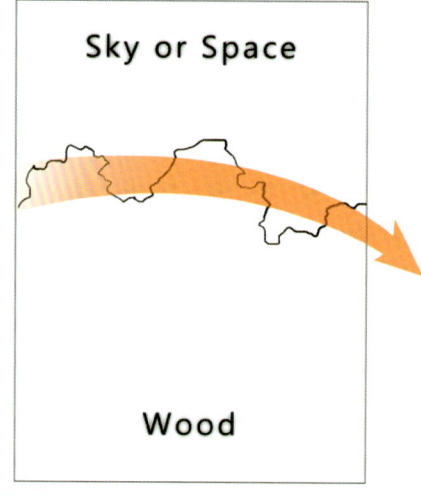

바다도 그리고자 한다면, 단 한줄기의 수평선만으로도 하늘과 바다의 경계가 나뉘게 됩니다.

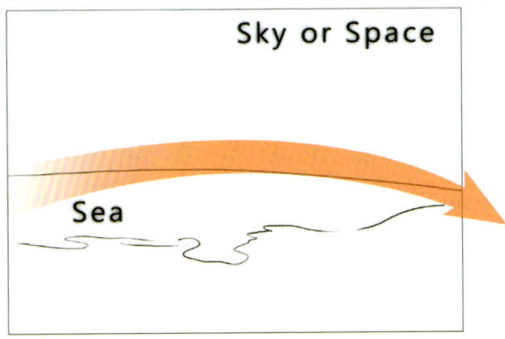

실내도 마찬가지입니다. 이 공간이 '방'이 되었든 '창고'가 되었든 그것은 동선 하나로 바닥과 천정을 구분시킬 수 있는 것입니다.

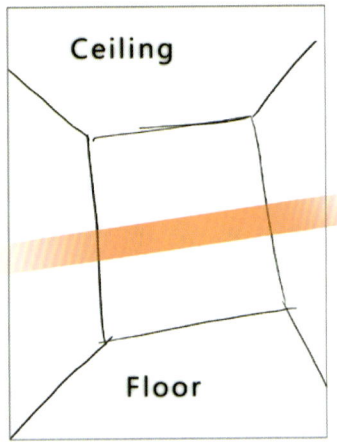

이 흐름 동선이라는 것을 보면 바로 앞의 종적 구성과 횡적 구성에 대한 판단이 본능적으로 인지될 것입니다. 숲이 되었든 방이 되었든 본인이 캐릭터나 주제 물체를 어떻게 표현하고 싶은지는 비교적 구체적이기 마련입니다.

참고

우리가 흔히 사용하는 작업 환경에서는(특수한 예외적인 상황이 아니라면) 종/횡 비율이 같은 정사각형의 형태는 드뭅니다. 소소한 비율 차이는 있더라도 사진이나 엽서, 혹은 책이나 포스터, 어느 한 쪽이 긴 규격 형태입니다. 따라서 예외적인 경우가 아니라면 언급된 규격 비율에 따라 세우는 것이 적합할지, 눕힌 형태가 적합할지에 대한 판단이 필요하며, 이 규격 비율에 대응할 수 있도록 능숙해지는 것이 좋습니다.

Content-02.xhtml의 내용을 아래와 같은 내용으로 바꾸어 줍니다.

```xml
<?xml version="1.0" encoding="UTF-8"?><html xmlns="http://www.w3.org/1999/xhtml">

   <head>
      <meta http-equiv="Content-Type" content="text/html; charset=UTF-8" />
      <title> 레이아웃 동선구성 </title>
      <link rel="stylesheet" type="text/css" href="stylesheet.css" />
   </head>

<body>

<div>
<h4> 흐름의 설정 </h4>
<p> 큰 흐름에서는 먼저 '주(主)동선' 을 확보합니다. 내가 구상한 장면을 이상적으로 소화하기 위해서 먼저 종적인 동선으로 유도할 것인지, 횡적인 동선으로 유도할 것인지 생각해야 합니다. </p>
<p> 일단 인물이나 주제를 아무런 계획 없이 중앙에 그려놓고, 그림 위아래가 비면 위아래를 채워놓고, 그림이 가로로 넓으면 좋겠다는 생각이 들면 옆면을 늘려 채우는 식의 발상은 좋은 방법이 아닙니다. 완성도 높은 결과물들은 이미지의 어느 한 부분이 잘려나가거나 비율이 조금 어긋나도 당장 무언가 부족하고 어색하게 보입니다. </p>
<p> 물론 산업에서 상업적 용도로 다채롭게 가공되어 사용되는 상업 일러스트레이션의 경우, 다양한 비율로 활용할 수 있는 재가공에 대해 충분히 고려하기도 하지만 원칙적으로는 회화적인 정공법에 충실하게 접근하는 것이 옳은 방법이라고 할 수 있습니다. 다양한 화면 비율에 능동적으로 대응할 수 있는 설계를 할 수 있을 때까지는 작업자의 오랜 경험과 회화 실력 또한 필요합니다. 노련한 프로 일러스트레이터라도 의도와 다른 방향으로 가공되면서 원본의 감성까지 잃어버리는 일도 발생합니다. </p>
<p> 우선 새로운 캔버스에 무엇인가 그리고자 마음이 들었다면 당연히 그 공간을 화면 안에 필요한 만큼 가지고 와야 합니다. </p>
<p> 예를 들어 우리가 숲이라는 공간을 설정했다면, 일단 그림과 같이 구불구불한 줄기선 만으로도 숲으로 설정한 공간과 숲이 아닌 공간으로 나뉘게 됩니다.. </p>
<div><img src="images/ Tuto_02_a01.png" alt="sky or space" /></div>
<p> 바다도 그리고자 한다면, 단 한줄기의 수평선만으로도 하늘과 바다의 경계가 나뉘게 됩니다. </p>
<div><img src="images/ Tuto_02_a02.png" alt="sky or space02" /></div>
<p> 실내도 마찬가지입니다. 이 공간이 '방'이 되었든 '창고'가 되었든 그것은 동선 하나로 바닥과 천정을 구분시킬 수 있는 것입니다.</p>
<div><img src="images/ Tuto_02_a03.png" alt="sky or space03" /></div>
</div>   <!-- (테스트 1.) -->

</body>

</html>
```

이번 페이지에서는 3개의 이미지를 삽입하였기 때문에 이들 이미지는 반드시 지금 작업하고 있는 template 폴더 내의 OEBPS 내 images 폴더에 있어야 합니다. 이 때문에 제공된 해당 이미지들을 복사하여 images 폴더 내에 붙여 넣습니다.

이제 테이블을 제외한 이미지를 삽입한 부분에 대한 결과를 보겠습니다. 생각보다는 어려운 것이 이미지의 활용임을 잊지 마십시오.

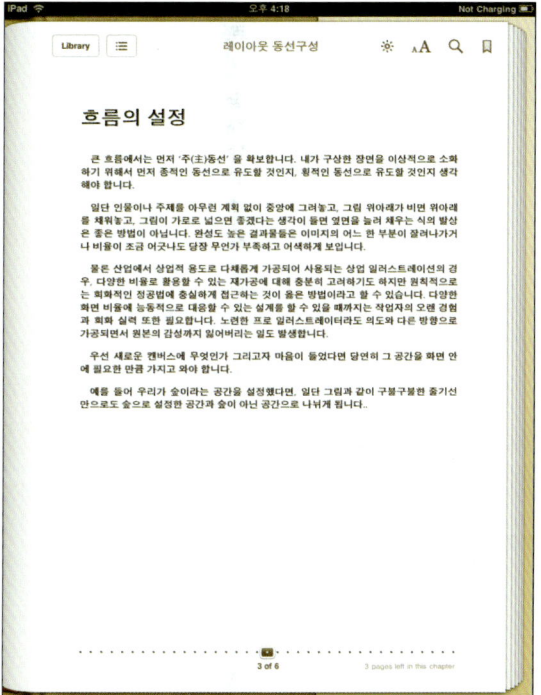
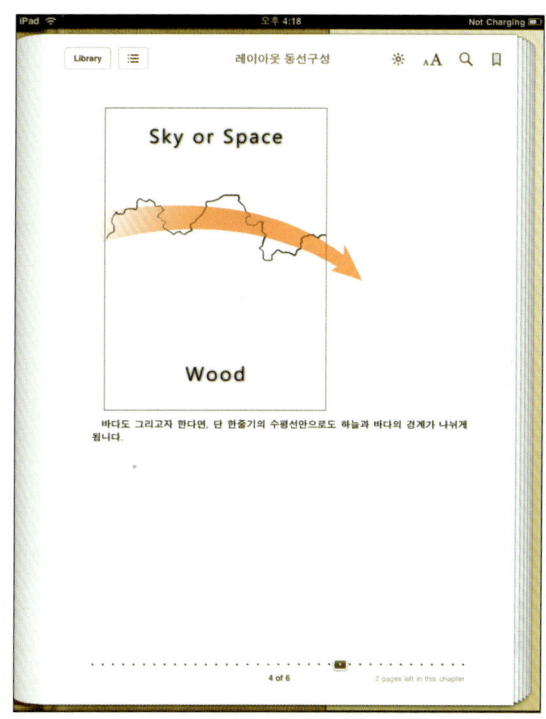

2단원 구성 결과 1 [한 페이지 보기]   2단원 구성 결과 2 [한 페이지 보기]

ePUB for iBooks

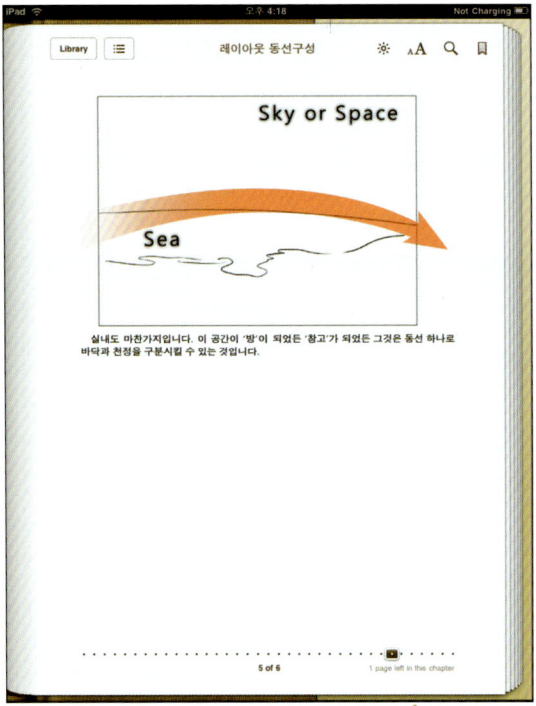

2단원 구성 결과 3 [한 페이지 보기]

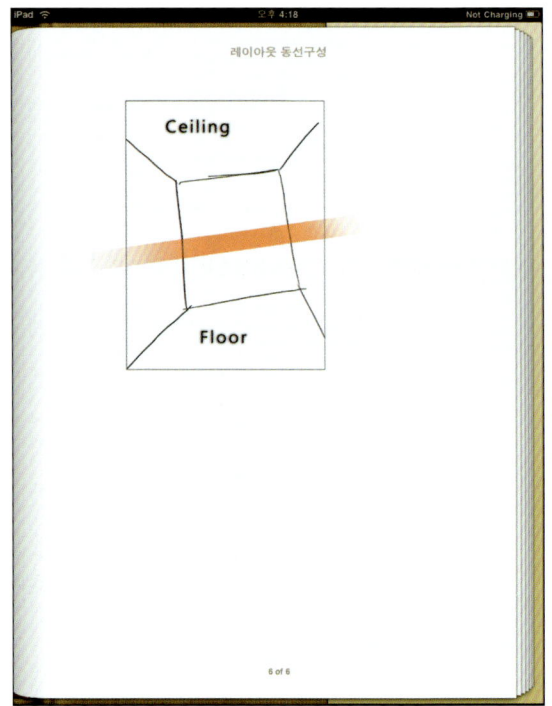

2단원 구성 결과 4 [한 페이지 보기]

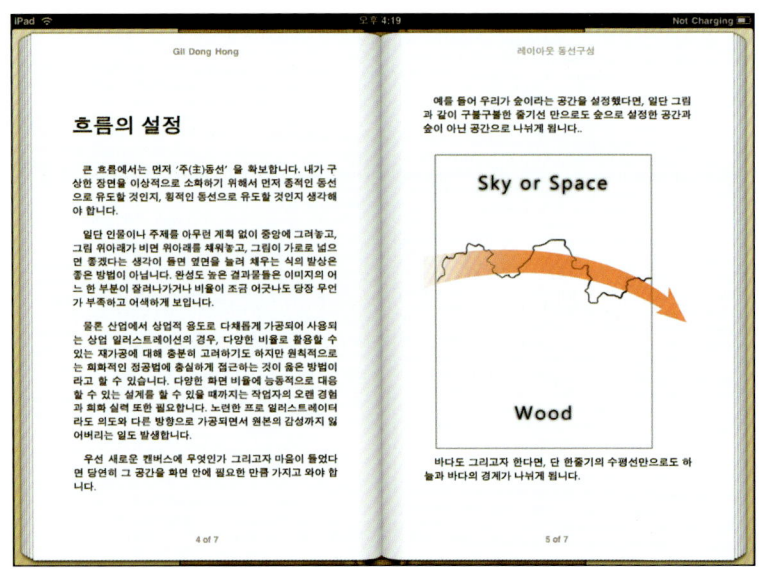

2단원 구성 결과 5 [두 페이지 보기]

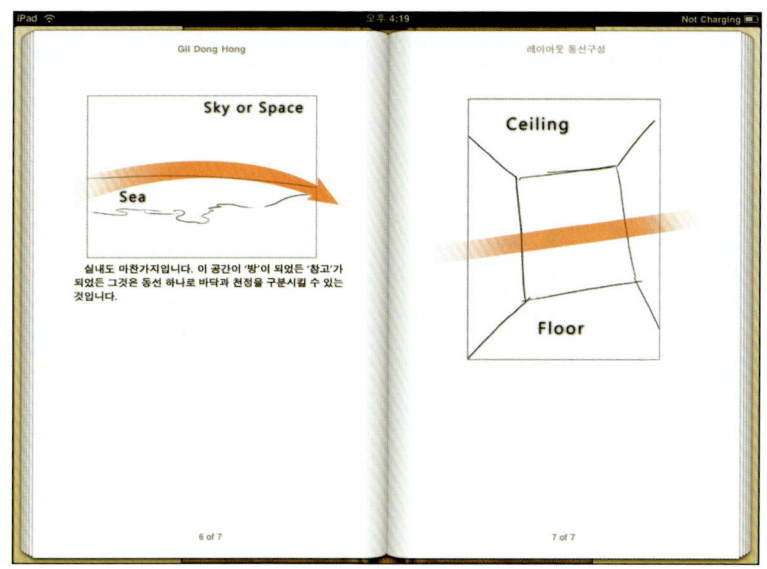

2단원 구성 결과 6 [두 페이지 보기]

이러한 결과가 만족스러운 수준은 아닙니다. 생각보다 이미지가 차지하는 면적이 커서 전체적인 페이지의 구성이 좀 허술해 보입니다. 앞서 언급한 것처럼 이러한 결과의 원인은 우리가 사용하고 있는 이미지의 크기가 전체 페이지에 비해 크기 때문입니다. 대체로 400~800px까지의 크기를 가지고 있는 이미지들이 iBooks의 면적인 560 x 760px의 대부분을 차지하게 되므로 텍스트와 함께 쓰이는 경우 필요한 여백을 확보하지 못하기 때문입니다.

> **Tip** iBooks에서의 한 페이지 보기, 크기는 "560 x 760px"임을 꼭 기억할 것

이러한 문제를 해결하는 방법은 이미지 크기를 줄여서 제작하는 것입니다. 전체 여백을 고려하여 적당한 크기로 줄여서 문단 내에 삽입하는 것입니다. 코드를 수정할 필요없이 이미지만 수정하면 됩니다. 여백을 고려하여 이미지 크기를 대략 200px 내외로 줄여 보았습니다.

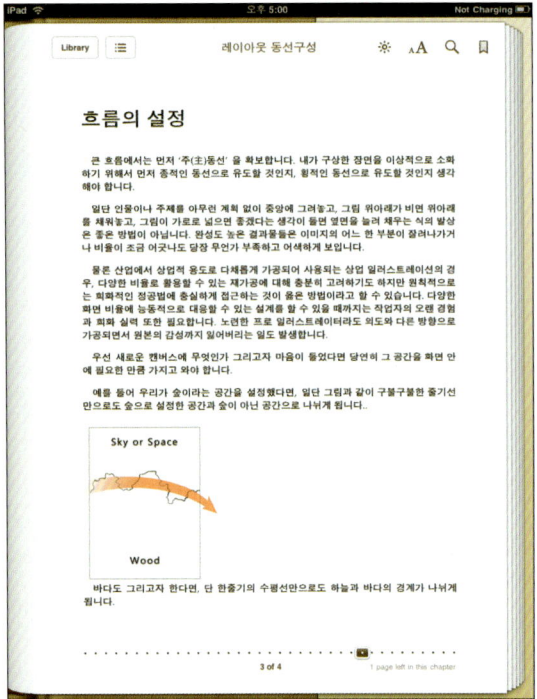
2단원 삽입 이미지 크기 수정 결과 1 [한 페이지 보기]

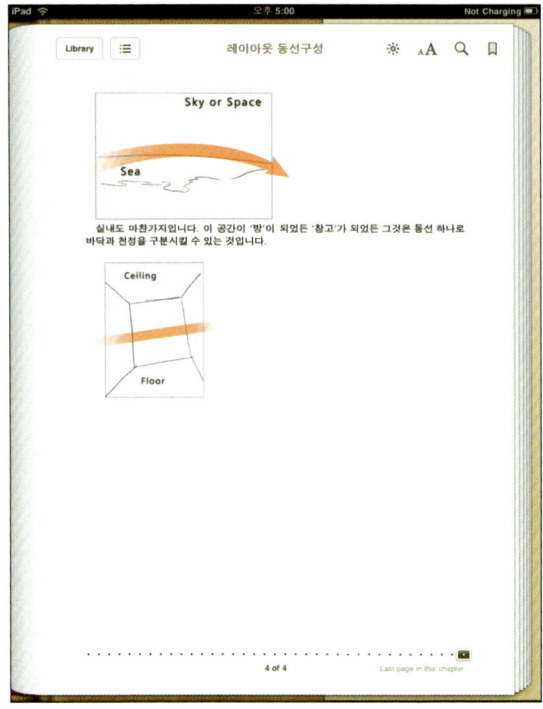
2단원 삽입 이미지 크기 수정 결과 2 [한 페이지 보기]

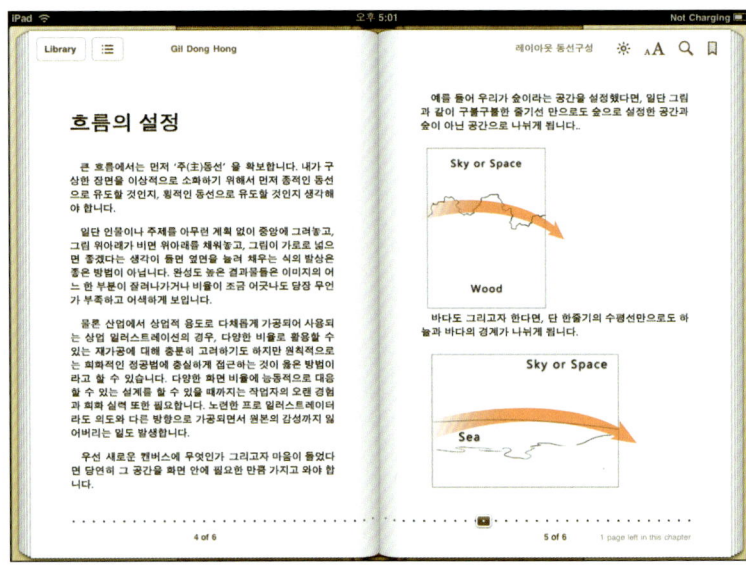
2단원 삽입 이미지 크기 수정 결과 3 [두 페이지 보기]

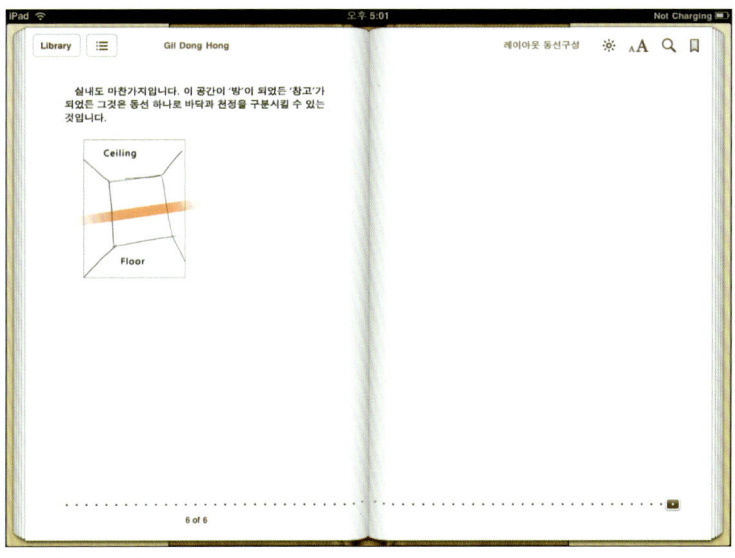

2단원 삽입 이미지 크기 수정 결과 4 [두 페이지 보기]

이제 우리가 처음 받아본 워드 자료와 매우 유사한 형태를 갖추게 되었습니다. 눈썰미가 좋은 분들은 이미 파악했겠지만, 각각 문단 내용에 대해 아랫부분에 대한 마진은 설정했지만 윗부분에 대한 마진 설정은 하지 않았기 때문에 삽입된 이미지와 아래 문단 내용은 여백이 없이 하나의 설명처럼 느껴집니다. 스타일 문서에서 〈p〉엘리멘트에 대한 위쪽 여백을 설정하면 이미지와의 여백은 생겨나지만 문단 간의 간격이 너무 벌어져 자연스럽지 않습니다.

이러한 문제를 해결하기 위해 간단히 〈p〉〈/p〉를 이미지 아랫부분에 삽입하여 여백을 만들어 줍니다.

```
<?xml version="1.0" encoding="UTF-8"?><html xmlns="http://www.w3.org/1999/xhtml">

    <head>
        <meta http-equiv="Content-Type" content="text/html; charset=UTF-8" />
        <title> 레이아웃 동선구성 </title>
        <link rel="stylesheet" type="text/css" href="stylesheet.css" />
    </head>

<body>
```

```html
<div>
<h4> 흐름의 설정 </h4>
<p>  큰 흐름에서는 먼저 '주(主)동선' 을 확보합니다. 내가 구상한 장면을 이상적으로 소화하기 위해서 먼저 종적인 동선으로 유도할 것인지, 횡적인 동선으로 유도할 것인지 생각해야 합니다.  </p>
<p>  일단 인물이나 주제를 아무런 계획 없이 중앙에 그려놓고, 그림 위아래가 비면 위아래를 채워놓고, 그림이 가로로 넓으면 좋겠다는 생각이 들면 옆면을 늘려 채우는 식의 발상은 좋은 방법이 아닙니다. 완성도 높은 결과물들은 이미지의 어느 한 부분이 잘려나가거나 비율이 조금 어긋나도 당장 무언가 부족하고 어색하게 보입니다. </p>
<p>  물론 산업에서 상업적 용도로 다채롭게 가공되어 사용되는 상업 일러스트레이션의 경우, 다양한 비율로 활용할 수 있는 재가공에 대해 충분히 고려하기도 하지만 원칙적으로는 회화적인 정공법에 충실하게 접근하는 것이 옳은 방법이라고 할 수 있습니다. 다양한 화면 비율에 능동적으로 대응할 수 있는 설계를 할 수 있을 때까지는 작업자의 오랜 경험과 회화 실력 또한 필요합니다. 노련한 프로 일러스트레이터라도 의도와 다른 방향으로 가공되면서 원본의 감성까지 잃어버리는 일도 발생합니다.  </p>
<p>  우선 새로운 캔버스에 무엇인가 그리고자 마음이 들었다면 당연히 그 공간을 화면 안에 필요한 만큼 가지고 와야 합니다. </p>
<p>  예를 들어 우리가 숲이라는 공간을 설정했다면, 일단 그림과 같이 구불구불한 줄기선 만으로도 숲으로 설정한 공간과 숲이 아닌 공간으로 나뉘게 됩니다.. </p>
<div><img src="images/Tuto_02_a01.png" alt="sky or space" /></div>
<p></p>
<p>  바다도 그리고자 한다면, 단 한줄기의 수평선만으로도 하늘과 바다의 경계가 나뉘게 됩니다. </p>
<div><img src="images/Tuto_02_a02.png" alt="sky or space02" /></div>
<p></p>
<p>  실내도 마찬가지입니다. 이 공간이 '방'이 되었든 '창고'가 되었든 그것은 동선 하나로 바닥과 천정을 구분시킬 수 있는 것입니다. </p>
<div><img src="images/Tuto_02_a03.png" alt="sky or space03" /></div>
</div>    <!-- (테스트 2.) -->


</body>


</html>
```

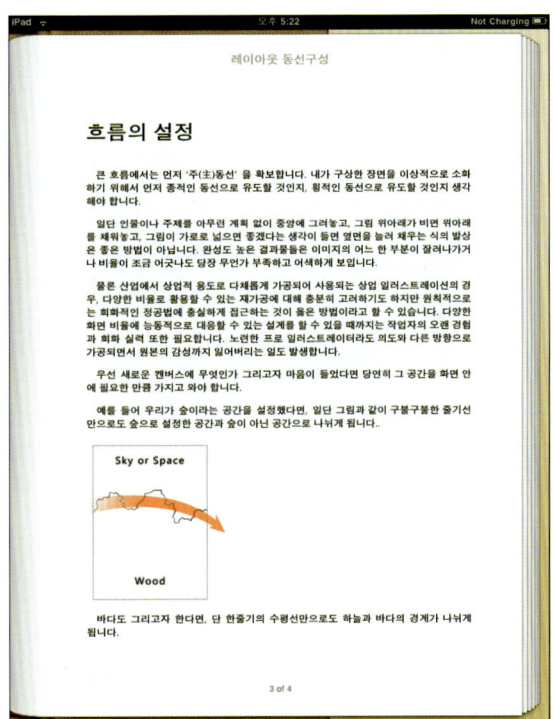

2단원 삽입 이미지 여백 수정 결과 [한 페이지 보기]

이제 작업하지 않았던 참고 내용에 대해 작업을 해 보겠습니다. 참고 내용은 테이블 형태로 구성되어 있고 첫 번째 셀에 약간의 회색 배경색이 사용되고 있습니다.

코드를 아래와 같이 작성해 보겠습니다. 먼저 스타일 문서에 필요로 되는 테이블 관련 내용과 배경색을 지정할 수 있는 코드를 부가합니다.

```
/* Basic CSS */

h2 {
        font-size: 2.5em;
        text-indent: 0em;
        margin-top: 1em;
        margin-bottom: 1em;
        text-align: center;
        }
h4 {
        font-size: 2.0em;
        text-indent: 0em;
```

```
        margin-top: 1em;
        margin-bottom: 1em;
        text-align: left;
        }
p {
        font-size: 1em;
        text-indent: 1em;
        margin-top: 0em;
        margin-bottom: 1em;
        text-align: left;
        }
#background {
   background: gray;
    }
table {
        text-align: ;
        margin-left:1.0em;
        margin-right: 1.0em;
        margin-top: 1.0em;
        margin-bottom: 1.0em;
        }
```

Content-02.xhtml 문서는 아래와 같이 수정합니다.

```
<?xml version="1.0" encoding="UTF-8"?><html xmlns="http://www.w3.org/1999/xhtml">

   <head>
      <meta http-equiv="Content-Type" content="text/html; charset=UTF-8" />
      <title> 레이아웃 동선구성 </title>
      <link rel="stylesheet" type="text/css" href="stylesheet.css" />
   </head>

<body>

<div>
<h4> 흐름의 설정 </h4>
<p> 큰 흐름에서는 먼저 '주(主)동선' 을 확보합니다. 내가 구상한 장면을 이상적으로 소화하기 위해서 먼저 종적인 동선으로 유도할 것인지, 횡적인 동선으로 유도할 것인지 생각해야 합니다. </p>
```

```
<p> 일단 인물이나 주제를 아무런 계획 없이 중앙에 그려놓고, 그림 위아래가 비면 위아래를 채워놓고, 그림이 가로로 넓으면 좋겠다는 생각이 들면 옆면을 늘려 채우는 식의 발상은 좋은 방법이 아닙니다. 완성도 높은 결과물들은 이미지의 어느 한 부분이 잘려나가거나 비율이 조금 어긋나도 당장 무언가 부족하고 어색하게 보입니다. </p>
<p> 물론 산업에서 상업적 용도로 다채롭게 가공되어 사용되는 상업 일러스트레이션의 경우, 다양한 비율로 활용할 수 있는 재가공에 대해 충분히 고려하기도 하지만 원칙적으로는 회화적인 정공법에 충실하게 접근하는 것이 옳은 방법이라고 할 수 있습니다. 다양한 화면 비율에 능동적으로 대응할 수 있는 설계를 할 수 있을 때까지는 작업자의 오랜 경험과 회화 실력 또한 필요합니다. 노련한 프로 일러스트레이터라도 의도와 다른 방향으로 가공되면서 원본의 감성까지 잃어버리는 일도 발생합니다. </p>
<p> 우선 새로운 캔버스에 무엇인가 그리고자 마음이 들었다면 당연히 그 공간을 화면 안에 필요한 만큼 가지고 와야 합니다. </p>
<p> 예를 들어 우리가 숲이라는 공간을 설정했다면, 일단 그림과 같이 구불구불한 줄기선 만으로도 숲으로 설정한 공간과 숲이 아닌 공간으로 나뉘게 됩니다.. </p>
<div><img src="images/Tuto_02_a01.png" alt="sky or space" /></div>
<p></p>
<p> 바다도 그리고자 한다면, 단 한줄기의 수평선만으로도 하늘과 바다의 경계가 나뉘게 됩니다. </p>
<div><img src="images/Tuto_02_a02.png" alt="sky or space02" /></div>
<p></p>
<p> 실내도 마찬가지입니다. 이 공간이 '방'이 되었든 '창고'가 되었든 그것은 동선 하나로 바닥과 천정을 구분시킬 수 있는 것입니다.</p>
<div><img src="images/Tuto_02_a03.png" alt="sky or space03" /></div>
<p> 이 흐름 동선이라는 것을 보면 바로 앞의 종적 구성과 횡적 구성에 대한 판단이 본능적으로 인지될 것입니다. 숲이 되었든 방이 되었든 본인이 캐릭터나 주제 물체를 어떻게 표현하고 싶은지에 대해서는 비교적 구체적이기 마련입니다.</p>
<p></p>
<div>
<table border="1" cellspacing="1" cellpadding="1">
  <tr id="background">
    <td><p><b>참고</b></p></td>
  </tr>
  <tr>
    <td><p>우리가 흔히 사용하는 작업 환경에서는 (특수한 예외적인 상황이 아니라면) 종/횡 비율이 같은 정사각형의 형태는 드뭅니다. 소소한 비율 차이는 있더라도 사진이나 엽서, 혹은 책이나 포스터, 어느 한쪽이 긴 규격 형태입니다. 따라서 예외적인 경우가 아니라면 언급된 규격 비율에 따라 세우는 것이 적합할 지, 눕힌 형태가 적합할 지에 대한 판단이 필요하며, 이 규격 비율에 대응할 수 있도록 능숙해지는 것이 좋습니다.</p></td>
  </tr>
</table>
</div>
</div>   <!-- (테스트 3.) -->

</body>

</html>
```

코드가 만들어내는 iBooks의 결과물을 보면 아래와 같습니다.

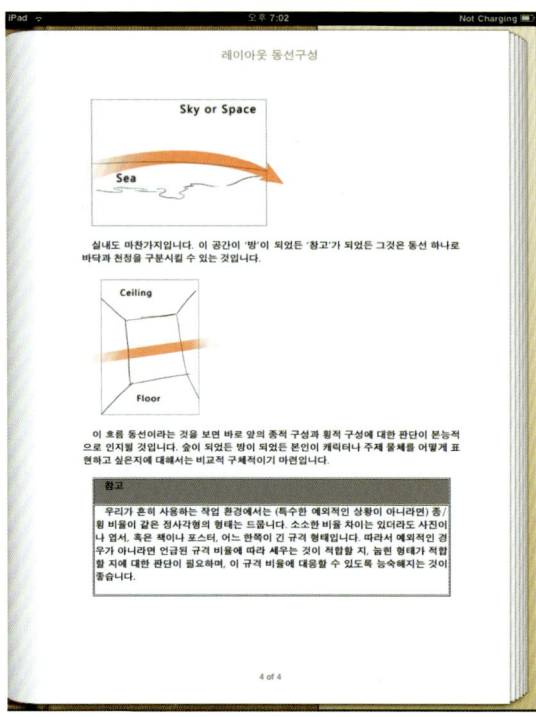

2단원 테이블 삽입 결과 [한 페이지 보기]

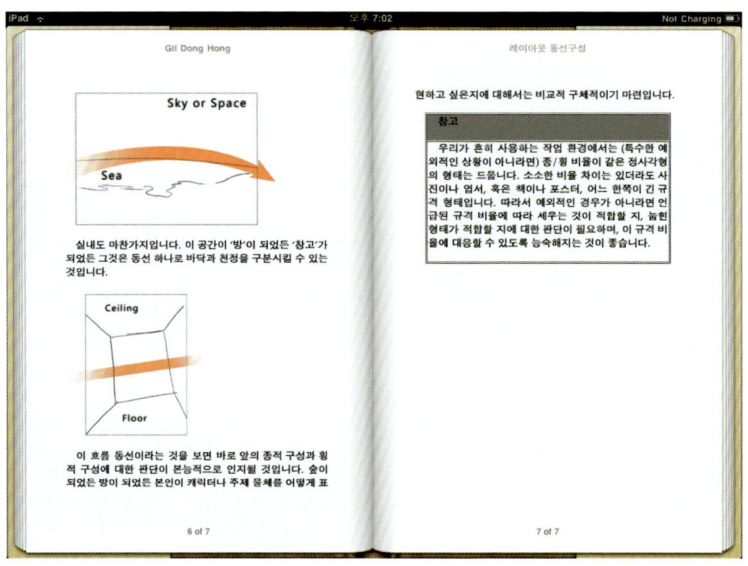

2단원 테이블 삽입 결과 [두 페이지 보기]

04 content-03.xhtml 제작하기

이제 다음 페이지를 제작해 보겠습니다. 앞서 설명한 것과 같이 파일을 복사하여 content-03.xhtml으로 저장합니다. 그리고 워드 문서의 내용을 복사하여 해당하는 내용을 바꾸어 줍니다. 워드 문서의 내용은 다음과 같습니다.

유도 동선(보조 동선)의 설정

보조 동선은 화면 내용의 구체적인 정보를 설정합니다.

주 동선에서 '무엇인가 꽉 차있는 곳'과 '비어 있는 곳', '추상적이지만 큰 흐름 분할'을 만들어 주었다면, 보조 동선의 역할은 '좀 더 구체적인 오브젝트의 배치' 와 '작가가 의도한 시선의 흐름을 감상자에게 유도하는 동선을 만들어주는 과정'이 되겠습니다.

예를 들어 횡으로 긴 화면에 거의 유사한 분할과 흐름동선을 주었더라도, 물체의 배치와 그에 따른 공간 퍼스펙티브(Perspective : 원근법) 설정에 따라 전혀 다른 접근 방법이 생길 수 있습니다.

인물보다 주위 환경(배경)의 내용이나 설정을 보여고자 할 때는 소실점을 되도록 멀리 빼내어 최대한 공간을 확보하는 구성을 취합니다.

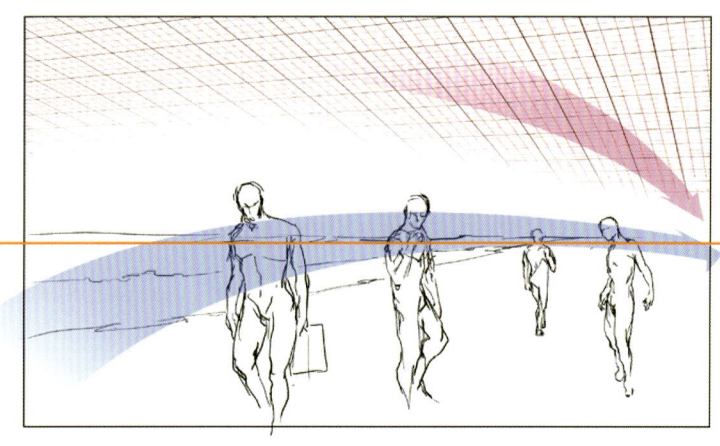

인물이나 오브젝트들을 대등하고 안정적으로 배열하기 편하며, 주제와 꾸밈을 구분하여 배치하기도 편해 의류 광고 등에서 흔히 접할 수 있는 구도입니다. 카메라와 인물들 간의 거리는 서로 다르게 배치되어, 원근을 주더라도 큰 화면 분할의 동선은 일률적으로 수평으로 배치한 구성 안에 있습니다. 다소 심심해 보일 수도 있으나 기준 동선을 사선(Angle Rotation)으로 기울여 제법 운동감 있는 구도를 끌어낼 수도 있습니다.

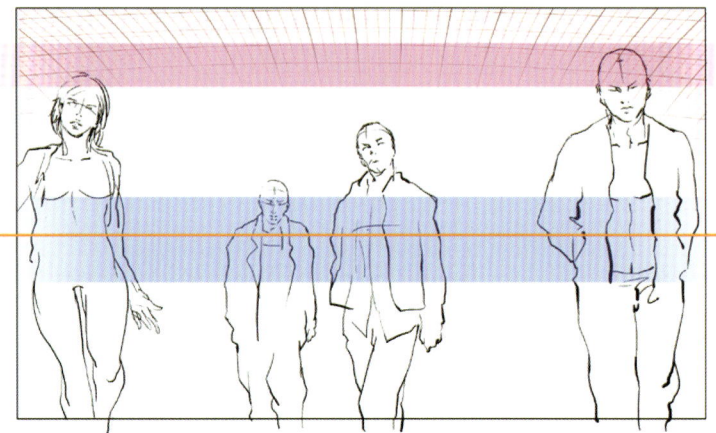

같은 수평적 배치라도 시점 동선을 우측의 캐릭터에 집중하고자 강한 퍼스펙티브를 적용하였습니다. 이렇듯 같은 방향으로 같은 동선을 수평으로 분할해 넣더라도, 유도 동선의 설정에 의해 결과는 전혀 다르게 접근할 수 있습니다.

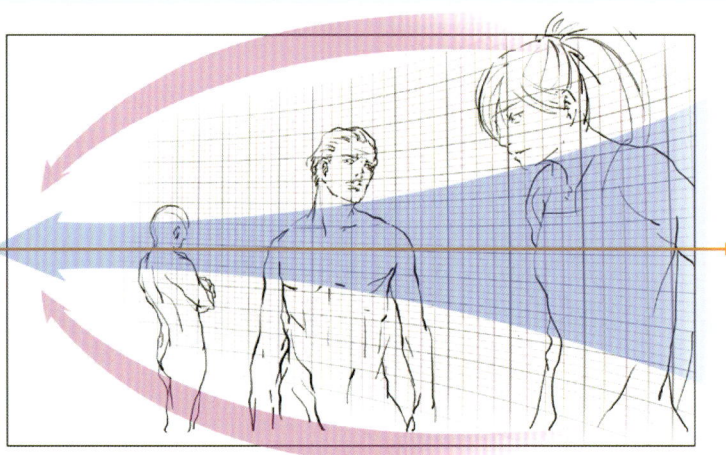

작업자는 이러한 세부적인 동선을 구체화하면서 원근이 강한 '입체적인 구성'이 될지, 의도적으로 '평면적인 구성'을 취할지, 지금 작업의 목적에 들어맞는 방향으로 선택하게 됩니다. 그리고 이 모든 과정에서 전제되고 있던 중요한 포인트는 바로 '인물의 구성동선'이라는 것입니다.

```xml
<?xml version="1.0" encoding="UTF-8"?><html xmlns="http://www.w3.org/1999/xhtml">

   <head>
      <meta http-equiv="Content-Type" content="text/html; charset=UTF-8" />
      <title> 레이아웃 동선구성 </title>
      <link rel="stylesheet" type="text/css" href="stylesheet.css" />
   </head>

<body>

<div>
<h4>  유도 동선(보조 동선)의 설정  </h4>
<p>  보조 동선은 화면 내용의 구체적인 정보를 설정합니다. 주 동선에서 '무엇인가 꽉 차있는 곳'과 '비어 있는 곳', '추상적이지만 큰 흐름 분할'을 만들어 주었다면, 보조 동선의 역할은 '좀 더 구체적인 오브젝트의 배치' 와 '작가가 의도한 시선의 흐름을 감상자에게 유도하는 동선을 만들어주는 과정'이 되겠습니다.  </p>
<p>  예를 들어 횡으로 긴 화면에 거의 유사한 분할과 흐름동선을 주었더라도, 물체의 배치와 그에 따른 공간 퍼스펙티브(Perspective : 원근법) 설정에 따라 전혀 다른 접근 방법이 생길 수 있습니다.  </p>
<p>  인물보다 주위 환경(배경)의 내용이나 설정을 보여주고자 할 때는 소실점을 되도록 멀리 빼내어 최대한 공간을 확보하는 구성을 취합니다.</p>
<div><img src="images/Tuto_02_a08.png" alt="perspective" /></div>
<p></p>
<p>  인물이나 오브젝트들을 대등하고 안정적으로 배열하기 편하며, 주제와 꾸밈을 구분하여 배치하기도 편해 의류 광고 등에서 흔히 접할 수 있는 구도입니다. 카메라와 인물들 간의 거리는 서로 다르게 배치되어, 원근을 주더라도 큰 화면 분할의 동선은 일률적으로 수평으로 배치한 구성 안에 있습니다. 다소 심심해 보일 수도 있으나 기준 동선을 사선(Angle Rotation)으로 기울여 제법 운동감 있는 구도를 끌어낼 수도 있습니다.  </p>
<div><img src="images/Tuto_02_a09.png" alt="perspective02" /></div>
<p></p>
<p>  같은 수평적 배치라도 시점 동선을 우측의 캐릭터에 집중하고자 강한 퍼스펙티브를 적용하였습니다. 이렇듯 같은 방향으로 같은 동선을 수평으로 분할해 넣더라도, 유도 동선의 설정에 의해 결과는 전혀 다르게 접근할 수 있습니다.  </p>
<div><img src="images/Tuto_02_a10.png" alt="perspective03" /></div>
<p></p>
<p>  작업자는 이러한 세부적인 동선을 구체화하면서 원근이 강한 '입체적인 구성'이 될지, 의도적으로 '평면적인 구성'을 취할지, 지금 작업의 목적에 들어맞는 방향으로 선택하게 됩니다. 그리고 이 모든 과정에서 전제되고 있던 중요한 포인트는 바로 '인물의 구성동선'이라는 것입니다.</p>
</div>     <!-- (테스트 1.) -->

</body>

</html>
```

우리가 앞서 경험하였던 것과 같이 제공된 이미지들을 적당한 크기(가로 400px)로 바꾸어 줍니다. 그리고 해당 이미지들을 템플릿 파일의 OEBPS 폴더 내의 images 폴더에 복사하여 넣어 줍니다.

이상의 작업 결과를 보면 아래와 같습니다

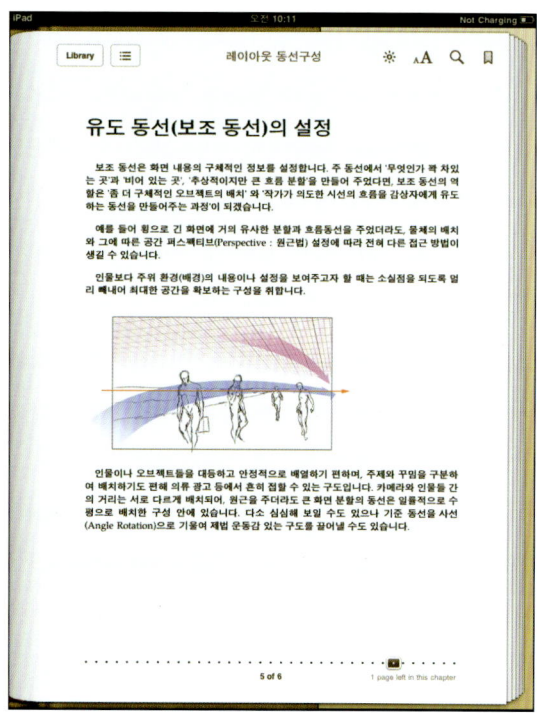 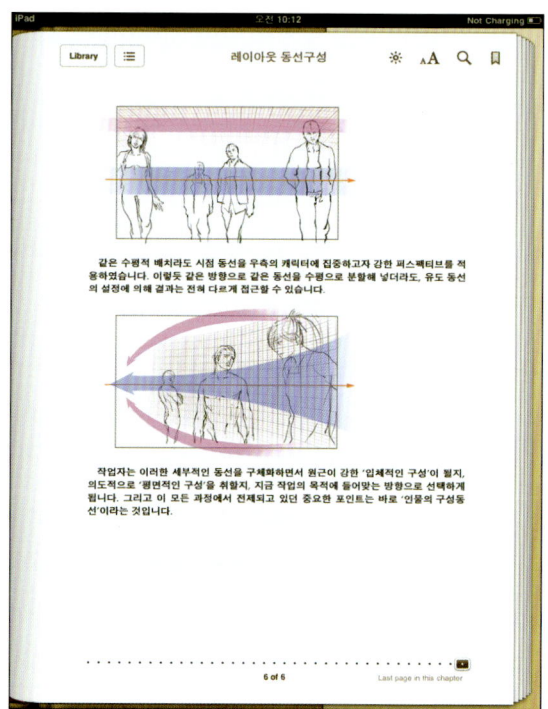

3단원 작업 결과 1 [한 페이지 보기]   3단원 작업 결과 2 [한 페이지 보기]

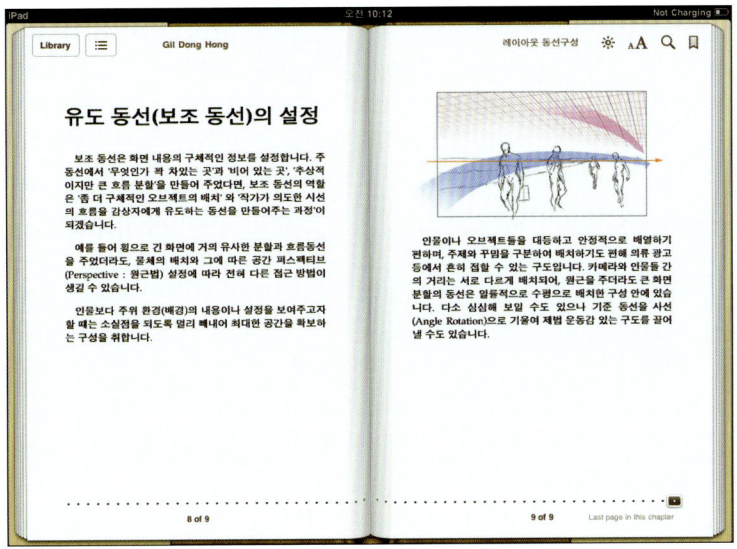

3단원 작업 결과 3 [두 쪽 보기]

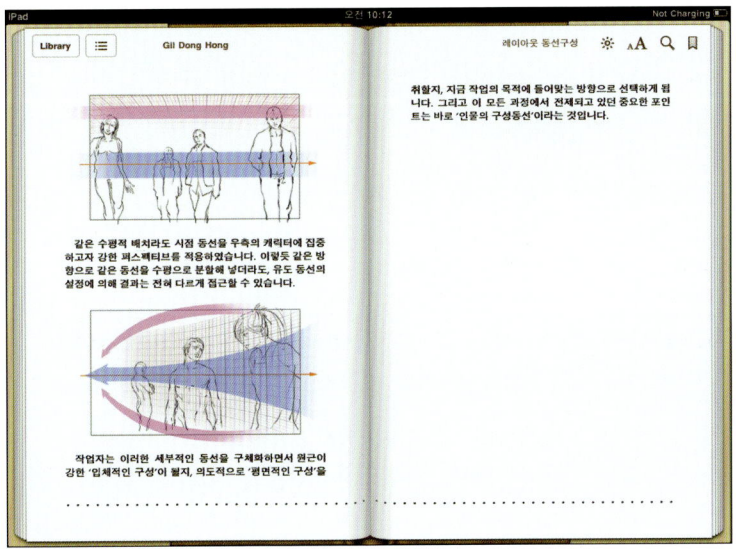

3단원 작업 결과 4 [두 쪽 보기]

05 content-04.xhtml 제작하기

이제 다음 단원을 제작해 봅니다. 이번 단원은 가장 많은 내용과 이미지, 그리고 테이블에 대한 제작이 필요합니다. 그러나 이러한 구성요소들에 대해서는 이미 앞서 경험하였으므로 동일한 방식으로 제작을 진행해보겠습니다. 다음은 원고의 내용입니다.

인물의 동선

애초에 인물이 등장하지 않는 배경작업(Background Art)이나, 인물이 등장하더라도 환경이나 사물의 단순한 보조역할일 때는 경우가 다를 것입니다. 하지만, 처음부터 특정 인물을 중심으로 출발한 구성이라면 처음 공간의 분할부터 구체적 동선에 이르기까지의 모든 고민은, 따지고 보면 결국 주체가 되는 인물을 가장 효과적으로 보여줄 수 있도록 의도한 것입니다. 사전에 아무리 복잡한 고민을 거쳐 동선을 구성했다고 하더라도, 결국 이미지를 감상하게 될 때, 일반적으로 가장 먼저 시선을 유도하는 것은 이미지 안의 인물, 즉 인물의 얼굴일 것입니다. 감상자에게 있어 가장 익숙하고 친숙한 대상인 사람을 먼저 인식하는 인물의 동선 것이 본능이며, 바라보고 있는 사람의 시선을 제일 처음 맞추게 됩니다. 그것은 실제 사람과의 만남이나 사진이미지, 그림 등 모두 마찬가지일 것입니다. 그런 의미에서 앞의 내용은 막상 미술과 관련된 전문가가 아닌 사람들에게는 이론적으로 큰 의미가 없다고 볼 수 있겠지만, 인물과 관련된 동선의 유도는 누구라도 보는 순간, 바로 인식할 수 있는 민감한 부분입니다. 또한, 이미지 작업자의 의도가 물리적으로 드러나는 가장 중요한 부분이기도 합니다.

앞의 예제 구도에 감상자의 감상 동선을 예상해 보았습니다. 아마 감상자들은 뒤에 삽입될 배경의 디테일과는 별개로 거리가 가까워서 크게 보이는 인물의 얼굴에서부터 다음 비중의 캐릭터 얼굴로 옮겨갈 것입니다. 그리고 사람의 시선은 어느 정도 범위에서 멀티테스킹이 되기 때문에 순식간에 시야 범위에서, 얼굴로부터 출발하여 상반신까지 동시에 훑어갈 것입니다. 물론 의도적으로 작업자가 먼저 중간의 캐릭터에게 시선이 갈 수 있도록 동선을 충분히 의도할 수도 있습니다. 중앙의 캐릭터를 먼저 드러내고자 한다면 그 캐릭터에 디테일을 강조하거나 튀는 동작이나 의상의 변화를 주는 등, 방법은 다양합니다(남성보다는 여성캐릭터가 가독성이 더 좋습니다).

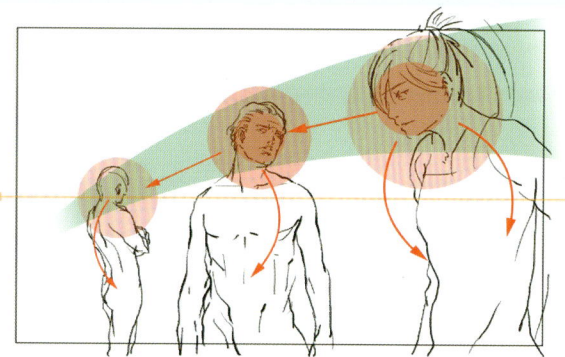

그림은 원근에 의해 순차적인 구성을 띄고 있고, 주제의 흐름과 인물의 동선도 일치하고 있습니다.

다음의 예를 보겠습니다. 좌측과 우측 양 끝에 비중이 비슷한 인물이 배치되어 있습니다. 이런 경우는 좌측에서 출발하든 우측에서 출발하든, 시점이 양 끝에 교대로 머물다 센터로 이동하든, 양쪽 어느 한 쪽 끝에서 출발하여 센터를 찍고 다른 한쪽으로 이동하더라도, 결국 첫 시선의 이동은 좌, 우를 골고루 반복해서 훑게 됩니다. 이러면 인물 하나하나를 공들여 시선의 이동을 피곤하게 만들더라도, 그만큼 볼거리가 많아 보이게 의도할 수 있습니다. 하지만, 동선은 하나의 균일한 흐름을 잡아내기 어려운 구도가 됩니다. 역시 이 모든 판단은 작업자가 제공하는 콘텐츠의 목적성과 들어맞아야 할 선택입니다.

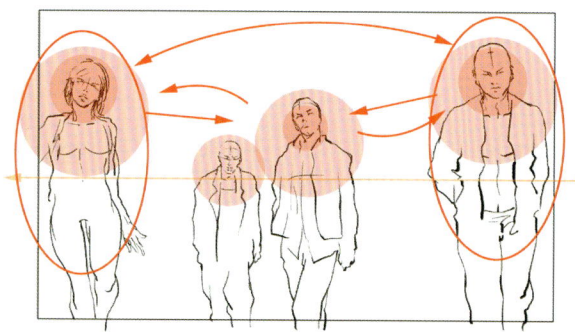

그럼 참고로 화면에 한 명의 인물을 팝업 시켰을 때를 예로 들어 관람자 시선의 흐름을 추리해 봅시다.

관람자는 먼저 인물과 시선을 맞추면서 이목구비를 파악하게 됩니다. 얼굴을 중심으로 시선은 방사형으로 퍼지지만, 헤어스타일과 손 모양 및 팔 동작을 우선 보게 됩니다. 그리고 얼굴과 가까운 상반신에서 하반신으로 자연스럽게 시선이 흘러내려 발끝으로 이어집니다. 하지만, 예외적으로 특별한 페티시를 의도하여 특정 신체 부위를 의식적으로나 인위적으로 강조한 경우, 혹은 특수한 구도 설정이나 앵글로 말미암아 인체의 표현이 뒤틀려 있는 경우는 여기 내용의 보편적인 상황과 같은 적용이 되지 않을 수도 있습니다.

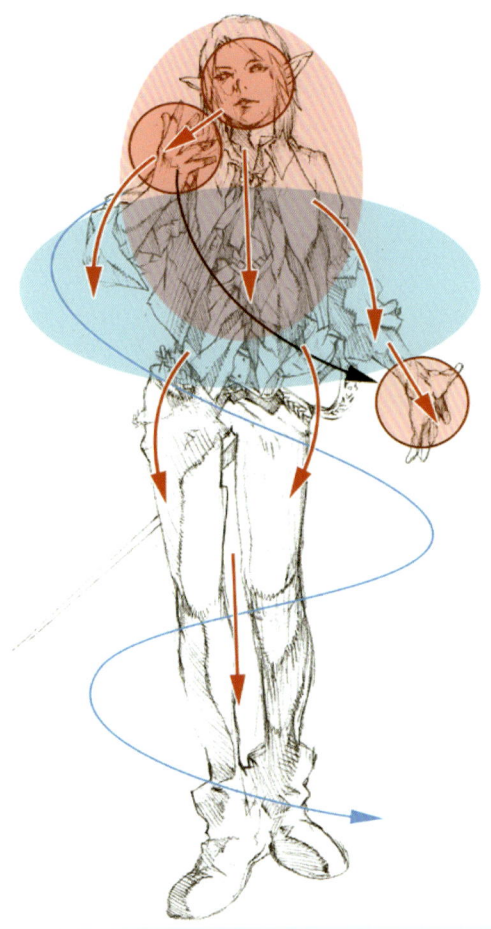

참고

인물의 감정을 전달하기 위해 가장 유효하고 직접적인 수단은 캐릭터의 시선과 표정일 것입니다. 하지만, 경우에 따라 인물의 인상이나 표정 이상으로 캐릭터의 정체성이나 감정 상태를 보여줄 수 있는 것은 '손'의 표정입니다. 헤어스타일이나 의복, 액세서리 등은 인물의 물리적인 개성이나 취향, 세계관 등의 정보를 알려주는 요소가 될 수 있습니다. 반면, 손동작 제스처는 그 인물의 성격이나 감정 상태를 전달하게 되는 아주 중요한 수단으로서, 많은 작가가 그 의미를 잘 알고 있으면서도 지금 당장 설정된 포즈에 맞춰서 적당히 마무리하거나, 소지하고 있는 무구(武具)나 아이템 등을 들고 있는 기능 수행에만 역할을 두어, 흔히 그 중요성을 간과하게 되는 경우가 많습니다.

물론 캐릭터의 동세(포징)를 따라 흐르는 시선은 그림과 같이 그 셰이프를 따라 물리적으로 따라서 형성됩니다. 이것은 '크로키' 같은 작법에서 익히고 훈련하게 되는 인물의 동세 읽기와 같은 맥락으로 보면 됩니다. 하지만 구체적인 묘사가 형성된 인물 이미지에서는 내용과 같이 얼굴로 출발해서 신체가 끝나는 지점인 '손'에 이르기까지 핀 포인트를 형성하며 내부의 구성요소를 읽게 됩니다. 예제의 경우라면 그림과 같은 'S' 자 곡선의 시선 흐름을 유추해 볼 수 있습니다.

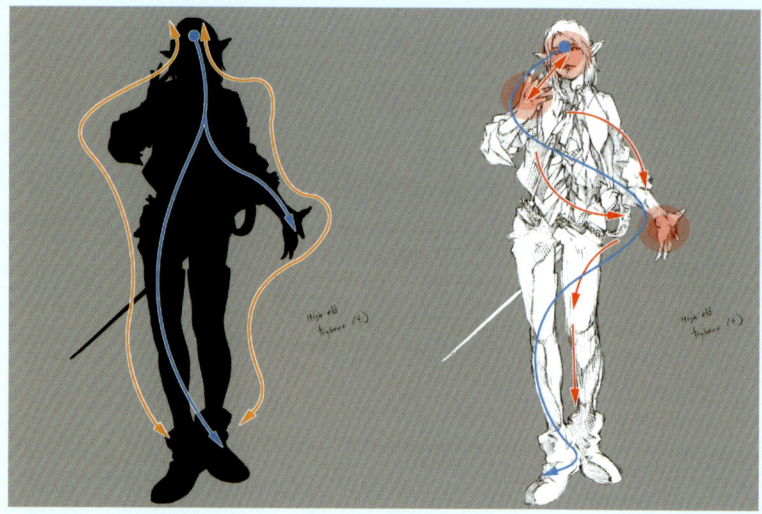

그럼 화면의 분할과 캐릭터의 동선, 감상자의 시점 동선을 복합적으로 구성한 예시를 보겠습니다.

종방향으로 긴 캔버스에 세로 지향적인 실내를 구성하고 인물은 우측 하단으로 배치했습니다. 붉은 화살표로 표시한 감상자의 시선 흐름의 유도를 눈여겨보십시오.

종 방향 캔버스 횡적 동선을 지향한 구도. 캐릭터는 좌측 하단에 배치했습니다. 앞의 구도와 비교해 보면, 이러한 구도의 변경으로 말미암아 인물은 동일한 자세이지만 감상자의 시선 흐름에 변화된 동선을 유추해 볼 수 있습니다.

캔버스를 횡으로 길게 놓고 다시 가로 지향성 분할을 주었으며, 캐릭터는 우측으로 배치했습니다. 사람의 시선이 센터를 향하는 본능에 따라, 캐릭터를 읽는 동선에 또 다른 방향성을 유추해 볼 수 있습니다.

이렇듯 같은 인물 이미지라도 레이아웃의 분할과 배치 동선의 유도 방법에 따라 어느 정도 관람자의 시선을 의도적으로 유도하는 것을 볼 수 있습니다. 필자는 이런 부분을 상당히 중요한 요소로 인식하고 있는데 그 이유는, 가령 극장에 빽빽이 붙어 있는 포스터 더미나 PC방 입구에 덕지덕지 붙어 있는 홍보물 사이에서 관객들이 가만히 서서 하나씩 감상 되고 평가되기를 기대하기는 어렵기 때문입니다. 회화와 달리, 상업 일러스트레이션은 넘치는 경쟁 이미지들의 러시 안에서 짧은 순간 특별한 임팩트를 터뜨려 소비자의 관심을 끌어내야 합니다. 따라서 이미지 안에 보여줘야 할 내용이 많으면 많을수록, 또는 단독 오브젝트라면 가독성이 집중되므로 좀 더 짧은 순간에 되도록 많은 정보를 감상자에게 전달할 수 있도록 노력하는 것입니다.

우리가 감상자로서 접하게 되는 일러스트레이션 이미지 중에서, 어떤 이미지는 한눈에 파악이 되지 않아 화면을 구석구석 훑은 다음에야, 게다가 하나하나 훑은 다음에야 겨우 주제가 파악되거나 내용이 조금씩 인지되기 시작하는 작품을 만난 적이 있었을 것입니다.

반면 어떤 이미지는 상당히 많은 인물과 물체들이 옹기종기 가득 들어차 있는데도 불구하고 한눈에 시퀀스가 이해됩니다. 피로하게 눈을 움직여 가며 분산된 구성을 짜 맞추지 않아도 자연스럽게 흐름에 따르며 대부분의 구성물을 시선에 담을 수 있는 그런 잘 짜인 느낌의 작품도 있을 것입니다.

그런 의미에서 목적에 맞는 효과적인 화면 분할과 동선 유도에 대한 작가의 의도와 고민이 담긴 작품과 그렇지 않고 단지 감각에만 맡기는 작품은 큰 차이를 만들어 냅니다. 때로는 규모가 큰 벽화와 같이 그 구조나 특수한 목적에서 의도적으로 구성이 분산되어 있거나, 역으로 작가 스스로 이미지의 복잡함을 강조하기 위해, 난해한 동선 처리를 의도적으로 유도하는 때도 있습니다.

참고

기초적인 화면 분할과 동선 유도에 대한 이해가 깊어지고 연출에 있어서 더 능숙해지면, 횡적 종적 구조를 겹으로(Layered) 얹어 구성한다든지, 복수의 동선을 유기적으로 얽히게 구성할 수도 있습니다. 하지만, 기본조차 부족한 상태에서 현란한 연출만을 무리해서 시도한다면 감상자의 감동은커녕, 기초적인 주제 전달조차 실패하게 될 것입니다.

이러한 내용을 반영한 코드는 아래와 같습니다.

```
<?xml version="1.0" encoding="UTF-8"?><html xmlns="http://www.w3.org/1999/xhtml">

   <head>
      <meta http-equiv="Content-Type" content="text/html; charset=UTF-8" />
      <title> 레이아웃 동선구성 </title>
      <link rel="stylesheet" type="text/css" href="stylesheet.css" />
   </head>

<body>

<div>
```

<h4> 인물의 동선 </h4>
<p> 애초에 인물이 등장하지 않는 배경작업(Background Art)이나, 인물이 등장하더라도 환경이나 사물의 단순한 보조역할일 때는 경우가 다를 것입니다. 하지만, 처음부터 특정 인물을 중심으로 출발한 구성이라면 처음 공간의 분할부터 구체적 동선에 이르기까지의 모든 고민은, 따지고 보면 결국 주체가 되는 인물을 가장 효과적으로 보여줄 수 있도록 의도한 것입니다. 사전에 아무리 복잡한 고민을 거쳐 동선을 구성했다고 하더라도, 결국 이미지를 감상하게 될 때, 일반적으로 가장 먼저 시선을 유도하는 것은 이미지 안의 인물, 즉 인물의 얼굴일 것입니다. 감상자에게 있어 가장 익숙하고 친숙한 대상인 사람을 먼저 인식하는 인물의 동선 것이 본능이며, 바라보고 있는 사람의 시선을 제일 처음 맞게 됩니다. 그것은 실제 사람과의 만남이나 사진이미지, 그림 등 모두 마찬가지일 것입니다. 그런 의미에서 앞의 내용은 막상 미술과 관련된 전문가가 아닌 사람들에게는 이론적으로 큰 의미가 없다고 볼 수 있겠지만, 인물과 관련된 동선의 유도는 누구라도 보는 순간, 바로 인식할 수 있는 민감한 부분입니다. 또한, 이미지 작업자의 의도가 물리적으로 드러나는 가장 중요한 부분이기도 합니다. </p>
<p> 앞의 예제 구도에 감상자의 감상 동선을 예상해 보았습니다. 아마 감상자들은 뒤에 삽입될 배경의 디테일과는 별개로 거리가 가까워서 크게 보이는 인물의 얼굴에서부터 다음 비중의 캐릭터 얼굴로 옮겨갈 것입니다. 그리고 사람의 시선은 어느 정도 범위에서 멀티테스킹이 되기 때문에 순식간에 시야 범위에서, 얼굴로부터 출발하여 상반신까지 동시에 훑어갈 것입니다. 물론 의도적으로 작업자가 먼저 중간의 캐릭터에게 시선이 갈 수 있도록 동선을 충분히 의도할 수도 있습니다. 중앙의 캐릭터를 먼저 드러내고자 한다면 그 캐릭터에 디테일을 강조하거나 튀는 동작이나 의상의 변화를 주는 등, 방법은 다양합니다(남성보다는 여성캐릭터가 가독성이 더 좋습니다).</p>
<div><img src="images/Tuto_02_a11.png" alt="human moving" /></div>
<p></p>
<p> 그림은 원근에 의해 순차적인 구성을 띄고 있고, 주제의 흐름과 인물의 동선도 일치하고 있습니다. </p>
<p> 다음의 예를 보겠습니다. 좌측과 우측 양 끝에 비중이 비슷한 인물이 배치되어 있습니다. 이런 경우는 좌측에서 출발하든 우측에서 출발하든, 시점이 양 끝에 교대로 머물다 센터로 이동하든, 양쪽 어느 한 쪽 끝에서 출발하여 센터를 찍고 다른 한쪽으로 이동하더라도, 결국 첫 시선의 이동은 좌, 우를 골고루 반복해서 훑게 됩니다. 이러면 인물 하나하나를 공들여 시선의 이동을 피곤하게 만들더라도, 그만큼 볼거리가 많아 보이게 의도할 수 있습니다. 하지만, 동선은 하나의 균일한 흐름을 잡아내기 어려운 구도가 됩니다. 역시 이 모든 판단은 작업자가 제공하는 콘텐츠의 목적성과 들어맞아야 할 선택입니다. </p>

<div><img src="images/Tuto_02_a12.png" alt="human moving02" /></div>
<p></p>
<p> 그럼 참고로 화면에 한 명의 인물을 팝업 시켰을 때를 예로 들어 관람자 시선의 흐름을 추리해 봅시다.</p>
<p> 관람자는 먼저 인물과 시선을 맞추면서 이목구비를 파악하게 됩니다. 얼굴을 중심으로 시선은 방사형으로 퍼지지만, 헤어스타일과 손 모양 및 팔 동작을 우선 보게 됩니다. 그리고 얼굴과 가까운 상반신에서 하반신으로 자연스럽게 시선이 흘러내려 발끝으로 이어집니다. 하지만, 예외적으로 특별한 페티시를 의도하여 특정 신체 부위를 의식적으로나 인위적으로 강조한 경우, 혹은 특수한 구도 설정이나 앵글로 말미암아 인체의 표현이 뒤틀려 있는 경우는 여기 내용의 보편적인 상황과 같은 적용이 되지 않을 수도 있습니다.</p>
<div><img src="images/Tuto_02_a13.png" alt="human moving03" /></div>
<p></p>

```
<div>
<table border="1" cellspacing="1" cellpadding="1">
  <tr id="background">
    <td><p><b>참고</b></p></td>
  </tr>
  <tr>
      <td><p>인물의 감정을 전달하기 위해 가장 유효하고 직접적인 수단은 캐릭터의 시선과 표정일 것입니다. 하지만, 경우에 따라 인물의 인상이나 표정 이상으로 캐릭터의 정체성이나 감정 상태를 보여줄 수 있는 것은 '손'의 표정입니다. 헤어스타일이나 의복, 액세서리 등은 인물의 물리적인 개성이나 취향, 세계관 등의 정보를 알려주는 요소가 될 수 있습니다. 반면, 손동작 제스처는 그 인물의 성격이나 감정 상태를 전달하게 되는 아주 중요한 수단으로서, 많은 작가가 그 의미를 잘 알고 있으면서도 지금 당장 설정된 포즈에 맞춰서 적당히 마무리하거나, 소지하고 있는 무구(武具)나 아이템 등을 들고 있는 기능 수행에만 역할을 두어, 흔히 그 중요성을 간과하게 되는 경우가 많습니다.</p></td>
  </tr>
</table>
</div>

<p>  물론 캐릭터의 동세(포징)를 따라 흐르는 시선은 그림과 같이 그 셰이프를 따라 물리적으로 따라서 형성됩니다. 이것은 '크로키' 같은 작법에서 익히고 훈련하게 되는 인물의 동세 읽기와 같은 맥락으로 보면 됩니다. 하지만 구체적인 묘사가 형성된 인물 이미지에서는 내용과 같이 얼굴로 출발해서 신체가 끝나는 지점인 '손'에 이르기까지 핀 포인트를 형성하며 내부의 구성요소를 읽게 됩니다. 예제의 경우라면 그림과 같은 'S'자 곡선의 시선 흐름을 유추해 볼 수 있습니다.</p>
<div><img src="images/Tuto_02_a14.png" alt="human moving04" /><img src="images/Tuto_02_a15.png" alt="human moving05" /></div>
<p></p>
<p>  그럼 화면의 분할과 캐릭터의 동선, 감상자의 시점 동선을 복합적으로 구성한 예시를 보겠습니다.</p>
<p>  종방향으로 긴 캔버스에 세로 지향적인 실내를 구성하고 인물은 우측 하단으로 배치했습니다. 붉은 화살표로 표시한 감상자의 시선 흐름의 유도를 눈여겨보십시오.</p>
<div><img src="images/Tuto_02_a16.png" alt="human moving06" /></div>
<p></p>
<p>  종 방향 캔버스 횡적 동선을 지향한 구도, 캐릭터는 좌측 하단에 배치했습니다. 앞의 구도와 비교해 보면, 이러한 구도의 변경으로 말미암아 인물은 동일한 자세이지만 감상자의 시선 흐름에 변화된 동선을 유추해 볼 수 있습니다.</p>
<div><img src="images/Tuto_02_a17.png" alt="human moving07" /></div>
<p></p>
<p>  캔버스를 횡으로 길게 놓고 다시 가로 지향성 분할을 주었으며, 캐릭터는 우측으로 배치했습니다. 사람의 시선이 센터를 향하는 본능에 따라, 캐릭터를 읽는 동선에 또 다른 방향성을 유추해 볼 수 있습니다.  </p>
<div><img src="images/Tuto_02_a18.png" alt="human moving08" /></div>
<p></p>
```

```
<p> 이렇듯 같은 인물 이미지라도 레이아웃의 분할과 배치 동선의 유도 방법에 따라 어느 정도 관람자의 시선을 의
도적으로 유도하는 것을 볼 수 있습니다. 필자는 이런 부분을 상당히 중요한 요소로 인식하고 있는데 그 이유는, 가령
극장에 빽빽이 붙어 있는 포스터 더미나 PC방 입구에 덕지덕지 붙어있는 홍보물 사이에서 관객들이 가만히 서서 하
나씩 감상 되고 평가되기를 기대하기는 어렵기 때문입니다. 회화와 달리, 상업 일러스트레이션은 넘치는 경쟁 이미지
들의 러시 안에서 짧은 순간 특별한 임팩트를 터뜨려 소비자의 관심을 끌어내야 합니다. 따라서 이미지 안에 보여줘
야 할 내용이 많으면 많을수록, 또는 단독 오브젝트라면 가독성이 집중되므로 좀 더 짧은 순간에 되도록 많은 정보를
감상자에게 전달할 수 있도록 노력하는 것입니다. 우리가 감상자로서 접하게 되는 일러스트레이션 이미지 중에서, 어
떤 이미지는 한눈에 파악이 되지 않아 화면을 구석구석 훑은 다음에야, 게다가 하나하나 훑은 다음에야 겨우 주제가
파악되거나 내용들이 조금씩 인지되기 시작하는 작품을 만난 적이 있었을 것입니다.</p>
<p>반면 어떤 이미지는 상당히 많은 인물과 물체들이 옹기종기 가득 들어차 있는데도 불구하고 한눈에 시퀀스가 이
해됩니다. 피로하게 눈을 움직여 가며 분산된 구성을 짜 맞추지 않아도 자연스럽게 흐름에 따르며 대부분의 구성물을
시선에 담을 수 있는 그런 잘 짜인 느낌의 작품도 있을 것입니다.</p>
<p>그런 의미에서 목적에 맞는 효과적인 화면 분할과 동선 유도에 대한 작가의 의도와 고민이 담긴 작품과 그렇지
않고 단지 감각에만 맡기는 작품은 큰 차이를 만들어 냅니다. 때로는 규모가 큰 벽화와 같이 그 구조나 특수한 목적에
서 의도적으로 구성이 분산되어 있거나, 역으로 작가 스스로 이미지의 복잡함을 강조하기 위해, 난해한 동선 처리를
의도적으로 유도하는 때도 있습니다.</p>
<p></p>


<div>
<table border="1" cellspacing="1" cellpadding="1">
   <tr id="background2">
      <td><p><b>참고</b></p></td>
   </tr>
   <tr>
      <td><p>기초적인 화면 분할과 동선 유도에 대한 이해가 깊어지고 연출에 있어서 더 능숙해지면, 횡적 종적
구조를 겹으로(Layered) 얹어 구성한다든지, 복수의 동선을 유기적으로 얽히게 구성할 수도 있습니다. 하지만, 기본조
차 부족한 상태에서 현란한 연출만을 무리해서 시도한다면 감상자의 감동은커녕, 기초적인 주제 전달조차 실패하게
될 것입니다.</p></td>
   </tr>
</table>
</div>

</div>    <!-- (테스트 1.) -->


</body>

</html>
```

이번 단원에서는 테이블 두 개가 삽입되었으므로 두 번째 테이블에 표현된 배경색 지정을 위해 스타일 문서를 아래와 같이 변경합니다. 이와 같이 또 동일한 코드를 삽입하는 이유는 하나의 파일 내에 동일한 id를 가진 코드가 존재한다면 이는 에러로 인식되기 때문입니다. 따라서 background2로 지정합니다.

```css
/* Basic CSS */

h2 {
        font-size: 2.5em;
        text-indent: 0em;
        margin-top: 1em;
        margin-bottom: 1em;
        text-align: center;
        }
h4 {
        font-size: 2.0em;
        text-indent: 0em;
        margin-top: 1em;
        margin-bottom: 1em;
        text-align: left;
        }
p {
        font-size: 1em;
        text-indent: 1em;
        margin-top: 0em;
        margin-bottom: 1em;
        text-align: left;
        }
#background {
  background: gray;
    }
#background2{
  background: gray;
    }
table {
        text-align: ;
        margin-left:1.0em;
        margin-right: 1.0em;
        margin-top: 1.0em;
        margin-bottom: 1.0em;
        }
```

이러한 작업은 iBooks에서는 아래와 같이 표현됩니다. 될 수 있으면 제공된 문서의 구성상태에 맞추도록 노력하였기 때문에 특정 문단은 보다 많은 정보를 보여주고 있는 예도 있습니다.

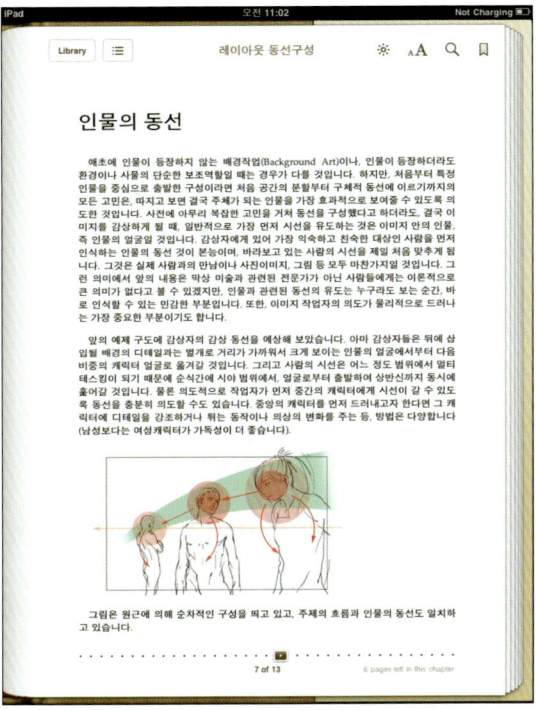

4단원 작업 결과 1 [한 쪽 보기]

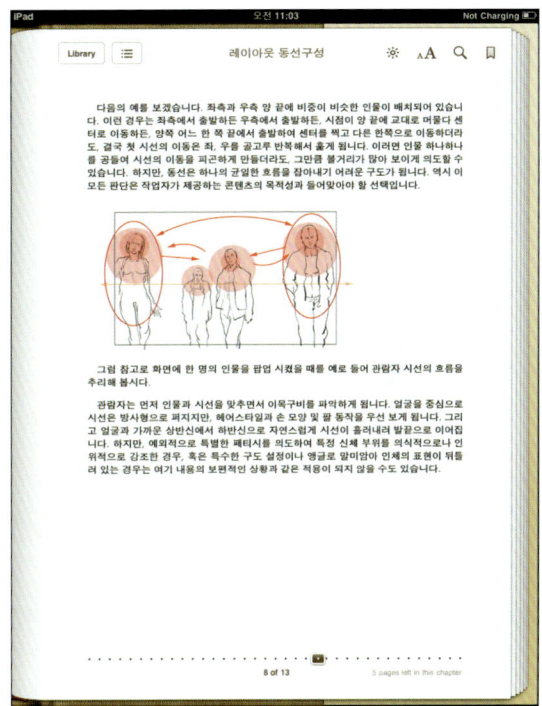

4단원 작업 결과 2 [한 쪽 보기]

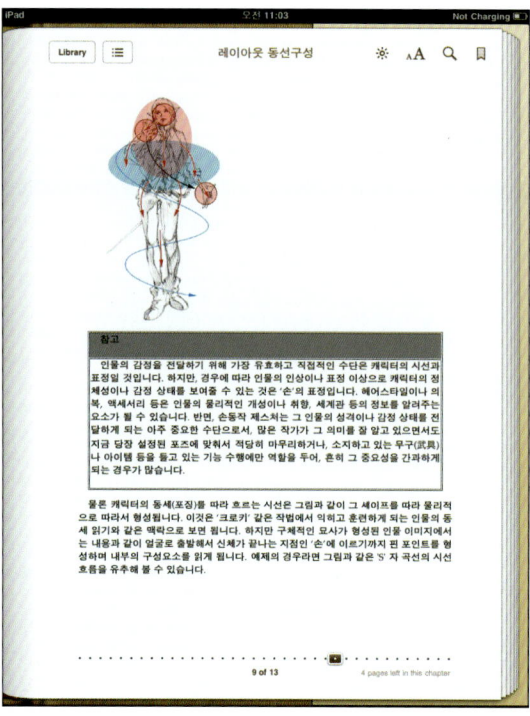

4단원 작업 결과 3 [한 쪽 보기]

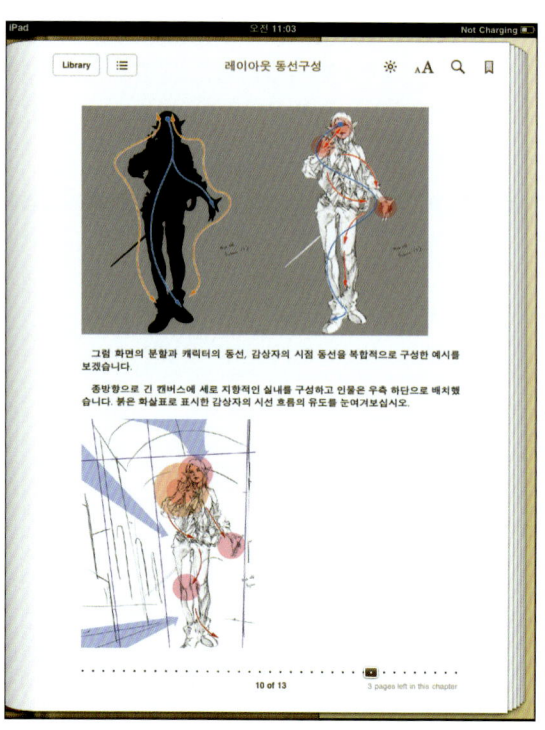

4단원 작업 결과 4 [한 쪽 보기]

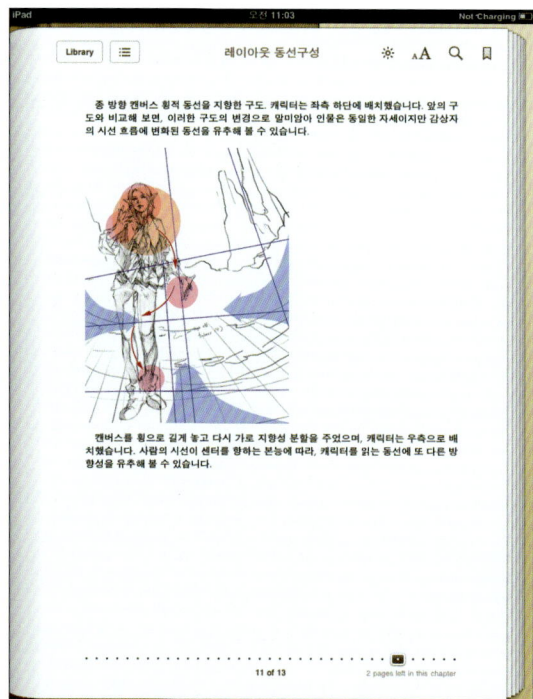

4단원 작업 결과 5 [한 쪽 보기]

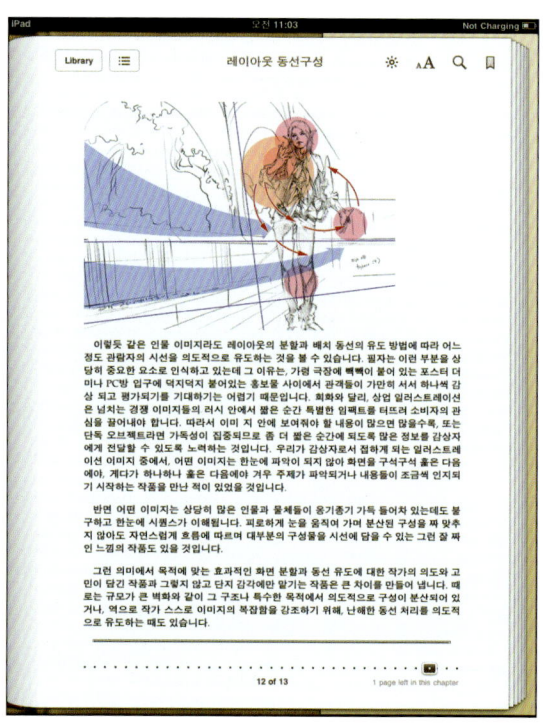

4단원 작업 결과 6 [한 쪽 보기]

4단원 작업 결과 7 [한 쪽 보기]

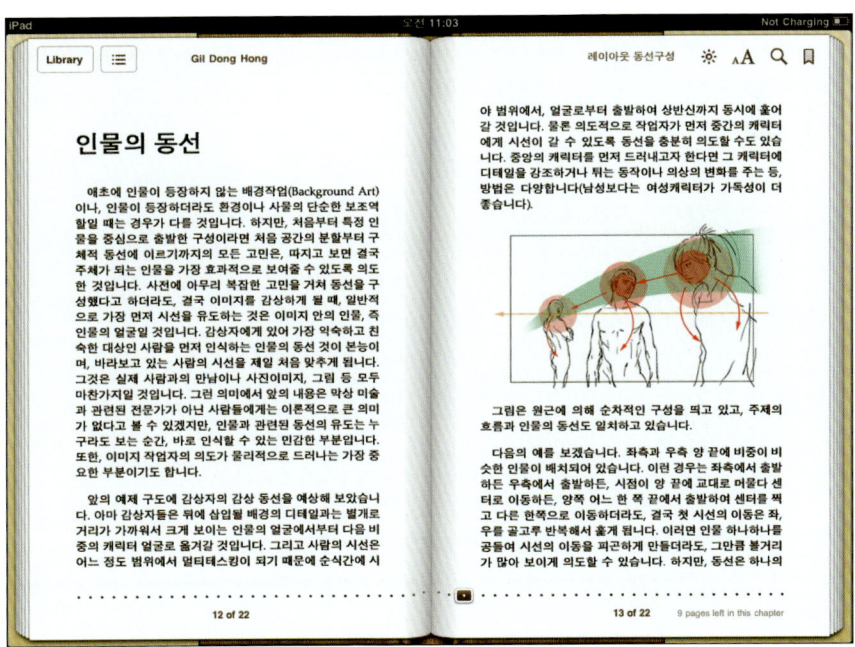

4단원 작업 결과 8 [두 쪽 보기]

ePUB for iBooks 203

5. eBook(ePUB)의 제작과 활용

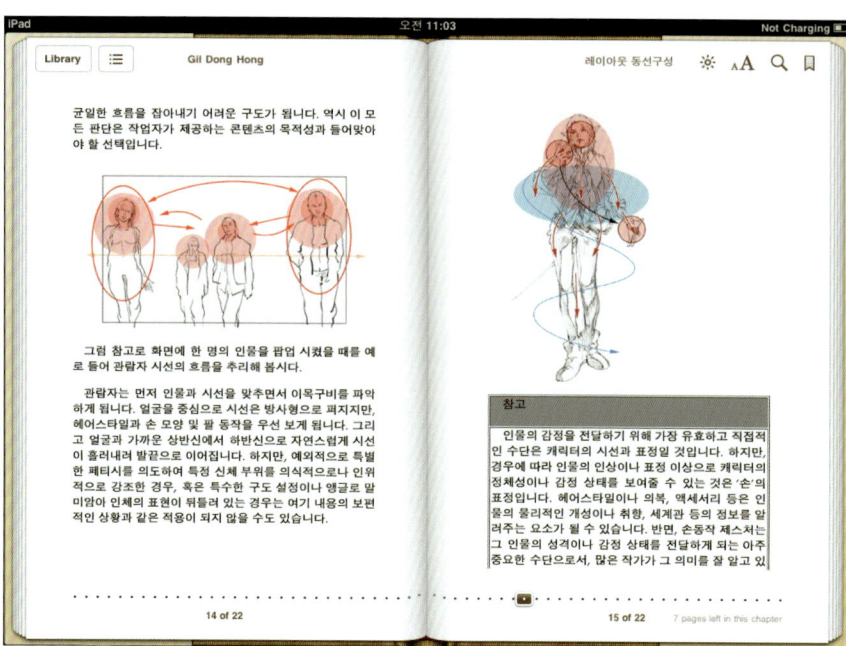

4단원 작업 결과 9 [두 쪽 보기]

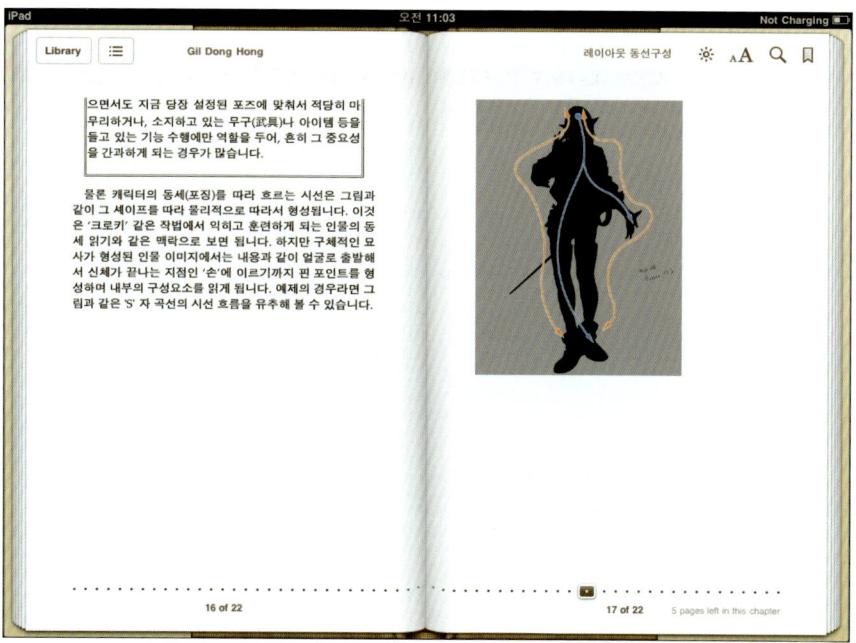

4단원 작업 결과 10 [두 쪽 보기]

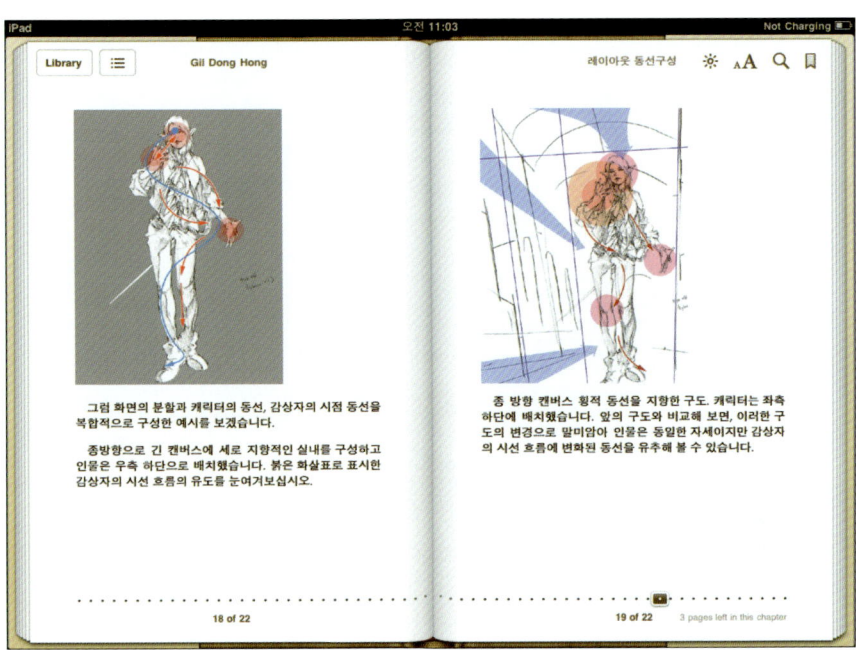

4단원 작업 결과 11 [두 쪽 보기]

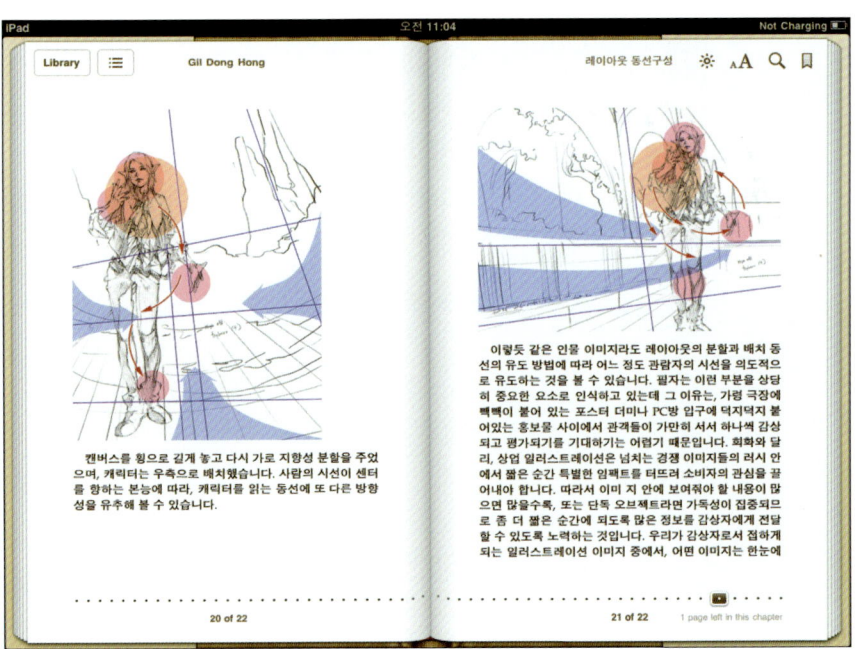

4단원 작업 결과 10 [두 쪽 보기]

ePUB for iBooks

5. eBook(ePUB)의 제작과 활용

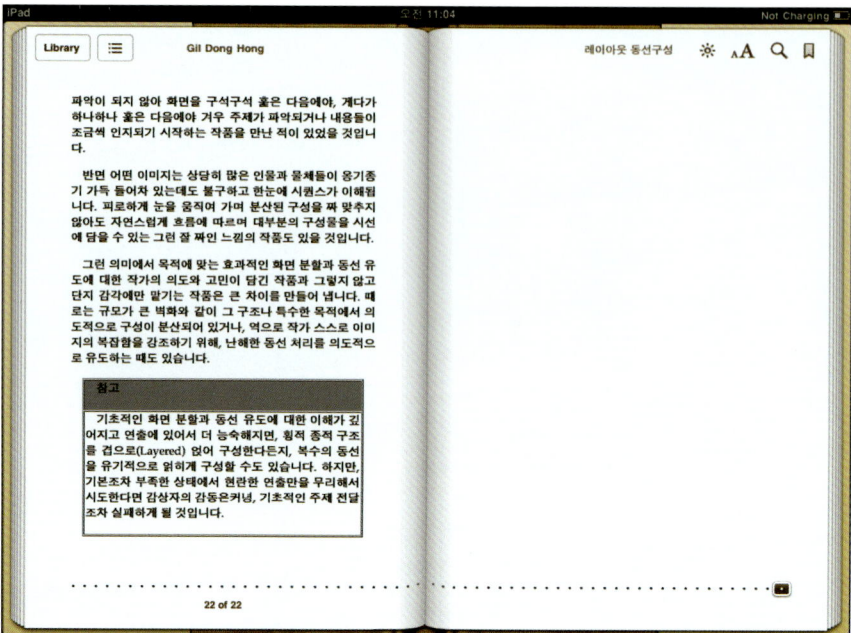

4단원 작업 결과 11 [두 페이지 보기]

06 content-05.xhtml 제작하기

이제 우리는 텍스트와 이미지, 그리고 테이블에 관련된 작업을 진행해 보았습니다. 이제 마지막으로 우리는 동영상을 iBooks에 넣는 방법을 앞서 설명한 내용을 중심으로 따라 해 보겠습니다. 샘플 동영상은 template.m4v 파일로 샘플 묶음에 포함되어 있습니다. 동영상의 주된 내용은 우리가 예제로 사용한 비주얼그래픽 작품들의 모음집입니다.

가장 먼저 스타일 문서에 동영상을 지원하기 위한 코드를 삽입합니다.

```
/* Basic CSS */

h2 {
        font-size: 2.5em;
        text-indent: 0em;
        margin-top: 1em;
        margin-bottom: 1em;
        text-align: center;
        }
h4 {
        font-size: 2.0em;
        text-indent: 0em;
```

```css
        margin-top: 1em;
        margin-bottom: 1em;
        text-align: left;
        }
p {
        font-size: 1em;
        text-indent: 1em;
        margin-top: 0em;
        margin-bottom: 1em;
        text-align: left;
        }
#background {
  background: gray;
    }
#background2{
  background: gray;
    }

table {
        text-align: ;
        margin-left:1.0em;
        margin-right: 1.0em;
        margin-top: 1.0em;
        margin-bottom: 1.0em;
        }

.videoPlayer {
        text-align: center;
        display:block;
        margin-top: 1em;
        margin-bottom: 0.3em;
}
```

다음으로, 새롭게 파일을 만들어 아래와 같이 코드를 삽입합니다.

```
<?xml version="1.0" encoding="UTF-8"?><html xmlns="http://www.w3.org/1999/xhtml">

   <head>
      <meta http-equiv="Content-Type" content="text/html; charset=UTF-8" />
      <title> 레이아웃 동선구성 </title>
      <link rel="stylesheet" type="text/css" href="stylesheet.css" />
   </head>

<body>

<div>
<h4> 동영상 감상 </h4>
<p></p>
<div class="videoPlayer">
<video src="images/template.m4v" poster="images/video_template.png" controls="controls"></video>
</div>
</div>    <!-- (테스트 1.) -->

</body>

</html>
```

해당 동영상과 동영상이 재생되지 않는 시점에 내용에 표현될 대표 이미지를 준비하여 images 폴더 내에 넣습니다. 대표 이미지는 300×150px의 이미지를 준비합니다.

5단원 삽입 동영상의 대표 이미지

삽입하고자 하는 동영상의 개수가 많으면 별도로 폴더를 만들어 관리하는 것이 더 효과적입니다. 이번 작업에서는 작업의 편의상 images 폴더에 넣었습니다. 작업결과를 보면 아래 이미지들과 같습니다.

5단원 동영상 삽입 결과 [한 쪽 보기]

5단원 동영상 재생 화면 [한 쪽 보기]

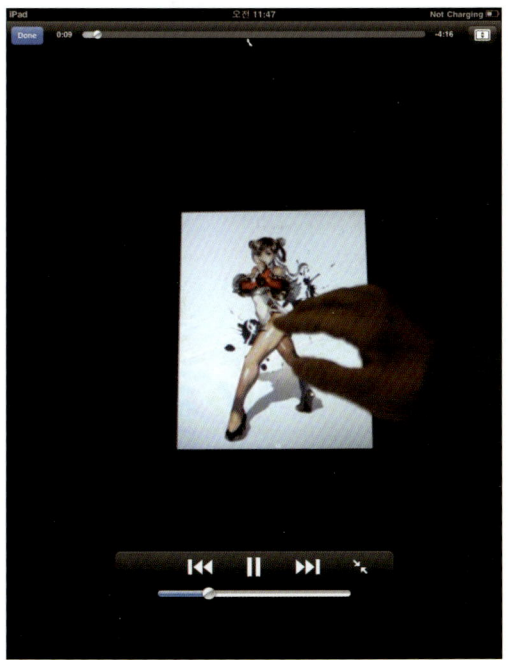
5단원 동영상 재생 전체 화면 [한 쪽 보기]

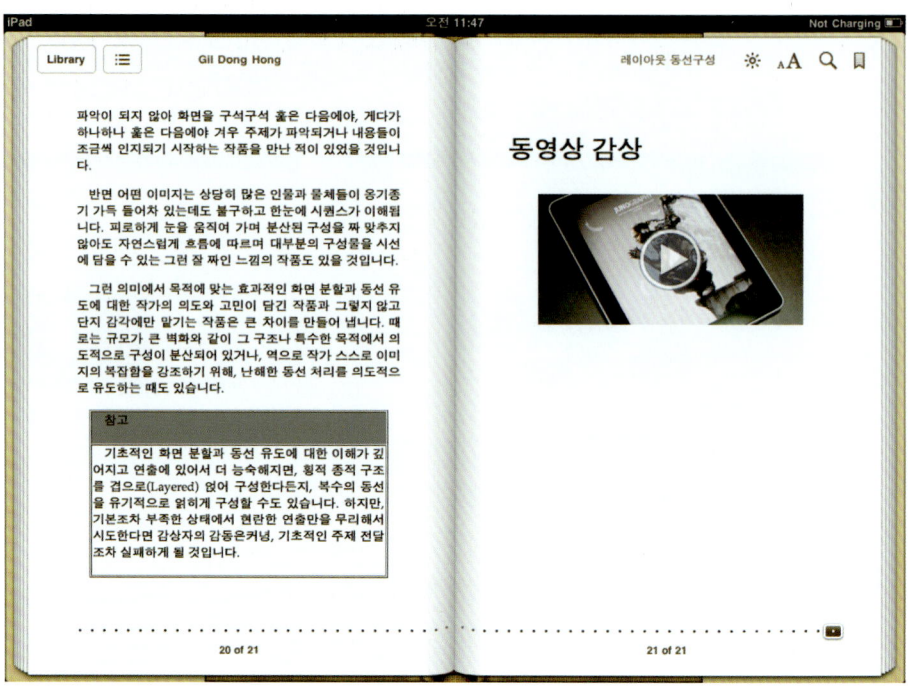

5단원 동영상 삽입 결과 [두 페이지 보기]

이상과 같이 우리는 주어진 자료를 바탕으로 한 간단한 iBooks 용 ePUB을 위한 본문자료들을 만들어 보았습니다. 이제는 목차를 구성하는 ncx 파일과 ePUB의 뼈대를 구성하고 있는 opf파일을 제작해 보겠습니다.

5. toc.ncx 제작하기(목차 만들기)

   ePUB에서 목차로 활용되는 ncx 파일은 제공된 Template의 내용을 살펴보면 아래와 같이 구성되어 있습니다. xhtml 파일과 마찬가지로 xml과 xhtml 규약의 적용을 받는다는 선언과 UTF-8 형식으로 인코딩한다는 내용을 포함하고 있습니다. 아울러 〈ncx로 시작하면서 daisy 표준에 기반을 둔다〉는 내용을 담고 있습니다.

Head 부분에서는 메타정보를 수록하고 있으며, 타이틀 부분에는 표지 제목과 같은 내용을 삽입하여 주었습니다. 실제 iBooks에서 목차로 표현되는 부분은 〈navMap〉과 〈/navMap〉 사이의 내용입니다. 목차에서 보이는 순서는 playOrder="1", "2"등에 의해 지정되며, 보일 콘텐츠는 〈content src="cover.xhtml"〉과 〈content src="content-01.xhtml"로 지정되고 있음을 보여주고 있습니다.

```
<?xml version="1.0" encoding="UTF-8"?>
<ncx xmlns:svg="http://www.w3.org/2000/svg" xmlns="http://www.daisy.
org/z3986/2005/ncx/" version="2005-1" xml:lang="ko">

<head>
<meta name="dtb:uid" content="44d6a743-8535-48ac-8f94-dd096a7a48ea"/>
<meta name="dtb:depth" content="2"/>
<meta name="dtb:totalPageCount" content="0"/>
<meta name="dtb:maxPageNumber" content="0"/>
</head>

<docTitle><text> 레이아웃 동선구성 </text></docTitle>

<navMap>

        <navPoint playOrder="1" id="cover"><navLabel><text>Cover</text></navLabel>
<content src="cover.xhtml"/></navPoint>
        <navPoint playOrder="2" id="content-01"><navLabel><text>Content-01</text></navLabel>
<content src="content-01.xhtml"/></navPoint>

</navMap>
</ncx>
```

이처럼 첨부된 ncx 파일에 우리가 진행한 작업들을 중심으로 제목을 수정하고 필요한 내용을 아래와 같이 추가하여 보겠습니다.

```
<?xml version="1.0" encoding="UTF-8"?>
<ncx xmlns:svg="http://www.w3.org/2000/svg" xmlns="http://www.daisy.
org/z3986/2005/ncx/" version="2005-1" xml:lang="ko">

<head>
<meta name="dtb:uid" content="44d6a743-8535-48ac-8f94-dd096a7a48ea"/>
<meta name="dtb:depth" content="2"/>
<meta name="dtb:totalPageCount" content="0"/>
<meta name="dtb:maxPageNumber" content="0"/>
</head>

<docTitle><text> 레이아웃 동선구성 </text></docTitle>
```

```
<navMap>
        <navPoint playOrder="1" id="cover"><navLabel><text>Cover</text></navLabel><content src="cover.xhtml"/></navPoint>
        <navPoint playOrder="2" id="content-01"><navLabel><text>개요</text></navLabel><content src="content-01.xhtml"/></navPoint>
        <navPoint playOrder="3" id="content-02"><navLabel><text>흐름의 설정</text></navLabel><content src="content-02.xhtml"/></navPoint>
        <navPoint playOrder="4" id="content-03"><navLabel><text>유도동선(보조동선)의 설정</text></navLabel><content src="content-03.xhtml"/></navPoint>

        <navPoint playOrder="5" id="content-04"><navLabel><text>인물의 동선</text></navLabel><content src="content-04.xhtml"/></navPoint>
        <navPoint playOrder="6" id="content-04"><navLabel><text>동영상 감상</text></navLabel><content src="content-05.xhtml"/></navPoint>

</navMap>
</ncx>
```

이렇게 변경된 코드가 반영된 이미지는 아래와 같습니다.

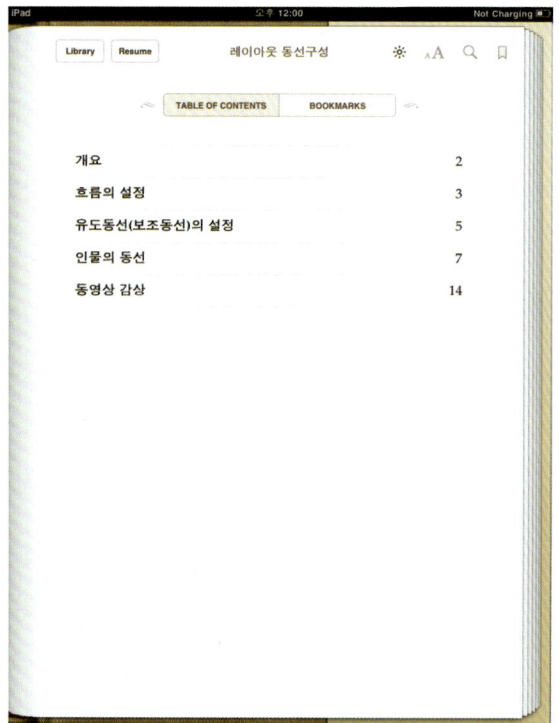

수정 및 삽입된 ncx 적용 결과 [한 페이지 보기]

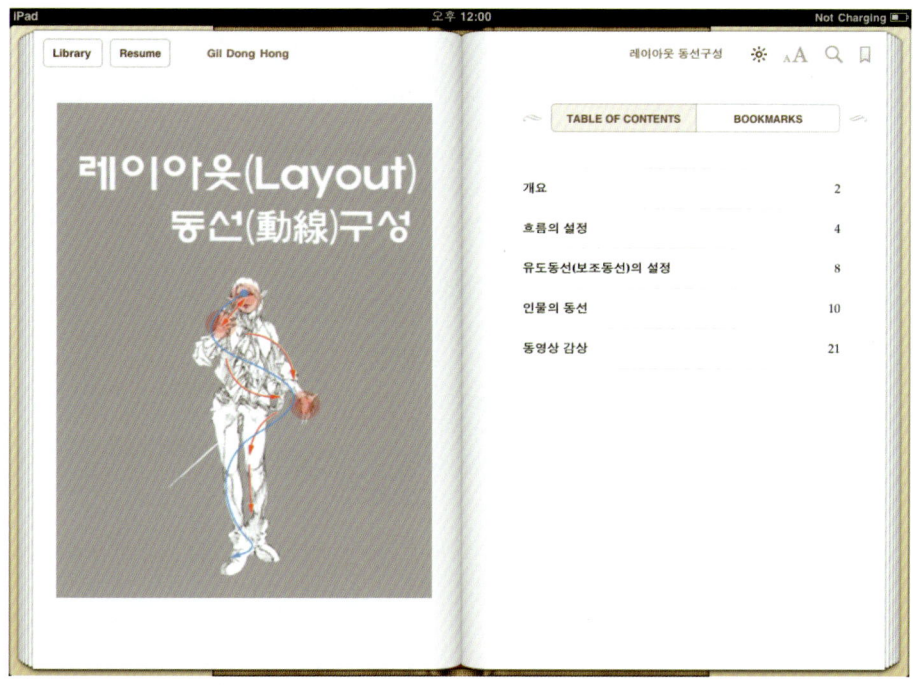

수정 및 삽입된 ncx 적용 결과 [두 페이지 보기]

6. opf 제작하기

이제 ePUB 제작과 관련하여 가장 민감하고, 가장 복잡한 opf 파일을 제작해 보겠습니다. 제공된 Template 파일에 포함된 opf 파일 내용은 아래와 같습니다.

Opf 파일에서 볼 수 있는 ①번 코드 중에서 중요한 점은 "unique-identifier"입니다. iBooks의 경우 ISBN이 가장 기본적인 요건으로 요구됨에 따라 unique-identifier= "ISBN"을 활용할 것임을 제시하고 있습니다. ②번은 이 eBook의 타이틀 부분입니다. 모든 페이지에서 보이는 내용이므로 정확한 표기에 주의를 기울입니다. Opf metadata에서 반드시 존재하고 있어야 하는 세 가지 핵심요소는 표준에서도 제시하고 있듯이 Title, identifier, language입니다.

③번 내용은 이 eBook의 저자 혹은 생성자에 대한 정보입니다. 이 파일에서는 "Gil Dong Hong"으로 설정했습니다. ④번은 앞서 ①번에서 지정한 ISBN에 대한 정보입니다. 이러한 메타정보에 대한 정확한 내용을 기재합니다.

⑤번의 manifest 부분에서는 opf 파일을 제외하고 ePUB을 구성하는 데 필요한 모든 요소를 나열합니다. 대체로 이 분에서 많은 실수가 발생하는데, 주요 요소인 xhtml, css, ncx, 그리고 모든 이미지와 기타 사용된 비디오, 오디오 등의 모든 요소를 id의 중복 내용이 없으며, source의 정확한 위치, 그리고 정확한 media-type를 나열합니다. 저작 솔루션을 사용하지 않고, 수작업하는 경우 가장 어려운 부분이 바로 이 opf의 제작입니다. ⑥번은 본문 내용인 content-01과 content-02가 반영되어 있음을 볼 수 있습니다.

⑦번은 OPF 표준에서 설명한 것과 같이 실제 eBook을 볼 때 보이는 순서를 지정해줍니다. 표지와 content-01, content-02 순으로 보일 것을 규정하고 있습니다.

⑧번은 제작된 eBook의 가장 기본적인 구조를 밝히고 있고, 단말기기들이 가장 처음 접근하게 되는 파일을 의미합니다.

```xml
<?xml version="1.0" encoding="UTF-8"?>
①<package xmlns="http://www.idpf.org/2007/opf" version="2.0" unique-identifier="ISBN">
<metadata xmlns:opf="http://www.idpf.org/2007/opf" xmlns:dc="http://purl.org/dc/elements/1.1/">
②<dc:title> 레이아웃 동선구성 </dc:title>
③<dc:creator opf:file-as="Hong, Gil Dong" opf:role="aut">Gil Dong Hong</dc:creator>
        <dc:publisher>HongGilDong Publishing</dc:publisher>
        <dc:rights>Copyright HongGilDong Publishing©2010 </dc:rights>
④<dc:identifier id="ISBN">978-89-964211-01</dc:identifier>
        <dc:language>Ko</dc:language>
        <meta name="cover" content="cover-image"/>
        <meta name="srp-usd" content="27.99"/>
</metadata>

⑤<manifest>
        <item id="cover" href="cover.xhtml" media-type="application/xhtml+xml"/>
        <item id="cover-image" href="images/cover.png" media-type="image/png"/>
        <item id="style" href="stylesheet.css" media-type="text/css"/>
        <item id="ncx" href="toc.ncx" media-type="application/x-dtbncx+xml"/>

<!--content-->
⑥<item id="content-01" href="content-01.xhtml" media-type="application/xhtml+xml"/>
```

```
<item id="content-02" href="content-02.xhtml" media-type="application/
xhtml+xml"/>

</manifest>

⑦<spine toc="ncx">
        <itemref linear="no" idref="cover" />
        <itemref linear="yes" idref="content-01"/>
<itemref linear="yes" idref="content-02"/>
</spine>

⑧<guide>
        <reference type="cover" title="Cover Image" href="cover.
xhtml"/>
</guide>
```

작업을 거쳐 수정된 opf 파일의 내용은 아래와 같습니다. 이미지와 동영상, 그리고 추가된 본문 내용이 있어 전체적인 구성 요소가 확대된 모습을 볼 수 있습니다.

```
<?xml version="1.0" encoding="UTF-8"?>
<package xmlns="http://www.idpf.org/2007/opf" version="2.0" unique-
identifier="ISBN">
<metadata xmlns:opf="http://www.idpf.org/2007/opf" xmlns:dc="http://
purl.org/dc/elements/1.1/">
<dc:title>레이아웃 동선구성</dc:title>
<dc:creator opf:file-as="Hong, Gil Dong" opf:role="aut">Gil Dong Hong</
dc:creator>
<dc:publisher>HongGilDong Publishing</dc:publisher>
<dc:rights>Copyright HongGilDong Publishing©2010 </dc:rights>
<dc:identifier id="ISBN">978-89-964211-01</dc:identifier>
<dc:language>Ko</dc:language>
<meta name="cover" content="cover-image"/>
<meta name="srp-usd" content="27.99"/>
</metadata>

<manifest>
<item id="cover" href="cover.xhtml" media-type="application/xhtml+xml"/>
<item id="style" href="stylesheet.css" media-type="text/css"/>
```

```
<item id="ncx" href="toc.ncx" media-type="application/x-dtbncx+xml"/>
<!--images-->
<item id="cover-image" href="images/cover.png" media-type="image/png"/>
<item id="image-001" href="images/Tuto_02_a01.png" media-type="image/png"/>
<item id="image-002" href="images/Tuto_02_a02.png" media-type="image/png"/>
      <item id="image-003" href="images/Tuto_02_a03.png" media-type="image/png"/>
      <item id="image-004" href="images/Tuto_02_a08.png" media-type="image/png"/>
      <item id="image-005" href="images/Tuto_02_a09.png" media-type="image/png"/>
      <item id="image-006" href="images/Tuto_02_a10.png" media-type="image/png"/>
      <item id="image-007" href="images/Tuto_02_a11.png" media-type="image/png"/>
      <item id="image-008" href="images/Tuto_02_a12.png" media-type="image/png"/>
      <item id="image-009" href="images/Tuto_02_a13.png" media-type="image/png"/>
      <item id="image-010" href="images/Tuto_02_a14.png" media-type="image/png"/>
      <item id="image-011" href="images/Tuto_02_a15.png" media-type="image/png"/>
      <item id="image-012" href="images/Tuto_02_a16.png" media-type="image/png"/>
      <item id="image-013" href="images/Tuto_02_a17.png" media-type="image/png"/>
      <item id="image-014" href="images/Tuto_02_a18.png" media-type="image/png"/>
<!--content-01-->
      <item id="content-01" href="content-01.xhtml" media-type="application/xhtml+xml"/>
      <item id="content-02" href="content-02.xhtml" media-type="application/xhtml+xml"/>
      <item id="content-03" href="content-03.xhtml" media-type="application/xhtml+xml"/>
```

```xml
        <item id="content-04" href="content-04.xhtml" media-type="application/xhtml+xml"/>
        <item id="content-05" href="content-05.xhtml" media-type="application/xhtml+xml"/>

<!--video-01-->
        <item id="av_m4v_test" href="images/template.m4v" media-type="video/mpeg4"/>
        <item id="videoPoster" href="images/video_template.png" media-type="image/png"/>
</manifest>

<spine toc="ncx">
<itemref linear="no" idref="cover" />
<itemref linear="yes" idref="content-01"/>
<itemref linear="yes" idref="content-02"/>
<itemref linear="yes" idref="content-03"/>
<itemref linear="yes" idref="content-04"/>
<itemref linear="yes" idref="content-05"/>
</spine>

<guide>
        <reference type="cover" title="Cover Image" href="cover.xhtml"/>
</guide>
</package>
```

7. zip으로 압축하기

이상과 같이 ePUB을 구성하는 모든 요소의 제작과 수정이 끝났다면 이제 이를 zip 파일에 반영하고, 파일의 확장자를 .epub으로 변경하면 됩니다.

Zip 압축과 관련하여 주의할 점은 하나의 폴더 내에 존재하는 모든 구성요소를 별도의 zip 프로그램을 이용하여 압축해서는 안 된다는 점입니다. ePUB 콘텐츠로써 활용하기에는 문제가 없지만, 우리가 목표로 하는 epubcheck 1.0.5.의 오류 검증과 이후 iBooks의 활용 부분에서는 문제가 발생하기 때문입니다.

권장되는 방법은 다운로드 받은 template 파일을 복사하고 이를 이용하여 변경되거나 추가된 구성요소를 업데이트하고 차후 파일명을 바꾸어 주는 것이 가장 안전합니다. 이러한 이유로는 포함된 "mimetype"이 모든 구성요소 보다 가장 먼저 해당 폴더 내에 있어야 하기 때문입니다. Mimetype은 비압축 상태의 20byte의 크기를 유지하여야 합니다.

몇몇 압축 프로그램은 사용 시 해당 파일에 독자적인 정보를 삽입함에 따라 mimetype이 위치하여야 하는 자리에 있지 않아 epubcheck 1.0.5.를 통과하지 못하는 경우가 있으므로 이러한 추가 정보를 삽입하지 않는 제품을 활용할 것을 권장합니다.

이로써 iBooks에서 사용할 수 있는 ePUB의 제작이 완료되었습니다.

Chapter 02

Pages를 이용하여 제작하기

우리가 앞서 Hand Craft(직접코딩)방식으로 제작하였던 ePUB 파일을 이번에는 Apple 사가 iBooks ePUB 콘텐츠 제작에 사용할 것을 공식적으로 권장하고 있는 Pages 프로그램을 이용하여 제작하여 보겠습니다. 참고로 Pages 프로그램은 최신 Mac OS X 버전에서만 구동이 가능하며, iWorks 0.0.4로 업데이트 하여야 사용할 수 있습니다.

1. Pages에서의 ePUB 제작

아래 그림과 같이 먼저 Pages 프로그램을 구동하고 새로운 페이지를 열었습니다.

Pages 프로그램을 이용한 새 문서 열기

우리가 기존에 작업하던 워드 문서를 열고 이를 복사하여 Pages 내 새 문서에 붙였습니다. Pages에서도 워드 자료와 거의 유사한 레이아웃을 유지하고 있음을 볼 수 있습니다.

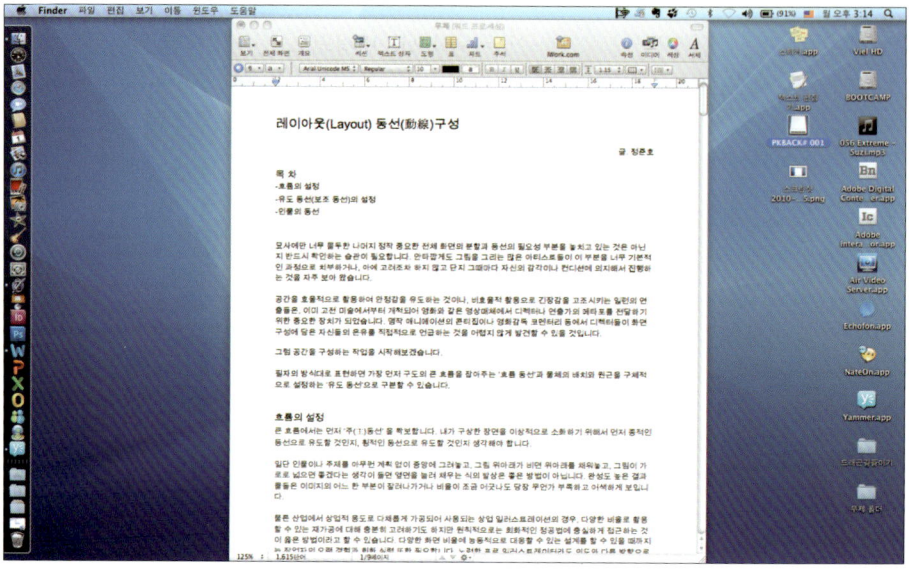

제공된 텍스트 자료를 복사하여 붙인 결과

ePUB으로 변환 시에 필요로 되는 표지 이미지 설정을 위해 기존에 사용하였던 표지 이미지 파일을 작업하는 페이지의 첫 부분에 붙였습니다. 그리고 페이지에 맞도록 확대하여 주었습니다.

제공된 표지 이미지 자료를 복사하여 붙인 결과

우리가 제일 나중에 사용하였던 동영상 파일을 새롭게 작성하고 있는 Pages 문서 내의 가장 마지막 부분에 복사하여 붙였습니다. 이때 이미지와 동영상 파일은 float가 아닌 inline 형식으로 삽입되어야 합니다. Float는 이미지가 하나의 텍스트처럼 인식되어 주변 텍스트가 이미지를 감싸 안는 형식으로 변경되므로 이번 작업에서는 inline 형태로 지정합니다.

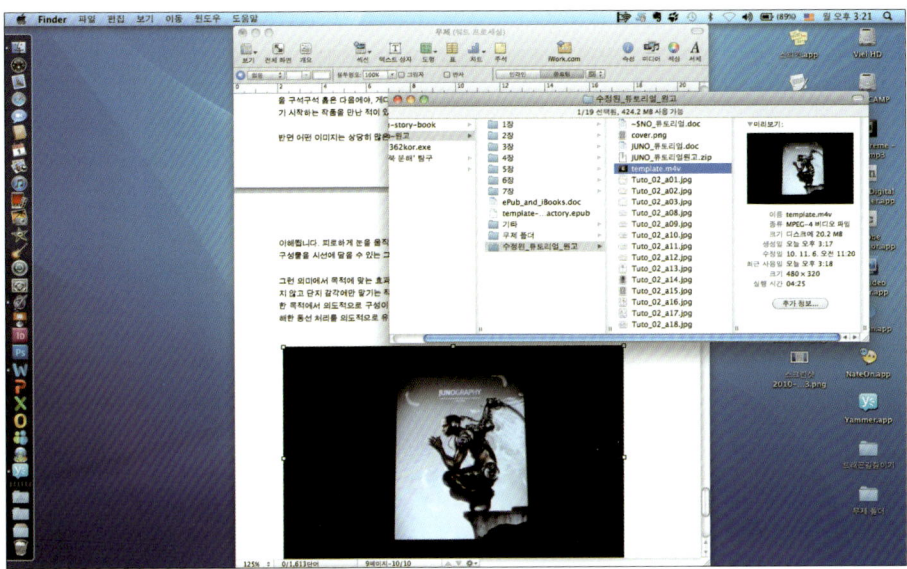

제공된 동영상 자료를 복사하여 붙인 결과

Tip 이미지는 inline 형태로 삽입해야 함

이상과 같이 모든 자료를 문서 내에 위치시킨 후 이를 ePUB으로 변환하기 위해 파일 메뉴의 보내기 메뉴를 선택합니다.

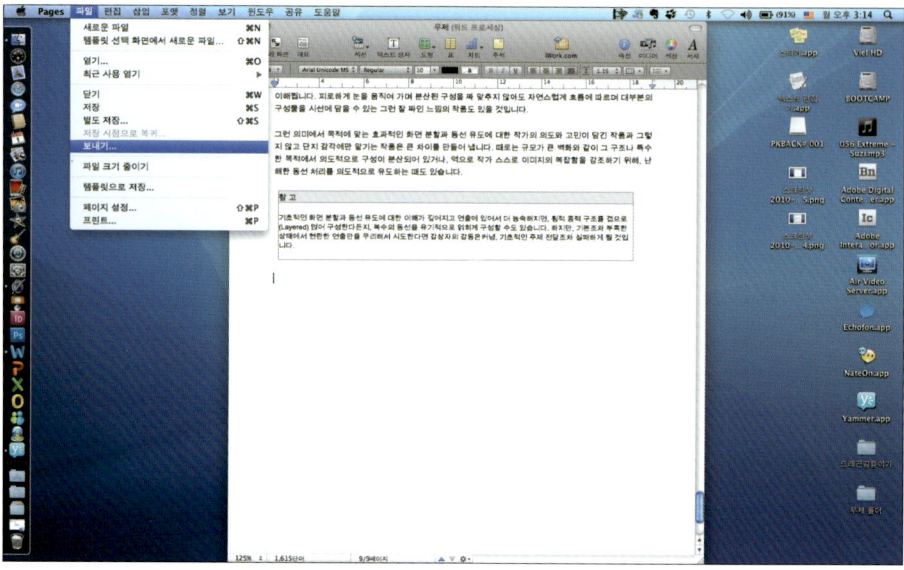

ePUB 변환 과정 1

이후 내보낼 형식들이 표시되는 데, 이 가운데 가장 마지막에 있는 ePUB을 선택합니다.

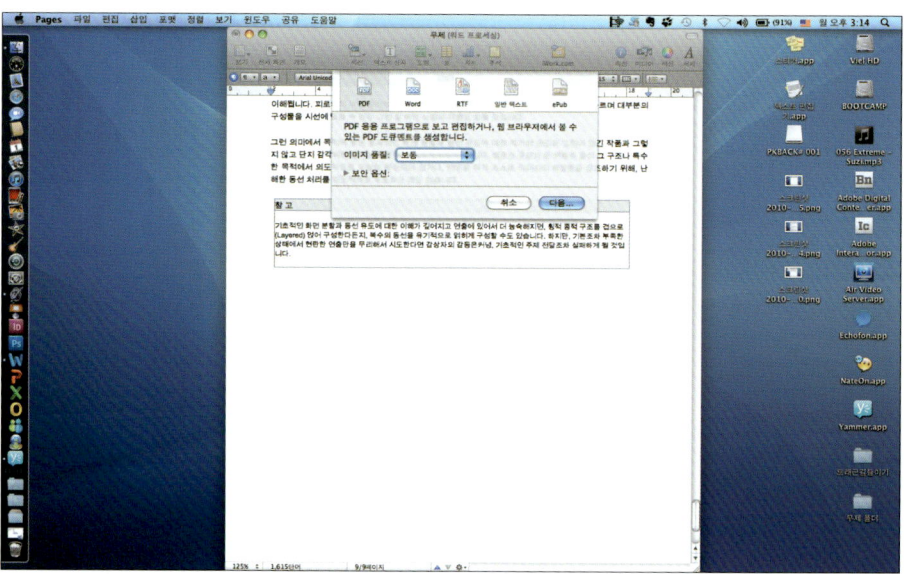

ePUB 변환 과정 2

이후 해당 자료의 제목과 저자, 그리고 관련된 장르를 입력 또는 선택하여 줍니다. 그리고 마지막으로 첫 번째 이미지를 삽입한 페이지를 표지 이미지로 쓸 것을 선택하여 줍니다.

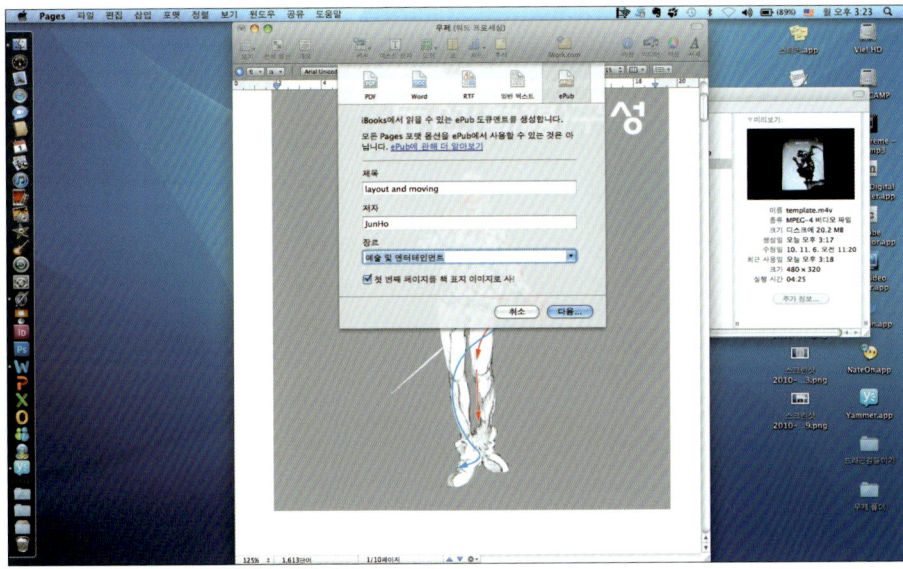

ePUB 변환을 위한 데이터 입력 과정

해당 파일을 ePUB으로 변환하는 과정에 표나 문자의 스타일과 관련되어 지원되지 않는 내용에 대해 안내를 하고 있습니다. 가장 단순한 변환을 선택한 결과로 이해됩니다.

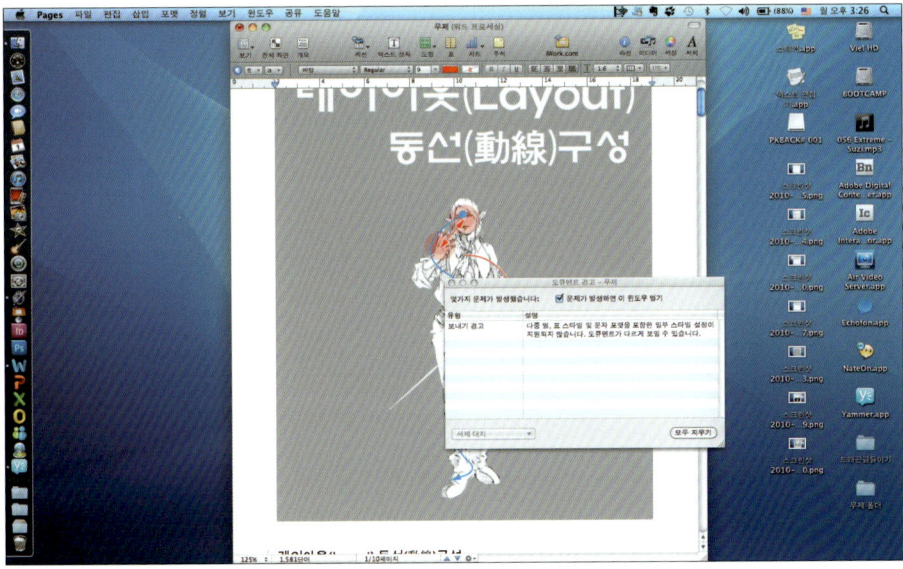

ePUB 변환 과정에서의 경고 메시지

ePUB for iBooks   223

2. Pages에서 제작한 ePUB 결과물

Pages를 이용하여 제작한 ePUB을 iBooks에서 구동하여 보았습니다.

Pages 제작 ePUB 표지 이미지

본문 내 표지 이미지는 해당 페이지의 여백을 정확히 조절하지 못한 관계로 다음 페이지의 내용이 함께 이미지화된 것을 볼 수 있습니다.

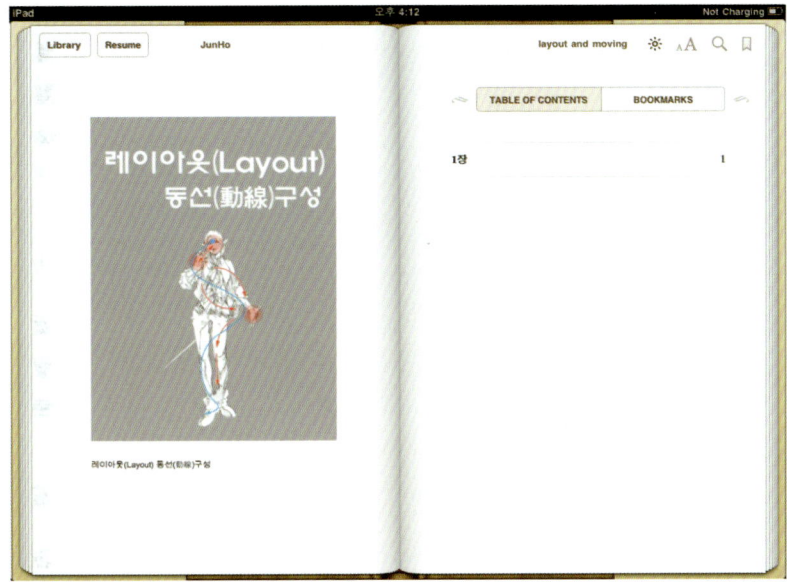

Pages 제작 ePUB 표지와 목차 이미지 [두 쪽 보기]

목차 부분은 별도의 파일로 나누지 않고 하나의 파일로 ePUB으로 변환한 결과 하나의 목차만이 생성된 것을 볼 수 있습니다.

Pages 제작 ePUB 목차 이미지 [한 쪽 보기]

아래에서는 각 페이지에 대한 두 페이지 보기 이미지 결과를 볼 수 있습니다.

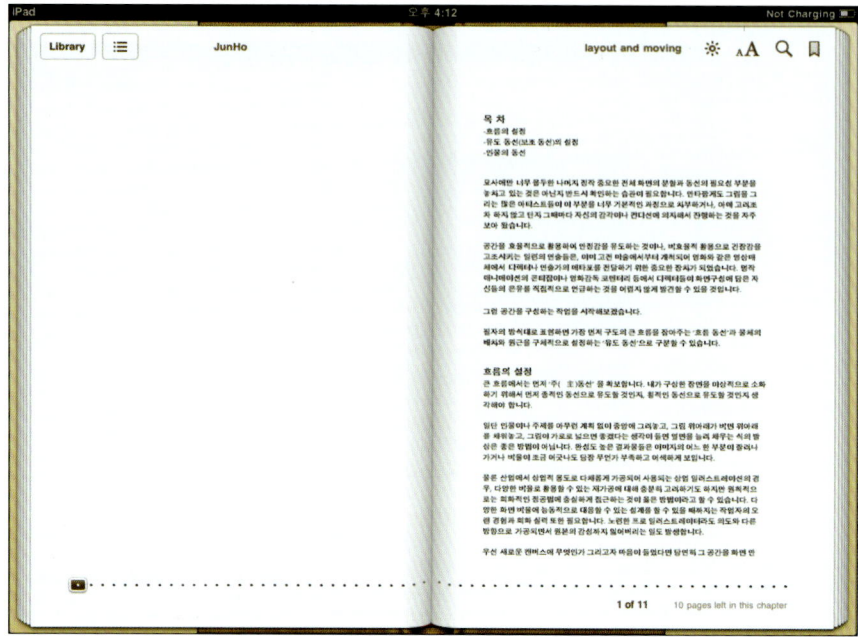

Pages 제작 ePUB 콘텐츠 본문 이미지 1 [두 페이지 보기]

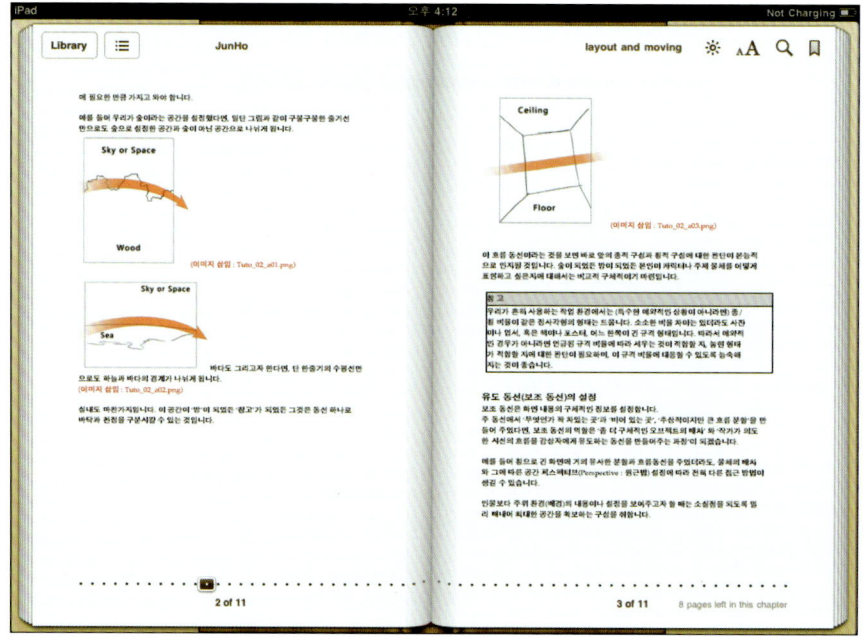

Pages 제작 ePUB 콘텐츠 본문 이미지 2 [두 페이지 보기]

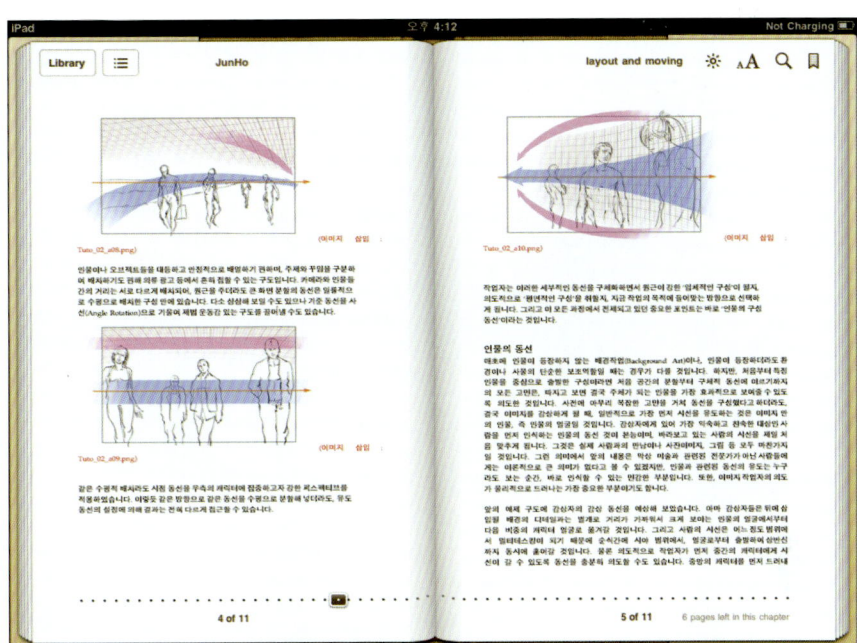
Pages 제작 ePUB 콘텐츠 본문 이미지 3 [두 페이지 보기]

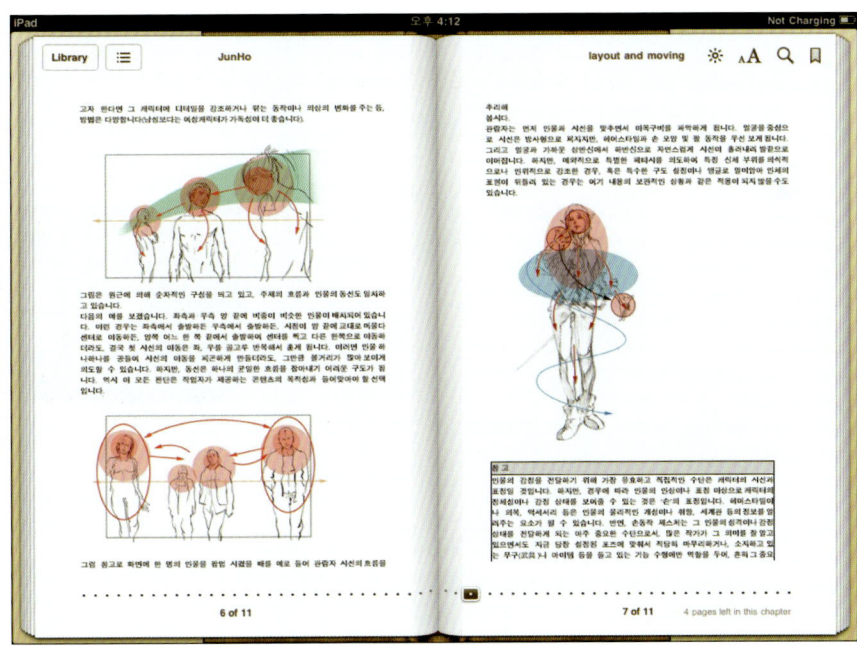
Pages 제작 ePUB 콘텐츠 본문 이미지 4 [두 페이지 보기]

ePUB for iBooks

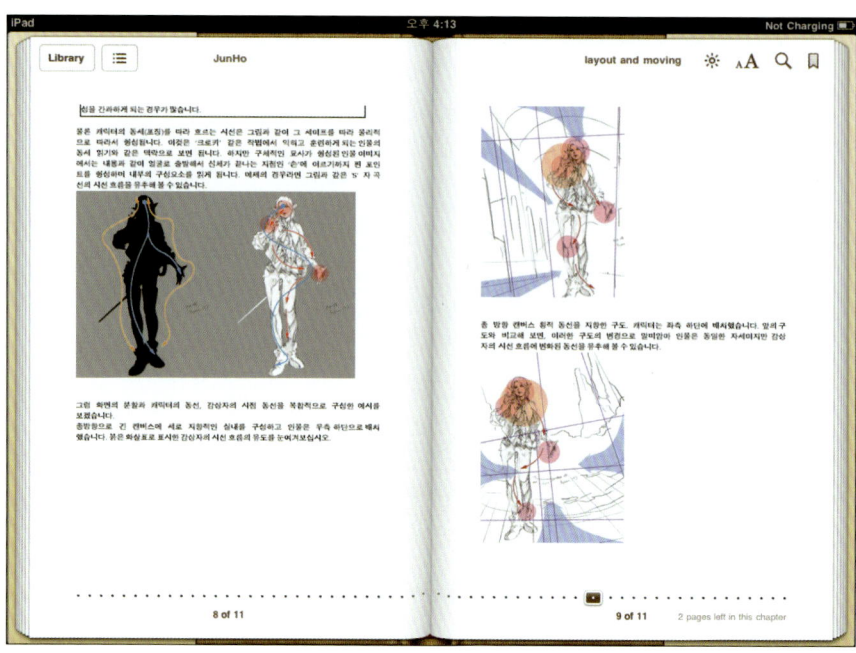

Pages 제작 ePUB 콘텐츠 본문 이미지 5 [두 페이지 보기]

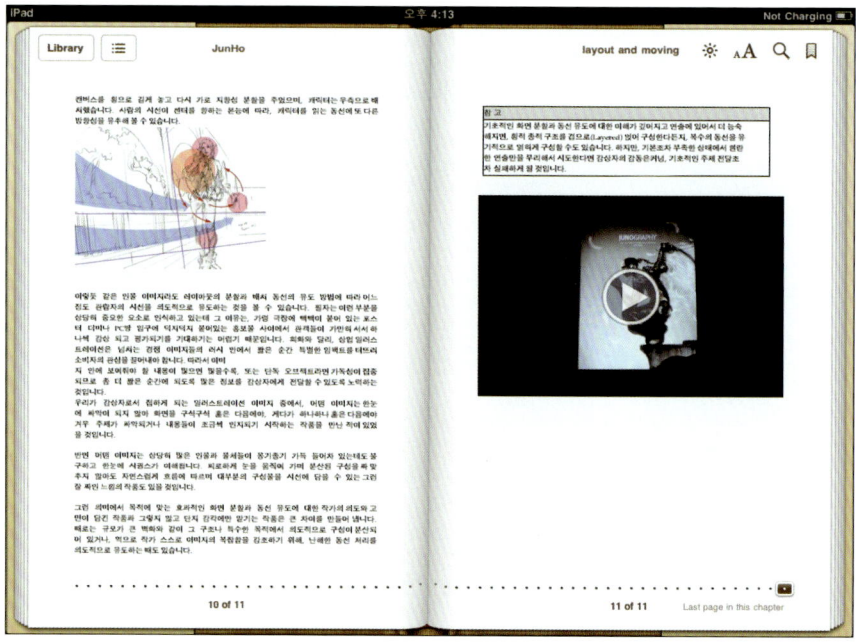

Pages 제작 ePUB 콘텐츠 본문 이미지 6 [두 페이지 보기]

이상의 결과들을 볼 때 특징적으로 알 수 있는 것은 직접코딩방법보다 매우 간편하다는 것이 장점입니다. 다만, 처음 Pages 문서를 더욱 세밀하게 다듬고 구성을 만들어 준다면 더욱 깔끔한 ePUB 문서를 만들 수 있을 것 같습니다.

아울러 동영상의 삽입도 매우 간편한 편인데, ePUB 문서에 별도의 동영상 표지 이미지를 만들어 주지 않아도, Pages에서 자연스럽게 관련 이미지를 생성하여 삽입하여 줌으로 매우 효과적이라고 하겠습니다.

이러한 ePUB을 ePubcheck 1.0.5.를 이용한 검증부분에서도 현재 표준에서 지원하지 않는 동영상의 삽입 이외에는 별다른 오류 없이 생성되었음을 보여주고 있습니다.

다만, 한 가지 애로 사항은 ePUB을 수정하고자 할 때에는 항상 Pages 문서의 수정을 통한 Export가 가장 효과적이라는 점과 워드 형식으로 구성된 내용이 아닌 별도의 내용을 첨가하거나 수정하고자 할 때에는 상대적으로 그 작업이 더욱 어려워질 수 있다는 점입니다. 해당하는 코드나 로직에 대한 이해가 자신이 직접 제작한 것보다는 어렵기 때문입니다.

3. Pages에서 제작한 ePUB 결과물의 구성 보기

ePUB 결과물을 .zip으로 이름을 바꾸고, zip 파일을 풀어 그 내용물을 살펴 본 결과입니다. OPS 폴더 형식을 이용하였고, Apple 사가 사용하는 메타데이터 형식인 iTunesMetadata.plist 파일이 있음을 볼 수 있습니다.

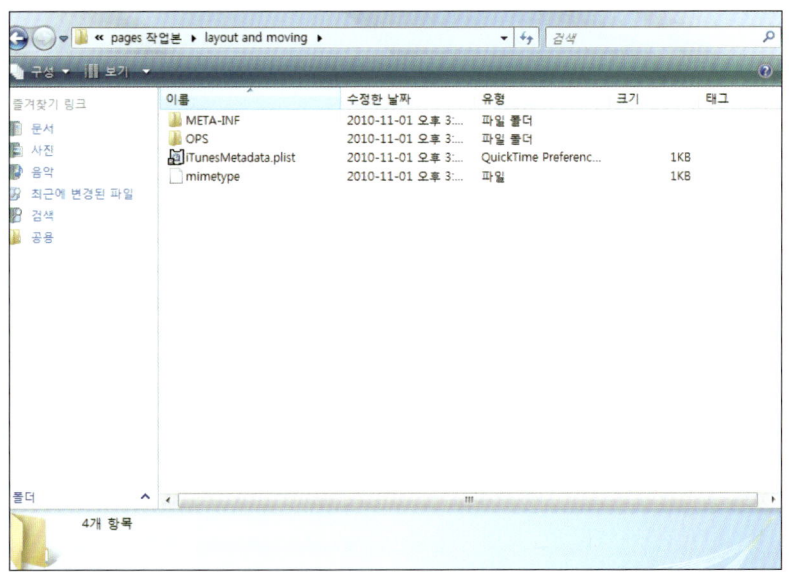

Pages 제작 ePUB 파일 구조 1

OPS 폴더 내에는 아래와 같이 구성되어 있는데, 스타일 문서 폴더, 이미지 폴더, 동영상 폴더, 그리고 본문에 해당하는 cover.xhtml, opf와 ncx 파일이 있음을 볼 수 있습니다. 이와 같이 구조상에는 크게 차이가 없으며, 제작자의 의도에 따라 본문구성이 달라지고 이에 따른 파일도 조금은 달라질 수 있습니다.

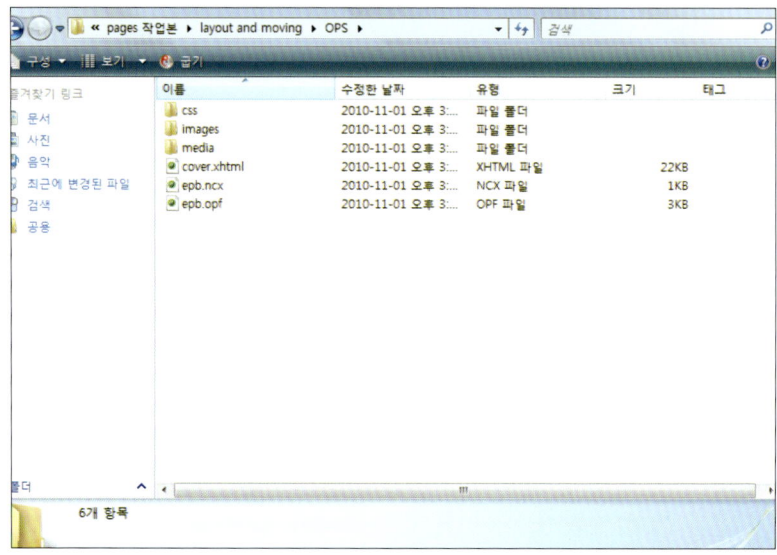

Pages 제작 ePUB 파일 구조 2

이미지는 Pages 본문에서 편집한 크기로 다시금 저장되어 ePUB으로 활용되는데, 동영상 파일과 관련된 대표 이미지는 iBooks에서 권장하는 크기와는 다르게 저장되어 활용되고 있음을 볼 수 있습니다.

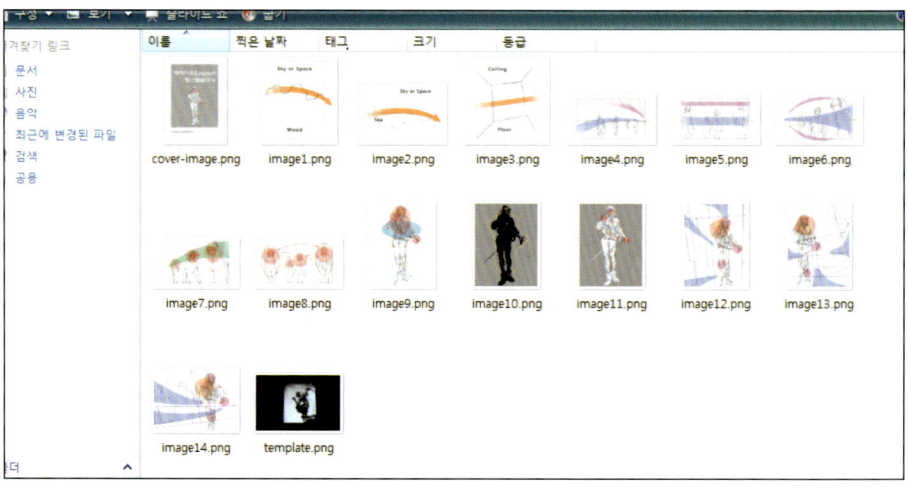

Pages 제작 ePUB 파일 내 이미지들

마지막으로 전체 ePUB의 품질을 좌우하는 스타일 문서(CSS)를 함께 살펴보겠습니다. 한눈에 드러나는 차이는 직접 코딩 방식으로 작업한 것 보다는 훨씬 많은 스타일을 지정하여 사용하고 있다는 점입니다.

이러한 형식의 스타일 문서를 개별적으로 작성하여 활용하기는 매우 어렵지만, 이에 대한 이해가 높을수록 수정하고 활용하여 더욱 고품질의 ePUB을 만들 수 있는 가능성은 매우 커집니다.

```css
sup{
        font-size: 67%;
        vertical-align: 33%;
}
sub{
        font-size: 67%;
        vertical-align: -10%;
}
.s1{
        color: #000000;
        font-size: 62.5000%;
        font-style: normal;
        font-variant: normal;
        font-weight: normal;
        letter-spacing: 0.0000em;
        margin-bottom: 2.0764%;
        margin-top: 0.0000%;
        padding-left: 0.0000%;
        padding-right: 0.0000%;
        text-align: justify;
        text-decoration: none;
        text-indent: 0.0000%;
        text-transform: none;
        white-space: normal;
}
.s2{
        margin-bottom: 0.0000%;
        text-align: right;
}
.s3{
        color: #141414;
        margin-bottom: 0.0000%;
        text-align: left;
```

```
}
.s4{
    margin-bottom: 0.0000%;
    text-align: left;
}
.s5{
    color: #000000;
    font-size: 75.0000%;
    font-style: normal;
    font-variant: normal;
    font-weight: normal;
    letter-spacing: 0.0000em;
    margin-bottom: 0.0000%;
    margin-top: 0.0000%;
    padding-left: 0.0000%;
    padding-right: 0.0000%;
    text-align: left;
    text-indent: 0.0000%;
    text-transform: none;
}
.s6{
    font-size: 112.5000%;
    margin-bottom: 0.0000%;
}
.s7{
    margin-bottom: 0.0000%;
}
.s8{
    color: #262626;
    margin-bottom: 0.0000%;
    text-align: left;
}
.s9{
    color: #000000;
    font-size: 62.5000%;
    font-style: normal;
    font-variant: normal;
    font-weight: normal;
    letter-spacing: 0.0000em;
    margin-bottom: 0.0000%;
    margin-top: 0.0000%;
```

```css
        padding-left: 0.0000%;
        padding-right: 0.0000%;
        text-align: justify;
        text-indent: 0.0000%;
        text-transform: none;
        white-space: normal;
}
.s10{
        color: #000000;
        font-size: 75.0000%;
        font-style: normal;
        font-variant: normal;
        font-weight: normal;
        letter-spacing: 0.0000em;
        margin-bottom: 0.0000%;
        margin-top: 0.0000%;
        padding-left: 0.0000%;
        padding-right: 0.0000%;
        text-align: left;
        text-decoration: none;
        text-indent: 0.0000%;
        text-transform: none;
}
.s11{
        font-size: 62.5000%;
        padding-left: 1.1212%;
}
.s12{
        background: transparent;
}
.s13{
        color: #000000;
        font-size: 62.5000%;
        font-style: normal;
        font-variant: normal;
        font-weight: normal;
        letter-spacing: 0.0000em;
        margin-bottom: 2.2075%;
        margin-top: 0.0000%;
        padding-left: 0.0000%;
        padding-right: 0.0000%;
```

```css
        text-align: justify;
        text-decoration: none;
        text-indent: 0.0000%;
        text-transform: none;
        white-space: normal;
}
.s14{
        color: #000000;
        font-size: 62.5000%;
        font-style: normal;
        font-variant: normal;
        font-weight: normal;
        letter-spacing: 0.0000em;
        margin-bottom: 0.0000%;
        margin-top: 0.0000%;
        padding-left: 0.0000%;
        padding-right: 0.0000%;
        text-align: left;
        text-decoration: none;
        text-indent: 0.0000%;
        text-transform: none;
        white-space: normal;
}
.s15{
        background: #DFDFDF;
        border: 1px solid #000000;
        text-align: left;
        vertical-align: middle;
        white-space: pre-wrap;
}
.s16{
        color: #000000;
        font-size: 62.5000%;
        font-style: normal;
        font-variant: normal;
        font-weight: normal;
        letter-spacing: 0.0000em;
        margin-bottom: 2.2063%;
        margin-top: 0.0000%;
        padding-left: 0.0000%;
        padding-right: 0.0000%;
```

```css
        text-align: justify;
        text-decoration: none;
        text-indent: 0.0000%;
        text-transform: none;
        white-space: normal;
}
.s17{
        color: #000000;
        font-size: 62.5000%;
        font-style: normal;
        font-variant: normal;
        font-weight: normal;
        letter-spacing: 0.0000em;
        margin-bottom: 0.0000%;
        margin-top: 0.0000%;
        padding-left: 0.0000%;
        padding-right: 0.0000%;
        text-align: justify;
        text-decoration: none;
        text-indent: 0.0000%;
        text-transform: none;
        white-space: normal;
}
.s18{
        background: transparent;
        border: 1px solid #000000;
        text-align: justify;
        vertical-align: middle;
        white-space: pre-wrap;
}
.s19{
        color: #000000;
        font-size: 62.5000%;
        font-style: normal;
        font-variant: normal;
        font-weight: normal;
        letter-spacing: 0.0000em;
        margin-bottom: 2.2092%;
        margin-top: 0.0000%;
        padding-left: 0.0000%;
```

```css
        padding-right: 0.0000%;
        text-align: justify;
        text-decoration: none;
        text-indent: 0.0000%;
        text-transform: none;
        white-space: normal;
}
.s20{
        background: transparent;
        border: 1px solid #000000;
        text-align: left;
        vertical-align: middle;
        white-space: pre-wrap;
}
.c1{
        color: #141414;
        font-size: 75.0000%;
}
.c2{
        font-size: 62.5000%;
}
.c3{
        color: #141414;
        font-size: 62.5000%;
}
.c4{
        color: #141414;
        font-size: 100.0000%;
}
.c5{
        color: #000000;
        font-size: 240.0000%;
}
.c6{
        font-size: 120.0000%;
}
.c7{
        color: #000000;
        font-size: 120.0000%;
}
.c8{
        color: #262626;
```

```
        font-size: 100.0000%;
}
.c9{
        color: #262626;
        font-size: 62.5000%;
}
.c10{
        font-size: 100.0000%;
}
.c11{
        color: #000000;
        font-size: 100.0000%;
}
.c12{
        color: #F80000;
        font-size: 90.0000%;
}
.c13{
        color: #F80000;
        font-size: 56.2500%;
}
.c14{
        font-size: 56.2500%;
}
.c15{
        font-size: 90.0000%;
}
```

Chapter 03

InDesign을 이용하여 제작하기

1. InDesign에서의 ePUB 지원 내용

InDesign이 ePUB 제작을 위한 Export 기능을 지원하면서 많은 분들이 이에 대한 관심을 가지고 있습니다. Adobe 사에서는 이러한 상황을 고려하여 InDesign에서의 ePUB지원 부분을 요약하여 아래와 같이 제공하고 있습니다(자료 : eBooks : Common questions about creating EPUB files with Adobe InDesign).

 Fonts

대체로 많은 단말기에서는 InDesign에서 사용되었던 폰트가 적용되지만, 이는 단말기기의 성격에 따라 다르게 적용됩니다. InDesign에서는 폰트의 적용을 위해 폰트를 embed 하는 방식을 사용하고 있습니다. Open Type fonts나 True Type fonts가 embed 가능합니다. 그러나 iBooks에서는 이러한 fonts embed가 반영되지 않음을 앞서 설명한 바 있습니다.

02 Page Breaks

InDesign에서는 일반적으로 모든 데이터를 하나의 파일로 활용함으로써, ePUB으로 변환 시에 자연스러운 Page Breaks가 이루어지지 않습니다. 다만, 인위적으로 Page Breaks를 구현하기 위해서는 관련된 파일을 모두 별도의 파일(Chapter)로 나누어 작업하고, 이를 최종 export 작업 시에 모두 모아(File 〉 New 〉 Book) ePUB으로 변환하는 경우 각각의 별도 파일 간의 Page Breaks는 구현할 수 있습니다.

03 Table of Contents

InDesign에서는 자동으로 Table of Contents를 구성할 수 있는 기능을 제공합니다. 이를 위해서는 먼저 TOC style을 만들고 (Layout 〉 Table of Contents Styles) 필요로 되는 세부사항을 규정합니다. 이렇게 만들어진 TOC는 일반적으로 콘텐츠 좌측에 선택 가능한 메뉴로 보이게 됩니다. 이러한 TOC 기능을 이용하지 않고 전통적인 형태의 목차를 만들어 활용할 수 있으나, 이는 별도의 하이퍼링크를 이용한 작업을 수행해야 합니다.

04 Hyperlinks

InDesign에서 지정한 하이퍼링크는 ePUB 변환 시에도 그대로 적용됩니다. 그러나 특정 페이지에 대한 하이퍼링크는 반영되지 않습니다.

05 Footnotes

Footnotes는 ePUB으로 전환 시에도 그 데이터는 그대로 유효하지만, 실제 페이지에 연결된 Footnotes가 아닌 전체 콘텐츠 마지막에 있는 레퍼런스와 같이 보존됩니다. 이때 하이퍼링크가 연결되어 해당 Footnotes로의 이동을 지원하게 됩니다.

06 Image Formats

ePUB에서 사용되는 이미지들은 통상 jpeg, gif, png, svg 등이지만, InDesign에서는 통상 이미지들을 jpeg이나 gif 포맷으로 자동 변환하여 줍니다. 그러나 원본 이미지를 복사하여 사용할 것을 지정하는 경우 원래의 이미지를 활용할 수 있습니다. SVG의 경우 InDesign에서 지원하지 않습니다.

2. InDesign CS5에서 강화된 ePUB 지원 내용

ePUB에 대한 관심과 활용이 높아지면서 Adobe 사에서는 CS5를 발표하면서 기존 CS4에서 지원하던 ePUB Export 관련 기능을 한층 강화하였습니다. Adobe 사에서 발표한 "eBooks : What's new in Adobe InDesign CS5 ePUB file export"의 주요 내용을 정리해 봅니다.

01 Export Menu 변경

InDesign CS5에서는 ePUB Export 기능을 두 가지로 나누었습니다. 하나의 문서를 Export 하기 위해서는 File〉Export For 〉 ePUB을 이용하면 되고, 전체 Book File을 Export 하기 위해서는 Book Panel 메뉴에서 "Export Book To ePUB"을 이용하도록 변경하였습니다.

02 Unique Identifier 메타데이터 생성

ePUB을 이용한 eBook의 일반적인 Unique Identifier인 ISBN을 이번 CS5에서는 삽입할 수 있도록 지원합니다. Digital Editions Export Options 〉 General 〉 eBook에서 "Include Document Metadata 〉 Unique Identifier"에 ISBN을 입력합니다.

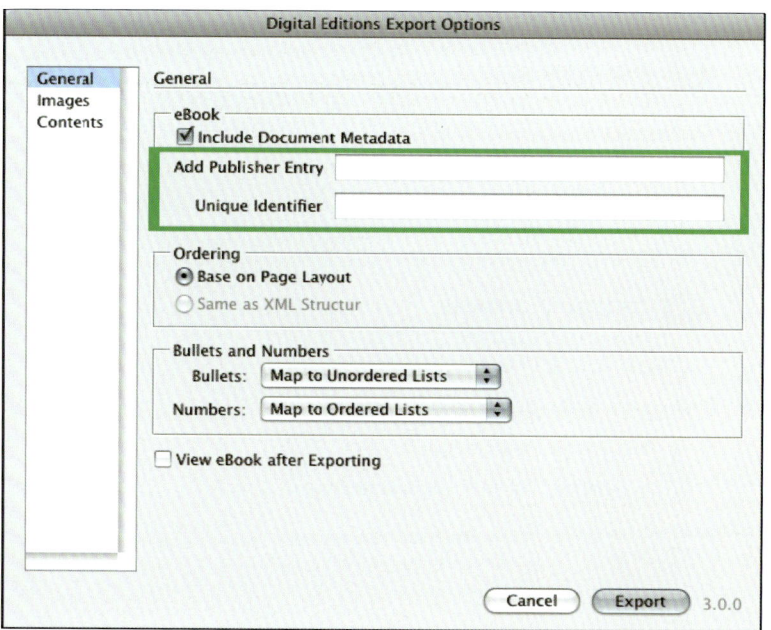

Unique identifier 삽입 기능 보기

03 Reading Order Control 강화

기존 InDesign이 ePUB Export와 관련하여 보완될 부분으로 여겨진 것이 바로 이 Reading Order입니다. 물론 대부분은 페이지 Layout에 크게 의존하지 않는 ePUB의 Reflow 특성 때문이기도 합니다.

이번 CS5에서는 이러한 Reading Order와 관련하여 두 가지 Option을 제공하는 데, 첫 번째는 Base On Page Layout입니다. 이 방법은 현재 InDesign에 구성된 콘텐츠를 좌측에서 우측으로 그리고 위에서 아래로 차례로 진행하면서 해당하는 텍스트와 이미지를 ePUB 페이지에 재구성하는 것입니다. 복잡한 구성을 한 콘텐츠는 때로는 그 순서가 기존에 디자인한 것과 달라질 수 있는 Risk가 항상 존재하고 있습니다.

두 번째 Option은 Same as XML Structure입니다. 이 option을 이용하기 위해서는 사전에 XML Structure를 문서 내에 지정을 해주어야 하며, ePUB Export 시에 각각의 텍스트와 이미지에 부여된 XML Tag 순서에 따라 배열하게 됩니다. XML Tag를 생성하기 위해서는 Window > Utilities > Tags 메뉴를 이용합니다.

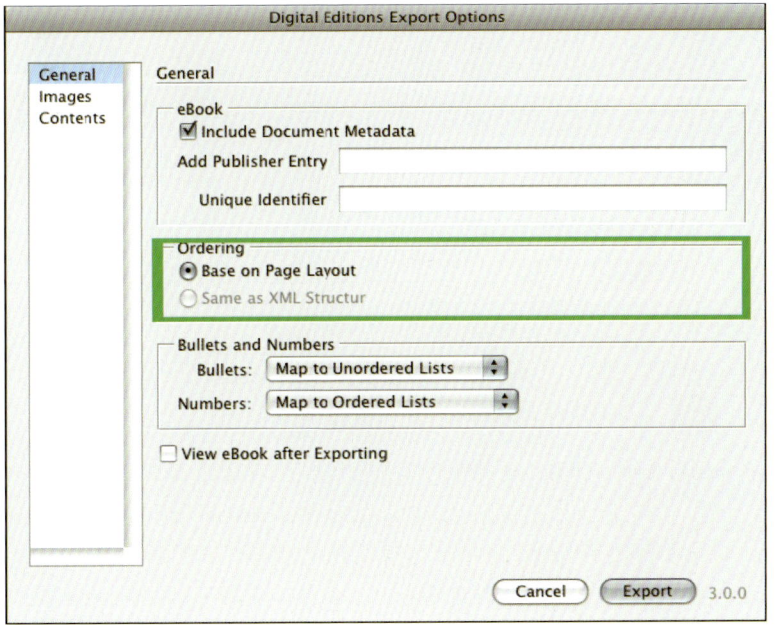

Reading Order Control 기능 보기

04 Image 최적화 Export 기능

문서에서 사용된 이미지들을 Export 하기 위한 CS5의 기능은 이전 버전과는 약간의 차이점을 갖습니다. 기존에 사용된 "Copy Image"가 "Formatted"로 변경되었습니다. "Formatted"를 선택하지 않는 경우 InDesign이 자동으로 이미지들을 ePUB에 최적화된 상태 (72ppi, RGB)로 Export 합니다. 사이즈나 기타 작업한 특성을 그대로 유지하기 위해서는 "Formatted" Option을 선택하여 줍니다.

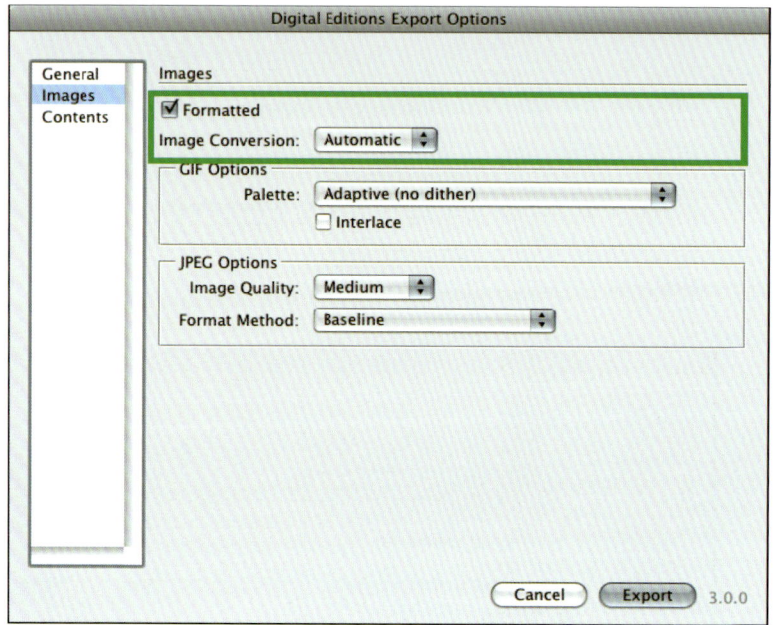

Image Formatting 기능 보기

05 Chapter Breaks의 자동화

CS5에서는 Chapter Breaks와 관련한 두 가지 Option을 제공합니다. 첫 번째 Option은 "Use First Level Entries as Chapter Breaks"입니다. 이 Option은 ePUB Export 시에 해당 콘텐츠를 사전에 설정된 first-level TOC entry를 기준으로 분리하여 별도의 XHTML 파일로 저장하게 됩니다. 그러나 해당하는 파일이 260KB를 초과하게 되면 초과하는 문장의 시작점에서 또 다른 별도의 파일로 분리하여 저장합니다. 이 Option을 이용하기 위해서는 사전에 모든 주요 Heading에 Paragraph Style을 적용하고, 이후 TOC Style(Layout > Table of Contents Styles)을 생성합니다.

이렇게 생성한 TOC Style을 이용하기 위해서는 ePUB으로 Export 할 때 Digital Editions Export Options 〉 Contents 〉 Table of Contents에서 "Include InDesign TOC entries"를 선택하여 줍니다. InDesign에서 생성한 문서의 이름을 Table of Contents에서 사용하지 않으려면 "Suppress Automatic Entries for Documents"를 선택하여 주며, Chapter Breaks를 자동으로 만들어 주기 위해서는 "Use First Level Entries as Chapter Breaks"를 선택하여 줍니다.

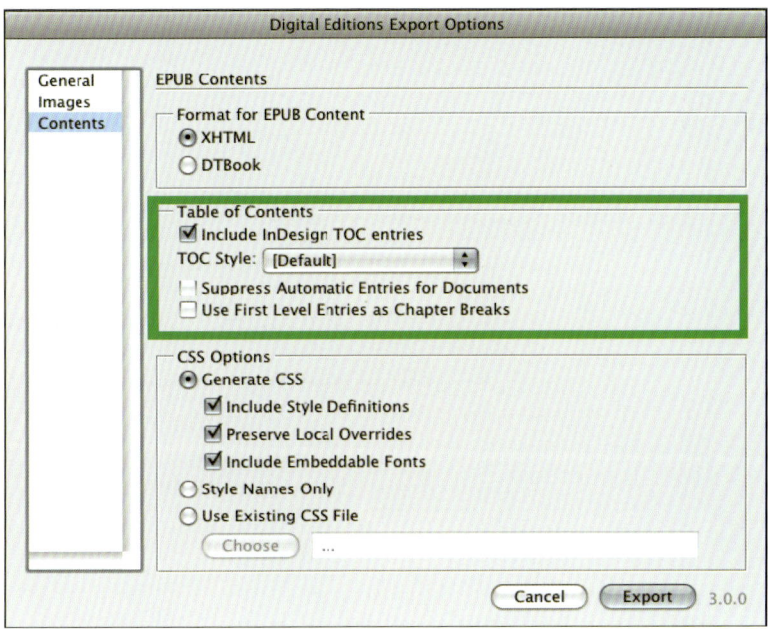

Chapter Breaks 기능 보기

Chapter Breaks를 만들어 주기 위한 두 번째 Option은 앞서 설명한 것과 같이 별도의 분리된 문서를 만들어 이를 Book File로 묶어 ePUB으로 Export 하는 방법입니다.

06 실제 사용 Fonts만을 Embedding

CS5에서는 Fonts Embed 시 모든 폰트 데이터를 Embed 하지 않고, 실제 문서 작성에 사용된 Fonts만을 Embed 할 수 있도록 지원하여 용량에 민감한 ePUB의 특성을 반영하였습니다. Digital Editions Export Options 〉 Contents 〉 CSS Options에서 "Include Embeddable Fonts"를 선택하여 이러한 기능을 활용합니다.

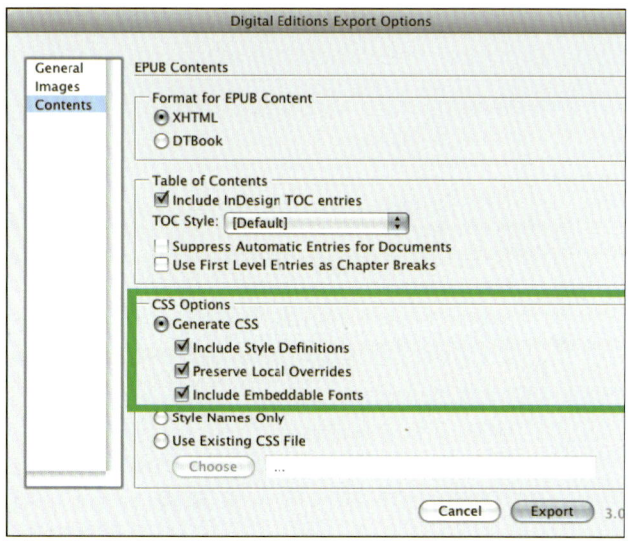

Fonts Embedding 기능 보기

07 사전 제작된 외부 CSS 파일의 이용

이번 CS5에서는 ePUB의 특성을 반영할 수 있는 CSS 파일을 Import 할 수 있는 기능을 추가하였습니다. Digital Editions Export Options 〉 Contents 〉 CSS Options에서 "Using Existing CSS File"을 선택하고 해당 파일을 지정해 줍니다. 다만, 이러한 외부의 CSS 파일은 InDesign에서 생성하는 CSS 파일의 파일명과 같도록 사전에 미리 준비해 두어야 합니다.

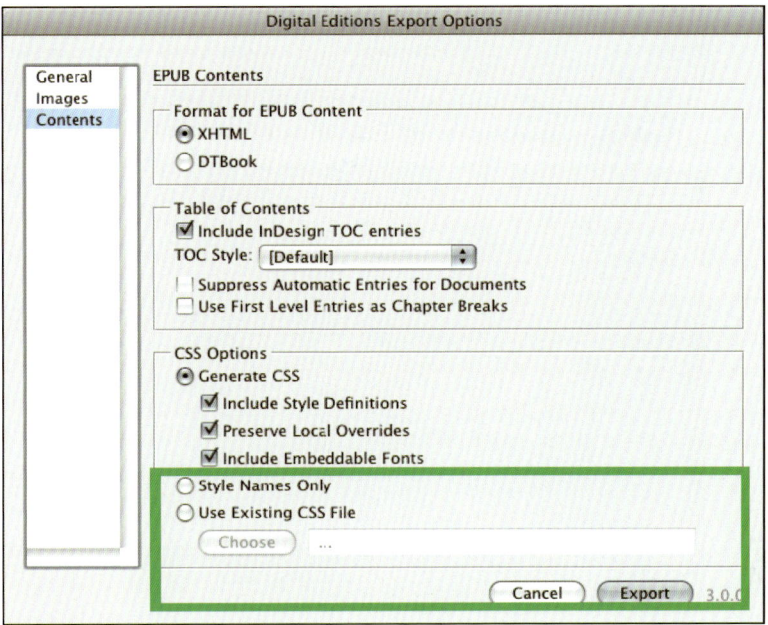

외부 CSS 파일 삽입 기능 보기

3. InDesign 이용 ePUB 제작 순서

01 InDesign 이용 ePUB 제작 순서

InDesign을 이용하여 ePUB을 제작하기 위해서 먼저 새로운 Project를 생성합니다. 이때 페이지 크기의 사전 설정 등은 최종적으로 변환된 ePUB이 사용하는 단말기기의 Display 크기나 사용자의 텍스트 조정 등에 의해 자유롭게 변경(Reflow)되므로 크게 영향을 주지 않습니다.

New Project 생성 및 페이지 크기 설정

02 Cover 페이지 만들기

처음으로 작업하게 될 페이지는 ePUB 북의 Cover 이미지입니다. 준비된 이미지를 설정된 페이지에 얹고, 이를 별도의 페이지(xhtml)로 저장합니다. Cover 페이지를 위한 이미지는 iBooks의 해상도를 고려하여 준비합니다.

Cover 페이지 만들기

03 Master 페이지 만들기

InDesign에서 문서를 작업할 때 개별 페이지에 필요로 되는 구성이나 폰트, 그리고 단락 설정 등은 Master 페이지 설정을 통하여 간단하게 진행할 수 있습니다. 작업 문서의 양이 많을 때 이러한 Master 페이지의 유용성은 더욱 높아질 수밖에 없습니다. Master 페이지에서 설정한 스타일은 ePUB으로 변환 시에 CSS 형태로 보존될 수 있습니다. 다만, ePUB 표준에서 지원하지 않는 설정과 Reflow 특성을 방해할 수 있는 내용은 반영되지 않음을 고려하여 Master 페이지를 만들어 줍니다.

1. 단락 관련 설정

그림은 단락과 관련한 스타일을 설정할 수 있는 메뉴입니다. 기본적인 텍스트 형식에 대한 설정 중에서 폰트와 관련한 설정은 iBooks에서 자체적으로 지원하는 폰트 이외에는 외부의 폰트 삽입을 지원하지 않으므로 별도의 설정이 필요 없는 상황입니다. 우리가 앞서 살펴본 기본 폰트로 설정하여 제작을 진행합니다.

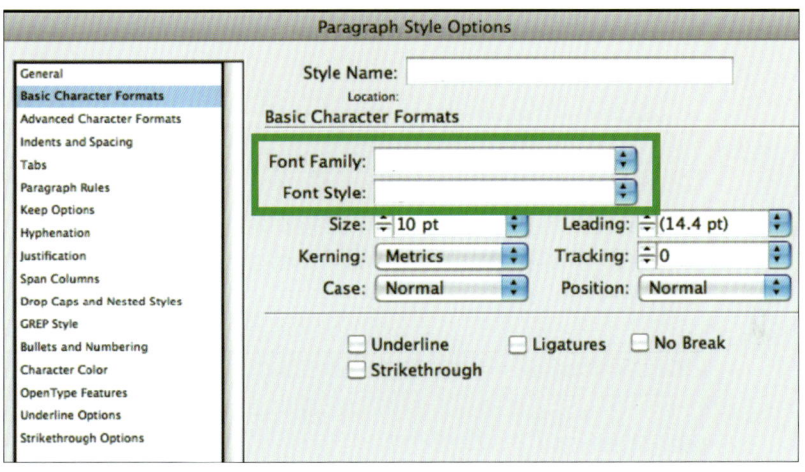

폰트 관련 설정 1

2. 텍스트 관련 설정

앞서 설명한 것과 같이 사용하고자 하는 텍스트에 대한 스타일 설정은 CSS에서 해주어야 합니다. 텍스트에 이탤릭체나 볼드체와 같은 형식을 넣고자 하는 경우 사전에 텍스트 항목을 결정하고 이에 대해 설정을 해야 합니다.

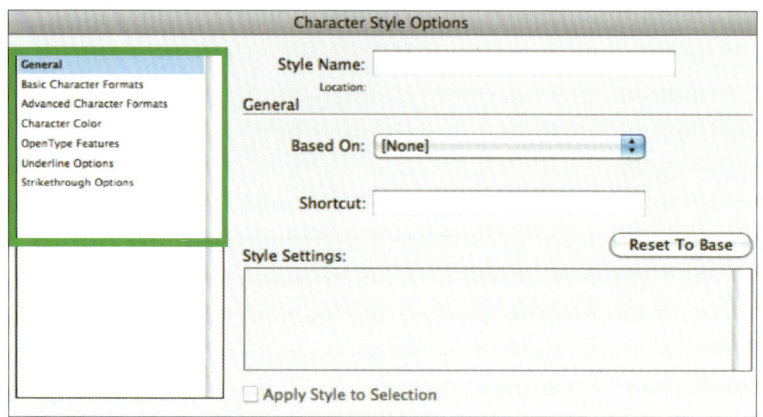

텍스트 관련 설정 2

3. Preference 관련 설정

앞서 문단과 텍스트 등에 자신이 필요로 하는 설정을 끝마쳤다면, 이제 Preference의 설정을 합니다. 특히 Type 〉 smart text Reflow는 텍스트의 Reflow를 지원하기 위해 반드시 선택해 주어야 합니다. 이 설정은 작업 문서에 자동으로 페이지 삽입을 가능하게 도와줍니다.

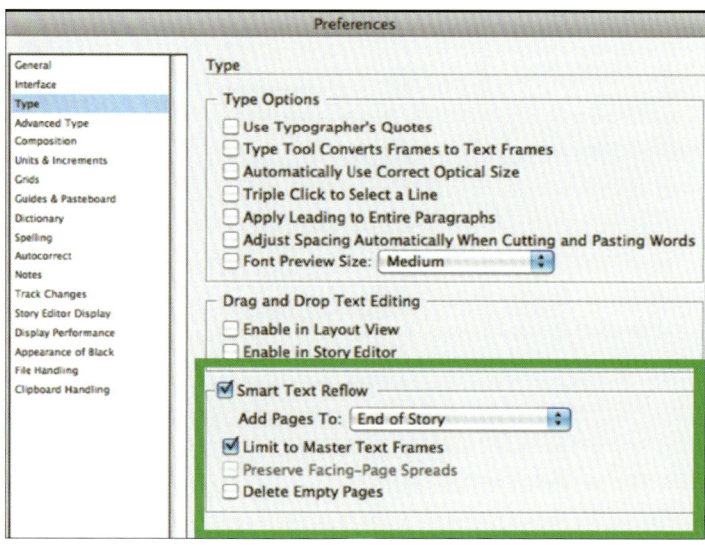

Preference 관련 설정

04 본문 페이지 만들기

사전에 준비된 내용을 이용하여 본문 페이지를 작성합니다. ePUB 변환 후에 Page Breaking 효과를 기대한다면 앞서 설명된 것과 같이 본문 내용을 각각의 Chapter로 저장하거나, CS5는 TOC Style을 이용합니다. 본문 내용에 이미지를 활용하는 경우 단락 스타일 설정에서 이미지의 여백과 관련한 스타일을 미리 작성하여 적용하는 것도 좋은 방법입니다.

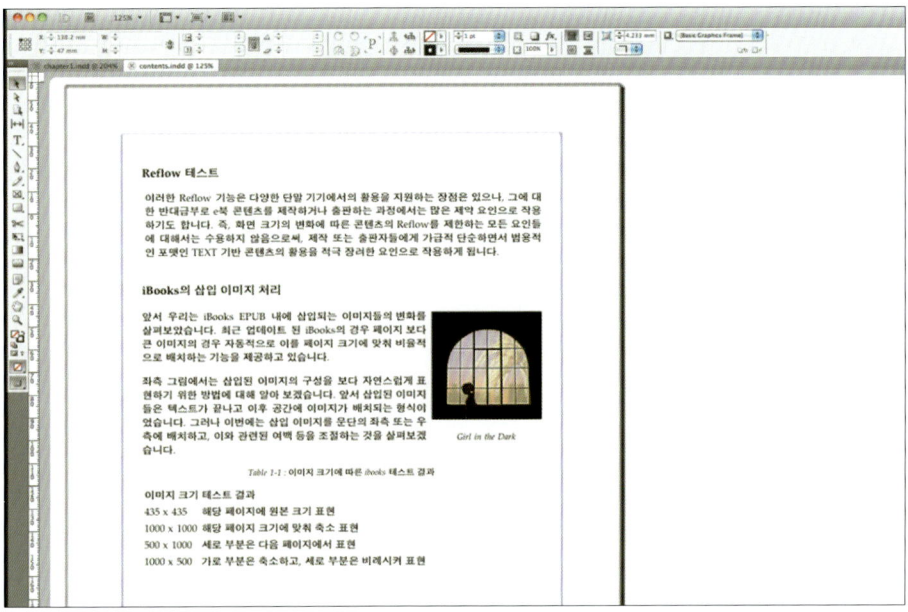

본문 페이지 작성

05 Book File 만들기

ePUB에 넣고자 하는 모든 내용을 다 작성하였다면, 이러한 모든 파일을 새롭게 생성한 Book File에 넣어 하나로 묶어줍니다. Book File은 File 〉 New 〉 Book 메뉴 설정을 통해 생성합니다.

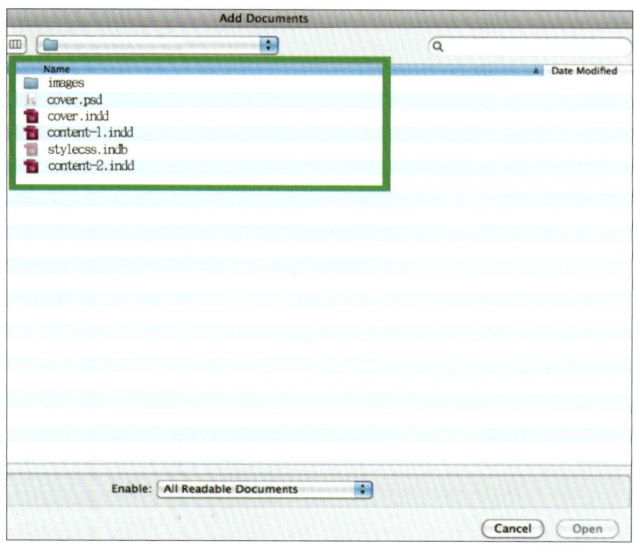

Book File에 넣을 파일 목록

06 TOC File 만들기

TOC 파일을 만들기 위해서는 Book Panel의 관련된 Book File들을 모두 선택해 주고, Layout 〉 Table of Contents 메뉴를 이용하여 필요한 설정을 진행합니다. 만약 각 Chapter를 위한 별도의 스타일을 작성했다면 이러한 내용을 모두 포함합니다.

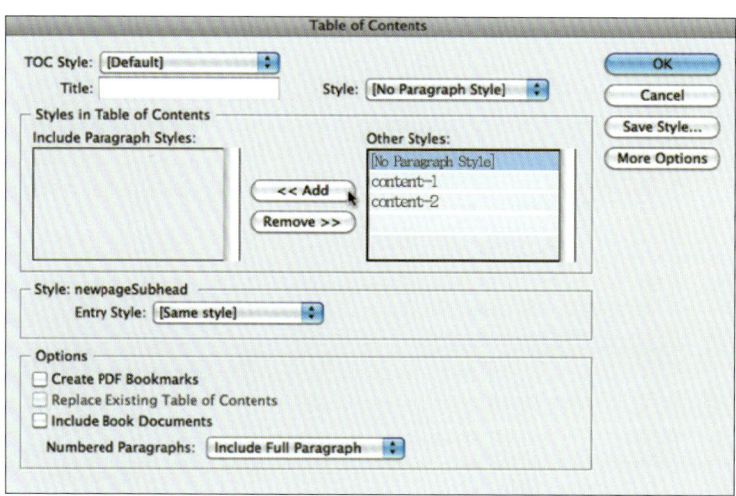

Book File에 넣을 파일 목록

07 File 관련 정보 넣기

ePUB으로 Export하기 이전에 제작하고자 하는 문서에 대한 정보를 넣어주는 것이 필요합니다. TOC 메뉴에서 지원하는 Title, Author, Book Description과 Copyright 등의 내용 이외에도 iBooks에서 ePUB을 활용하기 위해서는 ISBN을 반드시 넣어주어야 합니다.

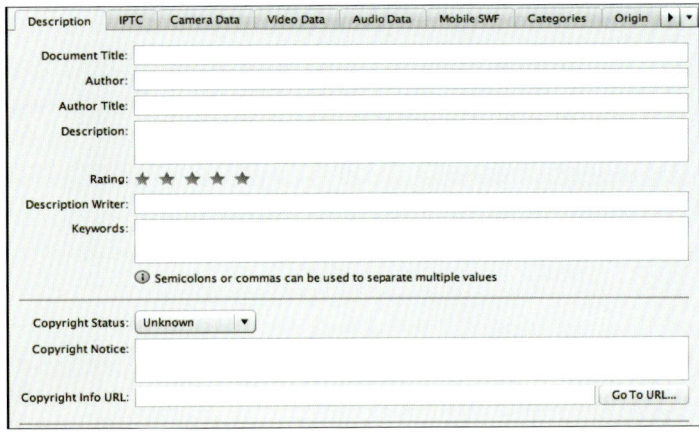

File의 Meta Data 작성

08 File Export 하기

모든 작업이 완료되었으면 Book Panel에서 Panel menu 〉 Export Book to ePUB을 선택하고, 필요한 항목들을 설정하여 줍니다.

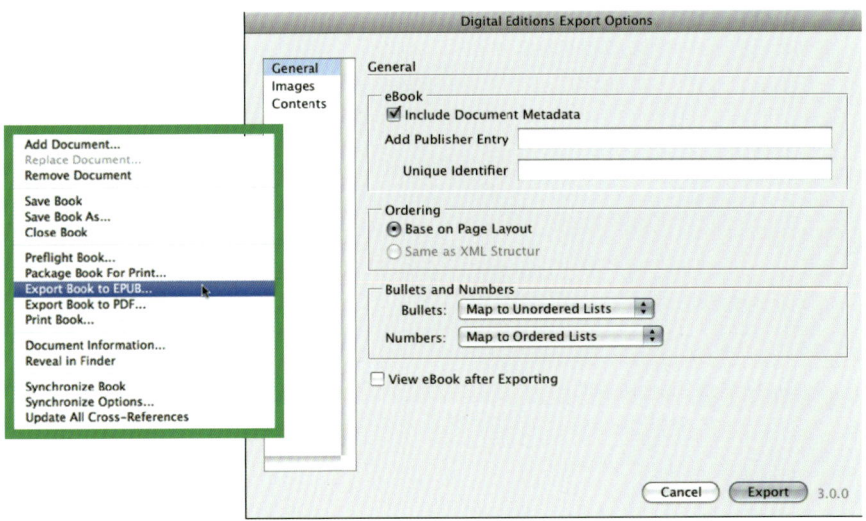

File Export 하기

4. InDesign 파일의 ePUB 변환 시의 한계점

이상과 같이 간단하게 InDesign을 이용한 ePUB 콘텐츠의 제작과정에 대해 살펴보았습니다. 많은 출판 관계자들이 InDesign을 이용한 ePUB의 제작과 변환에 관심을 두고 있는 것은 우선 기존의 작업환경에서 사용하는 작업 툴이며, 많은 자료가 InDesign 형식으로 존재하기 때문일 것입니다. 아울러 InDesign에서 제공하는 다양한 기능들을 이용한다면 보다 수준 높은 ePUB을 제작할 수 있지 않을까 하는 기대감 때문일 것입니다.

그러나 이 부분의 ePUB은 그 고유의 속성(Reflow) 때문에 많은 한계점을 가지고 있습니다. 우리가 흔히 볼 수 있는 InDesign을 이용하여 생성한 페이지를 가지고 설명해 보겠습니다.

InDesign 제작 샘플 페이지 1

InDesign 제작 샘플 페이지 2

01 InDesign 파일의 ePUB 변환 결과

동일한 내용의 InDesign 파일을 이용하여 ePUB으로 Export 한 결과를 살펴보면 아래와 같습니다.

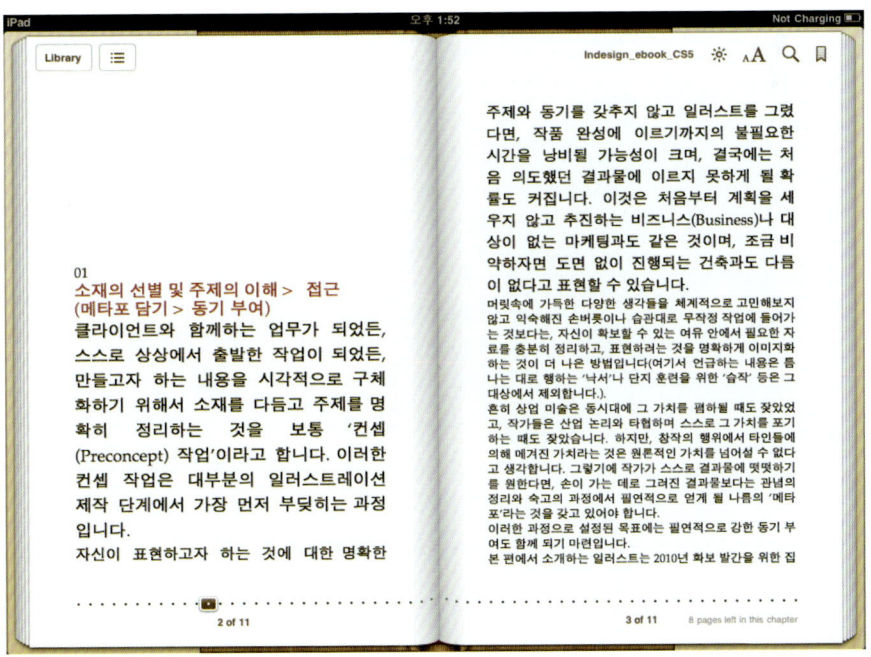

InDesign 샘플의 ePUB Export 결과 1 [두 페이지 보기]

ePUB for iBooks 253

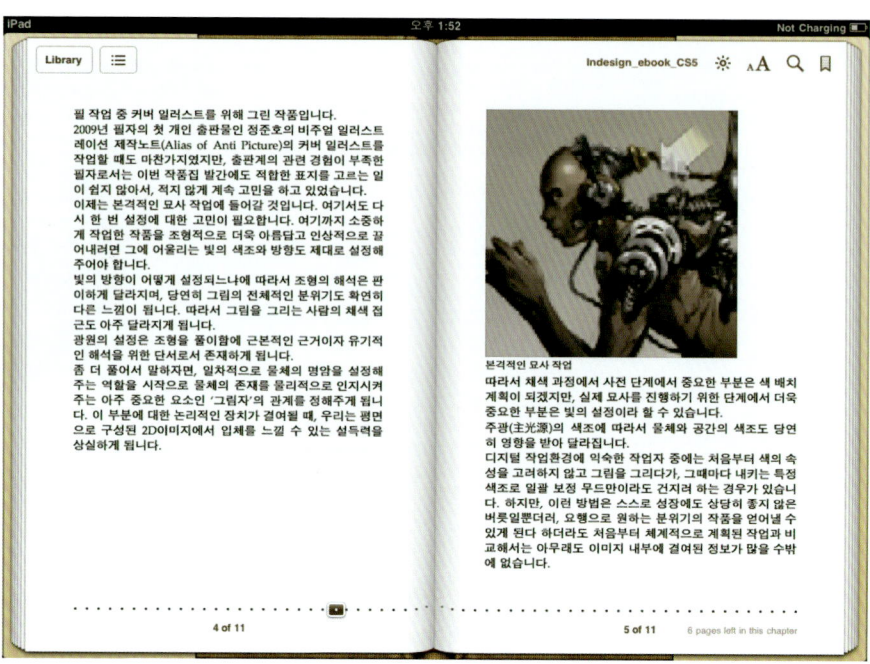

InDesign 샘플의 ePUB Export 결과 2 [두 페이지 보기]

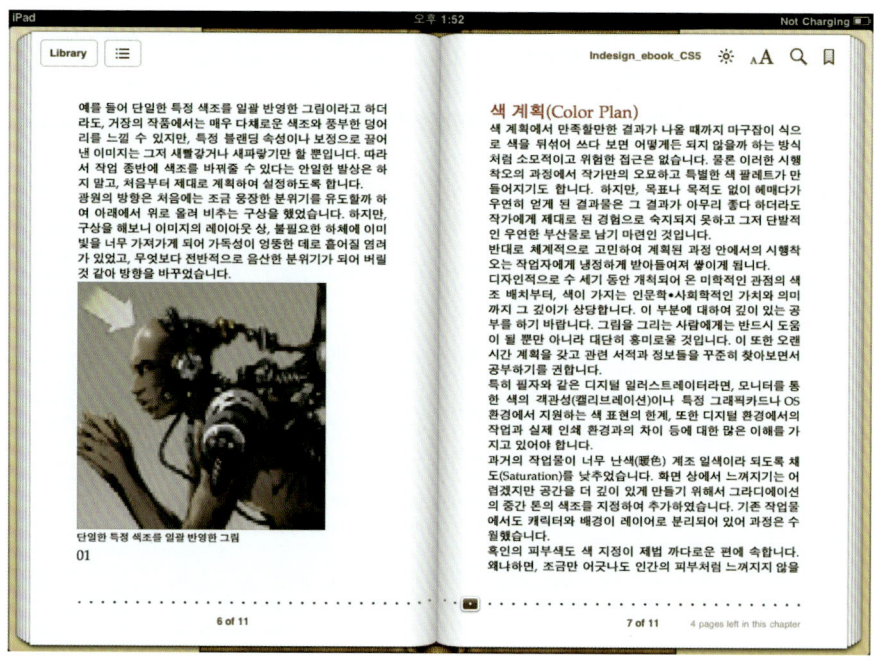

InDesign 샘플의 ePUB Export 결과 3 [두 페이지 보기]

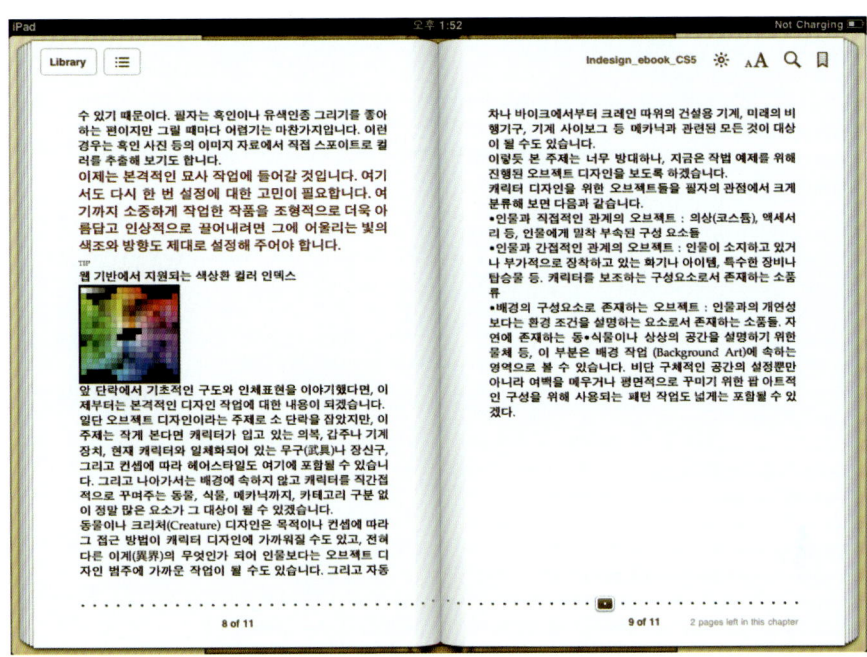

InDesign 샘플의 ePUB Export 결과 4 [두 페이지 보기]

InDesign 샘플의 ePUB Export 결과 5 [두 페이지 보기]

ePUB for iBooks

우선 가장 먼저 눈에 띄는 것이 페이지의 단 구성입니다. 샘플 페이지 1에서는 우측의 자료가 2단으로 구성되어 있음을 볼 수 있습니다. 그리고 각 단마다 이미지가 삽입되어 있습니다. InDesign으로 작업하는 경우 가장 일반적인 형태의 레이아웃이라고도 할 수 있을 것입니다. 그러나 ePUB으로 이러한 다단을 작업할 수는 없습니다.

만약 필요하다면 다단과 유사한 레이아웃을 구성할 수는 있습니다. 가능한 방법은 테이블을 이용하여 셀마다 필요로 되는 내용과 이미지를 삽입하여 구성하는 것입니다. 그러나 이러한 방법은 우선 ePUB의 특징인 Reflow, 즉 다양한 크기의 화면을 가진 단말기에서 자연스럽게 콘텐츠를 읽을 수 있도록 지원하는 기능을 배제할 수밖에 없게 됩니다.

두 번째로 큰 차이를 느낄 수 있는 것은 텍스트와 이미지의 배열과 페이지의 여백이라고 할 수 있습니다. 단순히 ePUB으로 변환한 경우는 텍스트 자료가 끝나고 이후 이미지 자료가 배치되는 가장 기본적인 구성이 될 수밖에 없습니다.

02 InDesign 파일 변환 시의 조언

이러한 ePUB 파일을 우리가 앞서 살펴보았던 InDesign 파일과 유사하게 만드는 방법은 없을까요? 완벽한 변환 솔루션이 나오기 전까지는 해당 파일에 대한 수작업을 통한 교정 만이 방법입니다. 그러나 1~2페이지의 자료에 대한 이러한 수작업은 가능하지만, 만약 300여 페이지에 이르는 콘텐츠에 대한 수작업을 통한 수정 작업은 매우 비현실적인 방법이 될 것입니다.

물론 ePUB 출판을 지원하는 별도의 전문 솔루션을 활용하는 경우는 보다 용이하게 전환할 수 있을 것입니다. 그러나 이러한 솔루션이 없는 상황에서 ePUB으로 변환하여야 한다면, 따라서 변환 이전에 먼저 ePUB 파일의 레이아웃에 대한 구성과 이를 지원할 수 있는 스타일 문서에 대해 준비를 하고, 템플릿을 만들어 관련된 자료를 새롭게 구성하는 것이 어쩌면 가장 효과적인 방법이 될 것입니다.

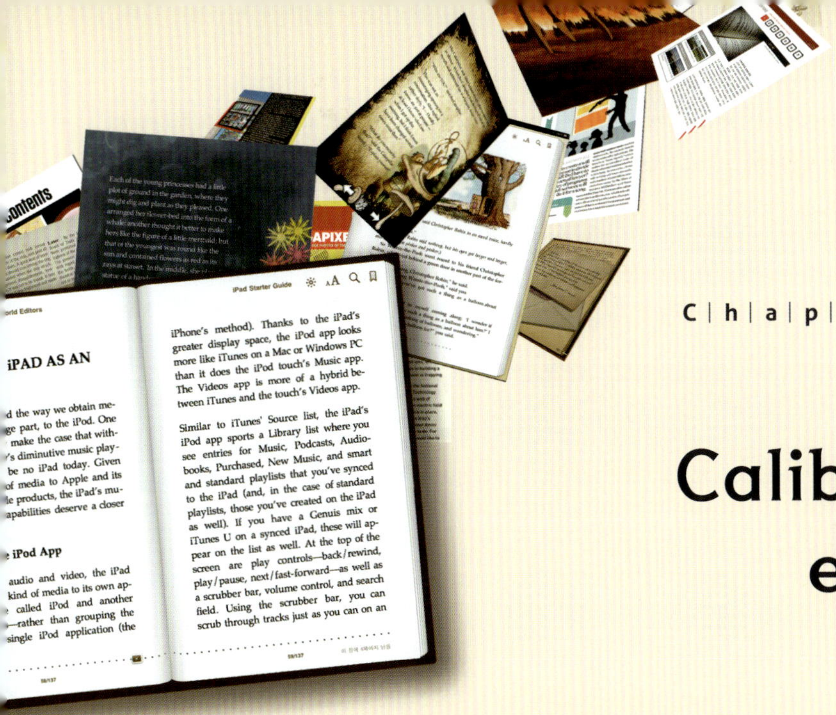

Chapter 04
Calibre를 이용한 ePUB의 활용

1. pdf 파일 변환하기

우리가 접하는 많은 문서가 PDF 형식으로 활용되고 있습니다. 이런 PDF 문서들은 새롭게 eBook 표준으로 부각된 ePUB으로 변환하여 사용하려는 욕구가 높은 편입니다. 최근 iPad에 PDF를 읽을 수 있는 기능이 첨가되었고, 또한 iBooks에도 ePUB 내에 pdf를 삽입할 수 있는 기능이 지원되고 있으나 여전히 pdf 변환에 대한 관심이 높은 것은 사실입니다.

Pdf 문서의 장점인 고정된 페이지 레이아웃의 특성은 ePUB의 Reflow의 특성과는 정면으로 배치되고 있어, 현재까지 소개된 변환 툴로는 만족할 만한 수준의 변환을 지원하지 못하는 실정입니다. 하지만, PDF를 ePUB으로 변환하는 데 가장 많이 쓰이는 Calibre 솔루션을 이용하여 간단히 그 과정을 살펴보도록 하겠습니다.

Calibre가 설치되어 있다는 전제하에 Adobe사의 ePUB 관련 PDF 자료를 변환에 이용하여 그 결과를 살펴보겠습니다.

> **Tip** Calibre는 http://calibre.kovidgoyal.net에서 다운로드 할 수 있습니다.

01 Calibre 활성화

Calibre 솔루션을 구동시키면 UI를 가진 프로그램이 활성화됩니다. 상단에는 관련한 메뉴가 자리 잡고 있고, 좌측에는 해당 파일들에 대한 카테고리 등 관리를 위한 메뉴가 위치하며, 가운데 메인 창에는 변환하고자 하는 파일들이 자리 잡게 됩니다.

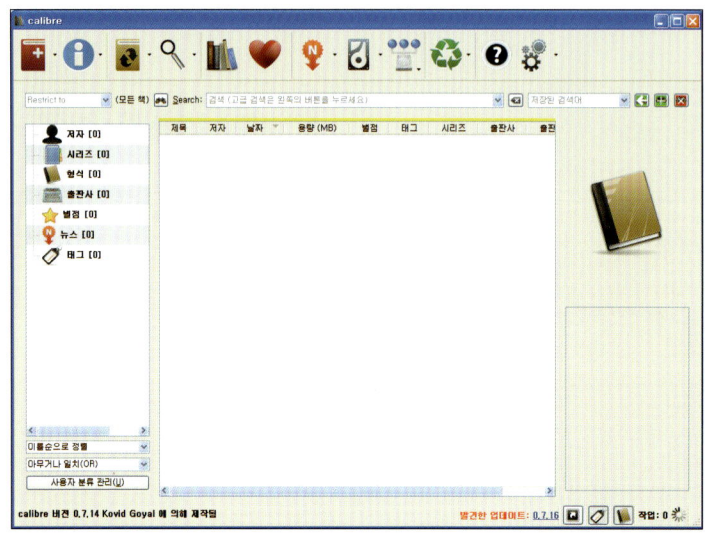

Calibre 프로그램 활성화

02 PDF 파일 불러오기

변환하고자 하는 PDF 파일을 불러오는 방법은 두 가지인데 첫 번째는 좌측 상단의 "책 추가하기" 메뉴를 이용하여 선택하여 추가하는 것입니다. 두 번째는 변환하고자 하는 파일을 드래그하여 메인 창에 놓는 방법입니다.

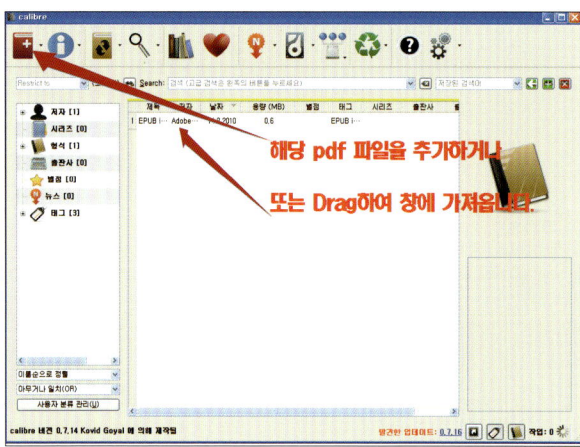

PDF 파일 불러오기

03 PDF 파일 확인하기

변환을 위해 불러온 PDF 파일을 확인하기 위해서는 우측 하단의 파일 경로 보기를 선택하면 됩니다. Adobe 사에서 배포한 ePUB 파일을 위한 image의 최적화 관련 자료입니다.

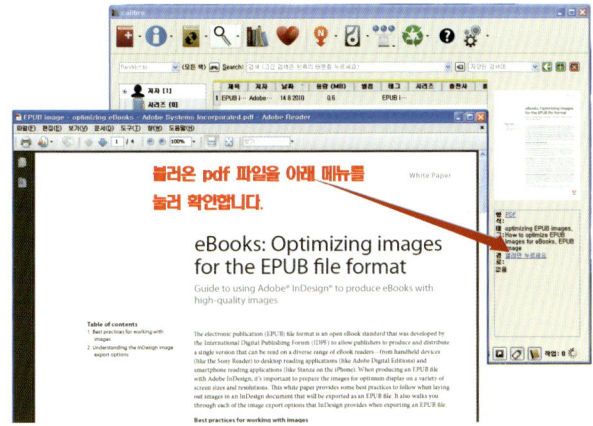

PDF 파일 확인하기

04 ePUB 변환하기

상단의 "책 변환하기" 메뉴를 선택하면 아래와 같이 관련 항목을 표시하는 첫 화면이 표시되며, 이곳에는 선택된 pdf 자료가 가지고 있는 메타정보에 대해 표시를 합니다. 솔루션 UI 우측에 관련 내용이 표시되며, 필요 시 해당자료를 수정하거나 추가합니다.

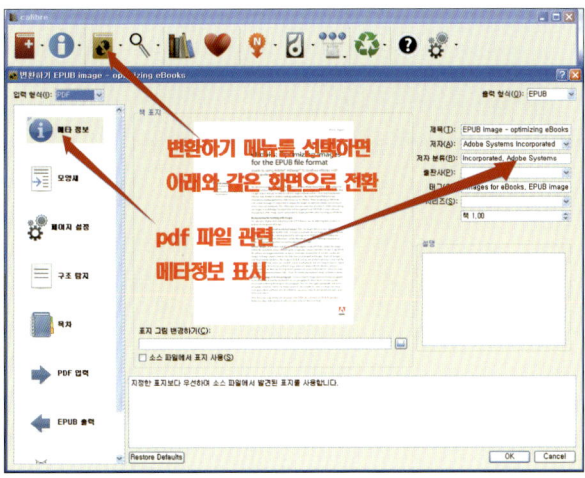

PDF 파일 변환하기 메뉴 선택 결과

05 Cover 선택하기

메타정보와 함께 표지에 대한 선택이 가능한데, 외부의 표지를 불러와서 ePUB 표지로 활용할 수 있습니다. 만약 선택하지 않으면 첫 페이지를 이미지 자료화하여 표지로 사용하게 됩니다.

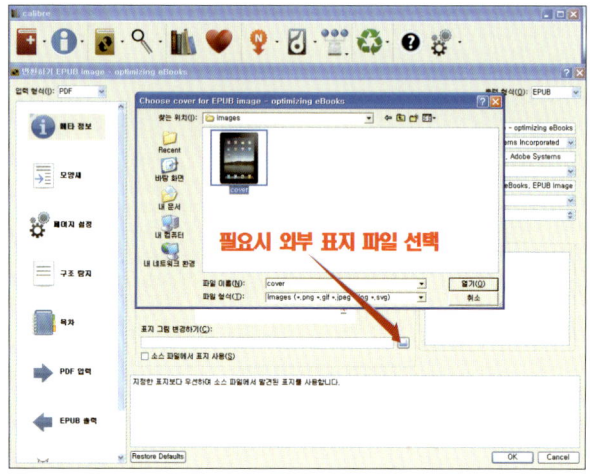

외부 표지 이미지 활용 메뉴

06 ePUB 변환 선택하기

PDF를 ePUB으로 변환하는 과정을 알아보고 있지만, Calibre에서는 ePUB 이외에도 다양한 형식으로 변환할 수 있습니다. 이러한 포맷을 선택하고자 하면, 우측 상단의 출력형식에서 원하는 포맷을 선택하면 됩니다.

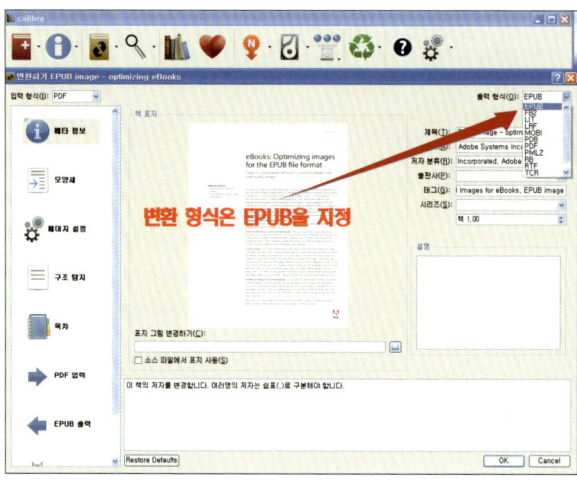

ePUB 출력 형식 지정 메뉴

07 문단 구성 등 선택하기

좌측 메뉴에서 모양새를 선택하게 되면 글자 크기나 문단 여백 등과 관련한 설정을 할 수 있습니다. 글자 크기를 PDF에서 설정된 크기를 그대로 사용할 것을 선택하여 보았습니다.

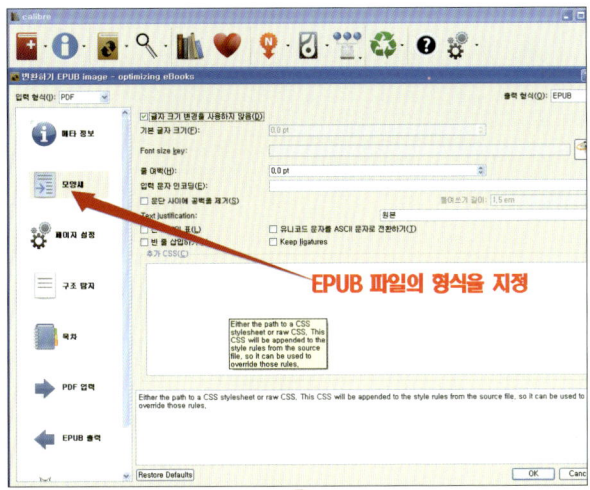

ePUB 모양새 지정하기 메뉴

08 페이지 설정 선택하기

페이지 설정 메뉴에서는 실제 페이지 구성과 관련 있기보다는 ePUB 변환 후 사용할 단말기기의 특성을 반영한 선택이 이루어집니다. 이들 단말기기들이 가지고 있는 해상도나 기타 기기적 특성이 달라서 ePUB을 이에 최적화하기 위한 사전 설정입니다. 이곳에서는 출력 프로파일을 iPad를 선택하여 줍니다. 메시지에는 768×1024 해상도의 기기에 사용될 수 있는 크기를 지원하는 것으로 표현됩니다.

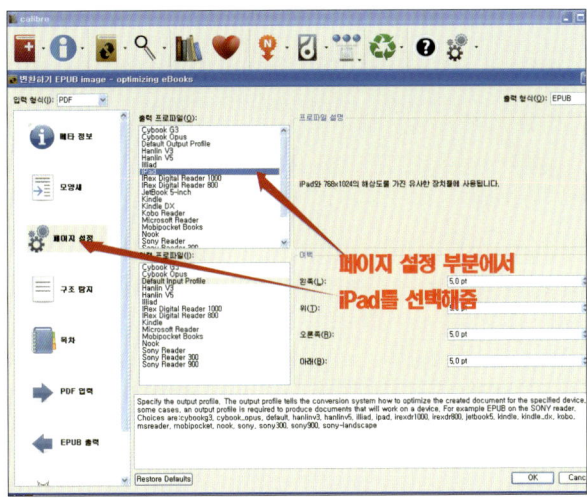

ePUB 페이지 설정하기 메뉴

09 구조 탐지 선택하기

구조 탐지 메뉴에서는 ePUB으로 변환된 책의 구조를 설정할 수 있습니다. Page break이나 머리말, 꼬리말 등에 대한 설정을 지원합니다.

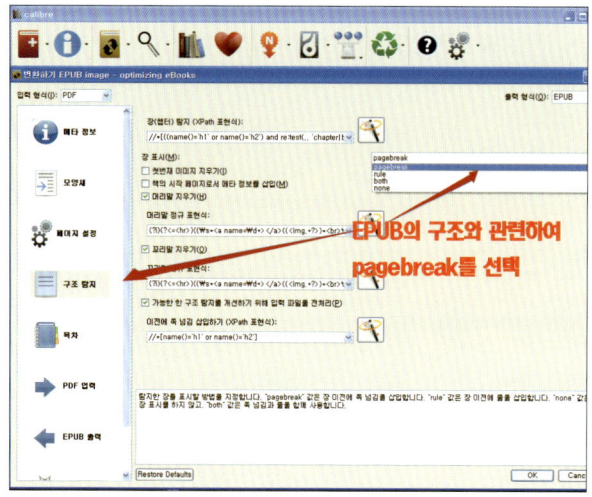

ePUB 구조 탐지 메뉴

10 목차 설정하기

목차 설정과 관련한 메뉴입니다. PDF 파일의 목차를 반영하여 자동 생성된 목차를 강제로 활용하도록 설정하였습니다.

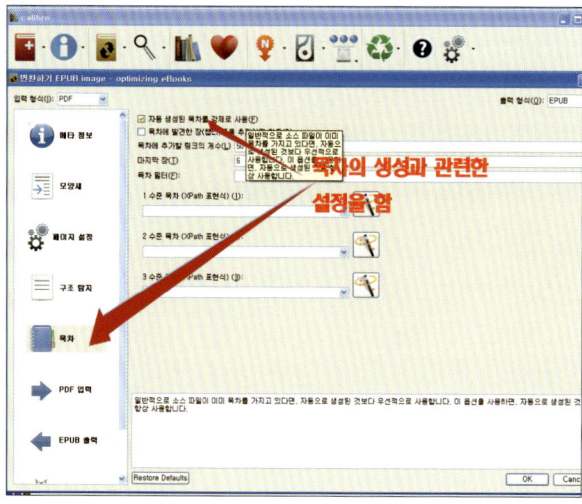

ePUB 목차 설정하기 메뉴

11 PDF 설정하기

이미 PDF를 변환 소스로 사용하고 있어, 크게 관련이 없으나, 선택사항으로 PDF 문서 내 이미지 파일의 사용 여부를 묻고 있습니다. 선택하지 않을 때 PDF 내 이미지를 추출하여 ePUB 문서에 반영합니다.

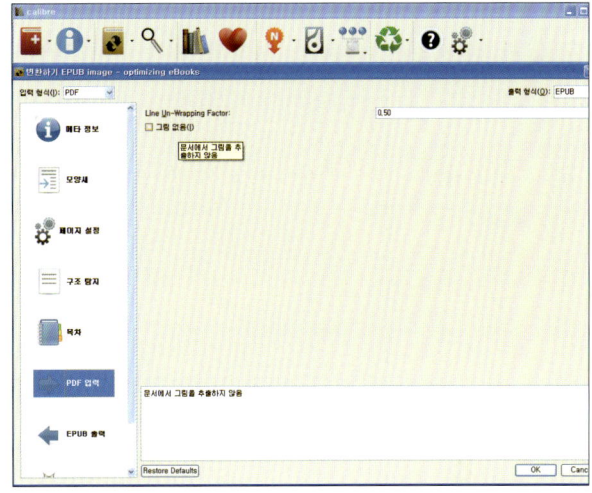

pdf 입력 메뉴

12 ePUB 출력 설정하기

ePUB의 출력 시 표지와 관련된 부분입니다. SVG 형식을 지원하지 않는 단말기가 많은 현실이므로 이를 사용하지 않으며, 별도의 표지 이미지를 선택한 경우 기본 표지를 사용하지 않음을 선택합니다.

모든 설정이 끝나면 OK 버튼을 눌러 변환을 시작합니다. 변환이 이루어지는 과정은 우측 하단부에 작업이 진행 중이라는 표시가 생성됩니다.

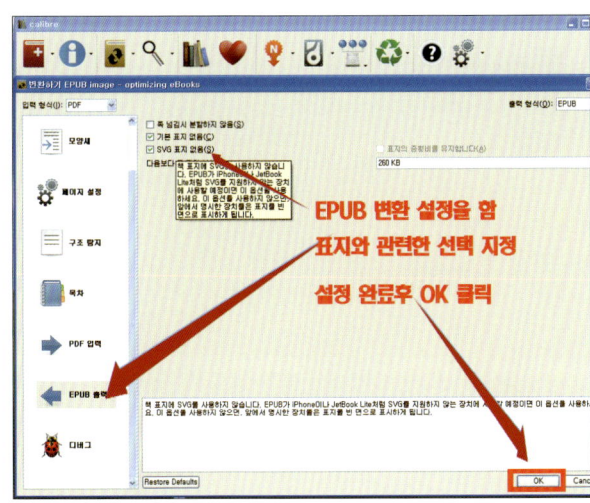

ePUB 출력 설정하기 메뉴

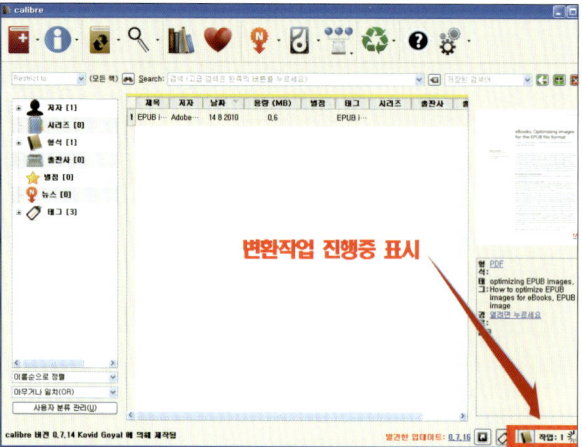

ePUB 변환 작업 진행 중 표시

13 변환 결과 확인하기

변환이 끝나면 메뉴에서 돋보기 모양의 "보기" 메뉴를 눌러 결과를 확인합니다. Calibre는 ePUB 뷰어를 내장하고 있어 ePUB 형식을 읽을 수 있습니다.

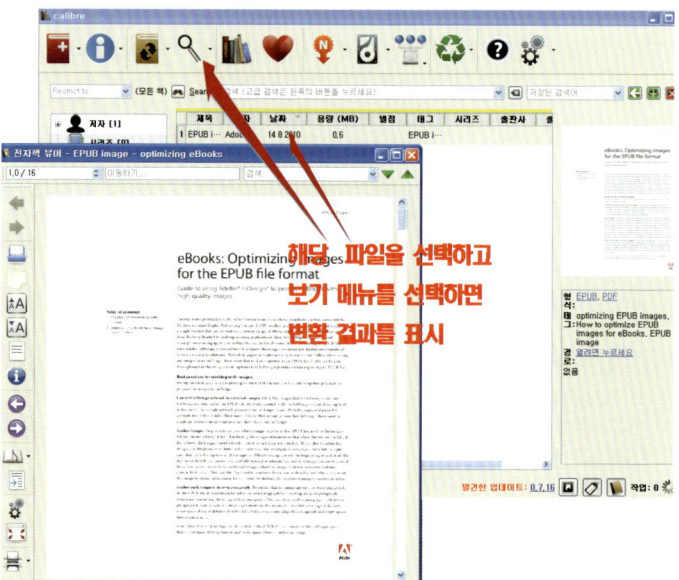

ePUB 변환 결과 확인 [표지]

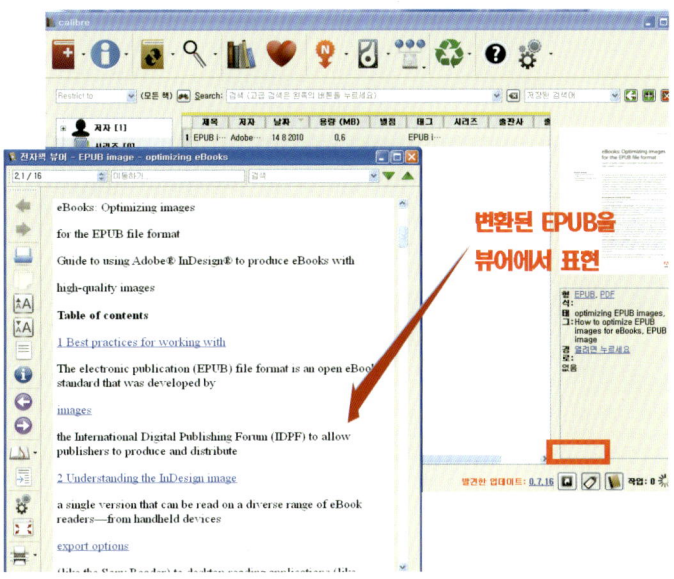

ePUB 변환 결과 확인 [본문]

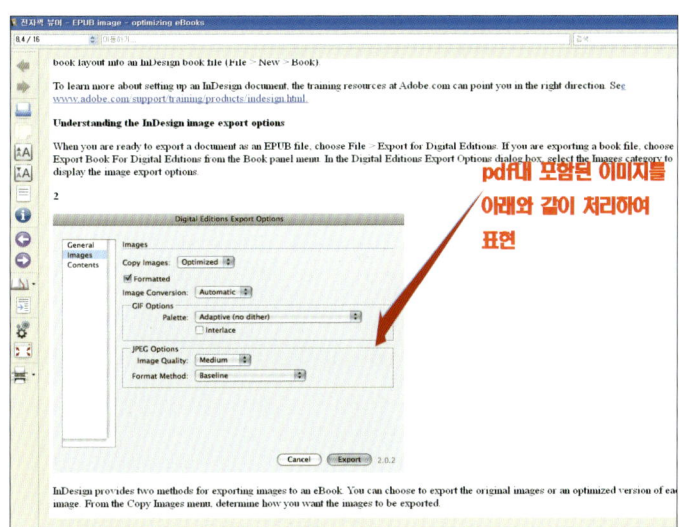

ePUB 변환 결과 확인 [표지]

14 ePUB 활용하기

변환된 ePUB 파일을 Calibre 설치 시 지정한 디렉토리에서 복사하여 활용할 수 있습니다.

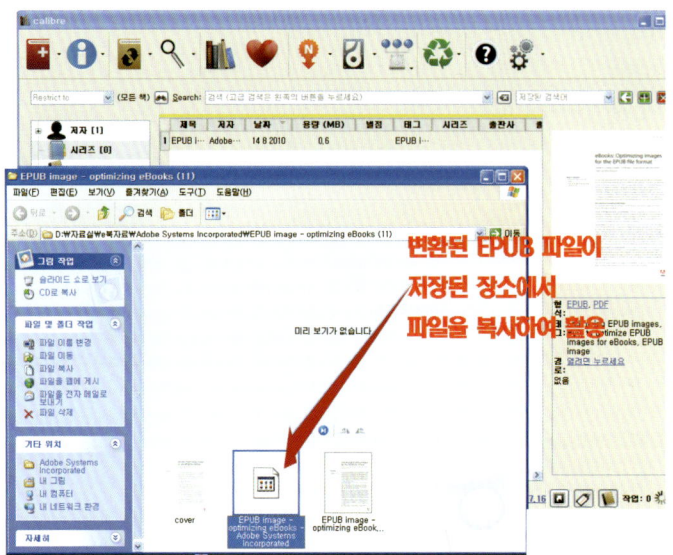

ePUB 변환 결과 확인 [본문]

15 기타 사항

Pdf 파일의 ePUB 변환과 관련하여 주의할 것은 모든 PDF 파일이 앞서 설명한 것과 같이 잘 변환되는 것은 아닙니다. PDF 생성 시 보안과 관련한 설정으로 인하여 TEXT의 추출과 같은 변경이 되지 않는 PDF 파일들은 설정에 따라 각각의 페이지들을 이미지로 변환하여 ePUB으로 만들어 줌으로써 기대하는 ePUB의 Reflow 기능을 활용하지 못할 수도 있습니다.

2. ePUB 등 기타 파일 변환하기

PDF를 제외한 ePUB 등 기타 다양한 파일 포맷을 ePUB 등으로 변환하기 위해서는 역시 Calibre를 사용할 수 있습니다. Calibre에서 "책 추가하기" 메뉴를 열어 보면 아래와 같이 다양한 파일을 수용할 수 있음을 볼 수 있습니다.

ePUB으로의 변환과정은 앞서 PDF 파일의 변환과 동일하므로, 각각 개별 파일의 변환 시 고려점을 고려하여 진행하면 되겠습니다.

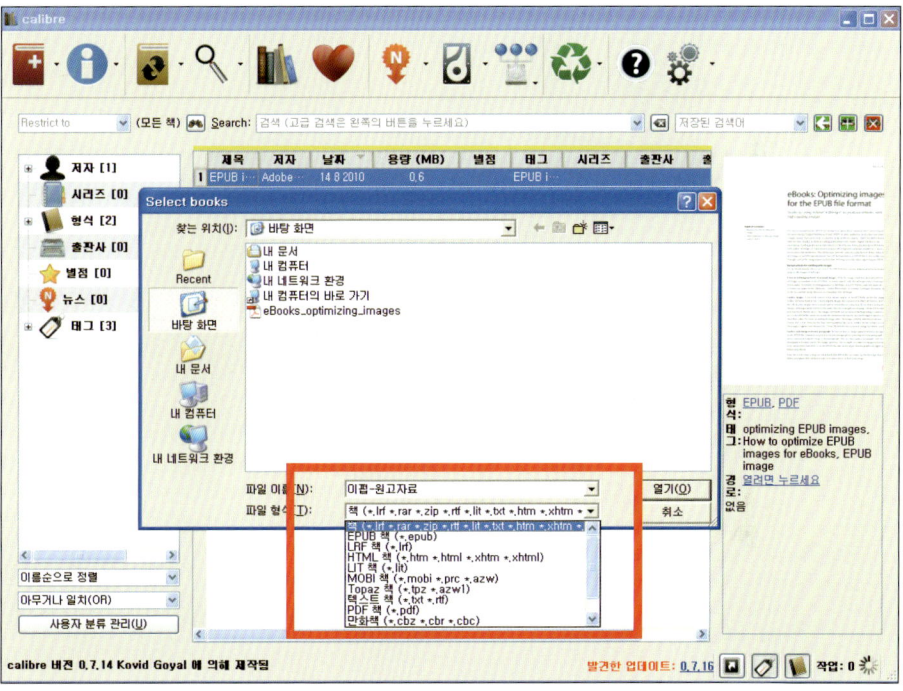

Calibre에서 ePUB으로 변환 가능한 파일 포맷

ePUB for iBooks 267

Chapter 05
ePUB 검증 및 오류 수정하기

1. ePUB 검증하기

이제 우리는 ePUB의 표준과 구성요소, 그리고 각 파일의 제작을 통해 결과물을 만들어 보았습니다. 이제 이러한 ePUB 파일(콘텐츠)이 표준에서 정한 바에 적합하게 제작되었는지를 검증하는 절차가 필요로 됩니다. epubcheck 1.0.5.를 활용을 위해서는 앞에 설명한 기본 자료를 참조했습니다.

2. 오류 내용 이해하기

epubcheck의 활용 시 어려운 점 중의 하나는 모든 메시지가 영어로 제공되고 있으며, 아울러 대체로 XHTML 문법 또는 EPUB의 표준과 관련한 내용이 표시되고 있어, 이에 대한 이해가 어렵다는 점입니다.

이곳에서는 일반적으로 발생하는 오류에 대해 제공되는 메시지를 미리 살펴보고 실제 활용 시에 이를 참조하도록 하겠습니다.

01 주요 오류 항목

ePUB 검증을 위해 epubcheck 1.0.5.를 이용할 때 자주 발생하는 오류들에 대해서는 다음과 같은 부연설명이 제공되고 있습니다.

Required attributes missing
Some elements have attributes that must be provided. For instance XHTML img element must have src and alt attributes.

가장 흔하게 발생할 수 있는 오류로서 각각의 엘리먼트들에 필요로 되는 속성값들이 지정되지 않은 경우입니다. 예로 든 img의 경우 src와 특히 "alt" 값이 제대로 제공되지 않을 때에 표시됩니다.
<img src="images/smallpicture.jpg" alt="Image Test in iBooks" id="test_more_1" />

Required elements missing
Some elements require certain child elements to be provided. For instance XHTML html element must contain body element.

XHTML 문서를 구성할 때 반드시 포함되어야 하는 엘리먼트가 없는 경우입니다. 예로 든 것과 같은 <body></body> 이외에도 </html>, <head></head> 등은 필수적이며, 때로는 <table></table> 등과 같이 시작과 마감을 알리는 엘리먼트가 없는 경우에도 표시됩니다.

Bad value for attribute "xxx"
An attribute is given a value that it cannot have. For instance, id attribute's value must be an XML name and cannot start with digit or have spaces in it.

엘리먼트의 속성값들이 잘못 활용된 경우입니다. 예로 든 것과 같이 id 속성값은 XML name 형식이며, 숫자로 시작할 수 없고, space가 삽입되어서는 안 된다는 것 등입니다.

Attribute "xxx" not allowed at this point; ignored
An element cannot have an attribute with such name. Many commonly used HTML attributes cannot be used in XHTML. CSS should be used in most cases instead.

이러한 메시지는 XHTML과 HTML의 차이에 기인합니다. XHTML에서 사용되어서는 안 되는 속성값들이 사용될 때 표시됩니다. 이러한 속성들은 CSS 파일에 해당 내용을 지정하고 활용하여야 합니다.

Sometimes a document does not use that attribute explicitly, yet this problem is still reported. This can happen if the document uses DTD and DTD implicitly adds an unspecified attribute (e.g. XHTML 1.0 transitional places default value on clear attribute for br element, which is not allowed in XHTML 1.1). Epubcheck always uses XHTML 1.1 syntax (as specified in OPS 2.0) no matter which DTD is declared in the document (if any).

때로는 해당 XHTML 표준의 버전 차이에 기인합니다. ePUB은 1.1 버전을 사용하나, 1.0 버전에서 허용하는 줄 바꿈을 위한 br 엘리먼트가 사용되는 경우에도 동일한 메시지가 표현됩니다.

Unknown element "xxx" from namespace "xxx"
Unrecognized element. For instance, XHTML does not have font element, CSS should be used instead.

XHTML에서 활용되지 않는 엘리먼트가 사용된 경우입니다. XHTML head 등에서 Font 지정을 위한 엘리먼트의 직접 활용은 적합하지 않을 때입니다. Font는 CSS에서 지정하여 활용합니다.

Element "xxx" from namespace "xxx" not allowed in this context
The element is used in the context which is not appropriate. For instance, XHTML tr element is used outside of the table.

XHTML 문서 구성 시 적합하지 않은 장소에 활용된 엘리먼트를 지적하는 메시지입니다. 예로 든 것과 같이 〈table〉〈/table〉 엘리먼트 사이에 쓰여야 할 〈tr〉이 별도의 장소에 독자적으로 활용될 때 표시되는 것 같은 경우입니다.

Unfinished element
An element does not contain something that it must contain. For instance, XHTML head element which does not contain title element.

〈p〉〈/p〉와 같이 시작과 마감을 위한 엘리먼트가 정확하게 쓰이지 않았을 때와 〈head〉, 〈/head〉 사이에 반드시 쓰여야 하는 〈title〉〈/title〉가 쓰이지 않은 경우 등에 표시됩니다.

Mimetype entry missing or not the first in archive

A valid epub file must contain an uncompressed file named mimetype as a first entry in the zip archive. That file must contain epub mime type (application/epub+zip).

가장 이해가 어려운 오류 메시지 중의 하나입니다. ePUB에 사용되는 mimetype은 zip 파일 내에 무압축 상태로 가장 먼저 위치해야 합니다. 아울러 별도의 부가정보가 없이 "application/epub+zip"만을 담고 있어야 하나, zip 프로그램에 따라 독자의 정보를 삽입하는 때도 있어 이러한 오류 메시지가 표시됩니다.

Mimetype contains wrong type (application/epub+zip expected)

Either mimetype is wrong or mimetype does not start at the proper byte offset in the archive. (OCF spec requires it to start at offset 38).

앞서 설명한 원인과 유사한 이유로 발생한 오류입니다.

Empty media-type attribute

The media-type attribute is empty ("") or missing, which is not allowed.

이미지와 관련한 alt 값은 ""로 표시할 수 있으나, media-type와 관련한 부분은 반드시 "xxxx"로 표기하여야 한다는 메시지입니다.

Invalid content for media-type attribute

The content of the media-type attribute does not conform to the requirements set fourth in RFC4288 Section 4.2. Usually, this is because it contains an invalid character or does not have type/subtype separated by forward slash.

Media-type의 속성 지정과 관련하여 잘못된 형식을 표기하는 경우입니다. JPG를 위해서는 image/jpeg, png는 image/png, css는 text/css 등이 정확하게 반영되어야 합니다.

'XXX' is not a permissible spine media-type

According to the OPF spec, only OCF Content Documents are allowed to be referenced in the spine (OPF Spec, Section 4.2). This 오류 is reported when a non-OCF Content Document media-type is referenced in the spine.

Spine에 포함될 수 있는 Manifest의 media-type는 "application/xhtml+xml", "application/x-dtbook+xml", text/x-oeb1-document"의 세 가지입니다. 이 세 가지를 제외한 media-type의 파일은 포함하지 않습니다.

The "id" attribute does not have a unique value!

This 오류 is generated when the schematron assertion of unique id attribute values in the content OPF file fails.

OPF 파일에 사용된 id가 중복되었을 때 발생하는 오류 메시지입니다.

Assertion failed: different playOrder values ... that refer to same target

Duplicate items in the TOC that point to the same piece of content, but have different playOrder assigned to them

ncx 파일에 있는 PlayOrder에 중복되었을 때 발생하는 오류 메시지입니다.

3. ePUB 오류 수정하기

epubcheck를 이용한 ePUB 검증을 위해 앞서 사용한 Template.zip 파일에 content-01.xhtml과 conent-02.xhtml 내용 등을 변경한 파일을 사용하여 보았습니다. 결과는 오류가 없음이 검증되었습니다.

Template 수정 자료 검증 결과

이 외에 우리가 앞서 사용한 Reflow.txt를 다양한 ePUB 제작 툴들을 이용하여 ePUB으로 만들어 보았습니다. 그리고 이러한 ePUB 파일에 대한 오류 검증 결과 약간의 차이가 있음을 알 수 있었습니다. 세부적인 조절이나 편집을 하지 않고, 단순히 텍스트 삽입 혹은 붙이기, 이미지 삽입 등으로 제작한 ePUB이므로 해당 제작 툴의 사용상의 실수로 오류가 발생할 수 있었음을 먼저 이해하기 바랍니다.

InDesign CS4 및 CS5으로 제작한 ePUB의 검증

```
Validate ePub documents

0818_test_CS4.epub is NOT valid

 1. ERROR: 0818_test_CS4.epub/META-INF/encryption.xml(1): unfinished element
 2. ERROR: 0818_test_CS4.epub/OEBPS/content.opf(2): date value " is not valid, YYYY[-MM[-DD]]
    expected
 3. Check finished with warnings or errors!

Preflight report
```

InDesign CS4 이용 제작 ePUB 검증 결과

우선 CS4나 CS5 모두 공통으로 오류 요인으로 작용한 것은 Content.opf 파일에 적용된 날짜 표기가 표준을 어긋났다는 것입니다. 표준에서 정한 정확한 표시 방법은 〈dc:date〉2010-12-31〈/dc:date〉과 같이 표기되어야 합니다.

오류로 표시되지는 않았지만, 노란색으로 표시된 부분은 파일명이 한글로 표기되어 특수 문자로 표현되고 있습니다. 일반적으로 epubcheck 1.0.5.는 한글 파일명에 대해서는 수용하지 않고, 프로그램을 종료함으로 이에 대한 수정을 요구합니다.

```
<?xml version="1.0"?>
<package xmlns="http://www.idpf.org/2007/opf" xmlns:dc="http://purl.
org/dc/elements/1.1/" unique-identifier="bookid" version="2.0">
<metadata>
<meta name="generator" content="Adobe InDesign"/><dc:title/><dc:c
reator/><dc:subject/><dc:description/><dc:publisher/><dc:date/><d
c:source/><dc:relation/><dc:coverage/><dc:rights/><dc:identifier
id="bookid">urn:uuid:1c4f5e70-f9a4-360c-fd36-0232279bfe5c</
dc:identifier><dc:language>en</dc:language>
</metadata>
<manifest>
<item id="ncx" href="toc.ncx" media-type="application/
x-dtbncx+xml"/><item id="x-1" href="%EB%AC%B4%EC%A0%9C-1.xhtml" media-
type="application/xhtml+xml"/><item id="cover-fmt-jpeg" href="images/
cover_fmt.jpeg" media-type="image/jpeg"/><item id="css" href="template.
css" media-type="text/css"/>
</manifest>
<spine toc="ncx"><itemref idref="x-1"/></spine>
</package>
```

CS4로 작성한 ePUB의 경우 META-IN 폴더에 DRM 적용을 위한 encryption.xml이 생성되었으나, 〈/encryption〉이 사용되지 않음을 지적하고 있습니다.

```
<encryption xmlns="urn:oasis:names:tc:opendocument:xmlns:container"
xmlns:enc="http://www.w3.org/2001/04/xmlenc#" xmlns:deenc="http://
ns.adobe.com/digitaleditions/enc"/>
```

02 Calibre으로 제작한 ePUB의 검증

Calibre 이용 제작 ePUB 검증 결과

Calibre 솔루션을 이용한 경우에도 역시 InDesign과 마찬가지로 〈dc:date〉와 관련된 오류를 지적하고 있습니다. 그러나 InDesign과 조금 다른 것은 Calibre의 경우 〈dc:date〉2010-08-11T13:14:15.323000+00:00〈/dc:date〉와 같이 표준에서 지정한 기본 정보보다 더 많은 정보를 포함하고 있다는 점입니다.

```
<?xml version='1.0' encoding='utf-8'?>
<package xmlns="http://www.idpf.org/2007/opf" version="2.0" unique-
identifier="uuid_id">
   <metadata xmlns:xsi="http://www.w3.org/2001/XMLSchema-instance"
xmlns:opf="http://www.idpf.org/2007/opf" xmlns:dcterms="http://purl.
org/dc/terms/" xmlns:calibre="http://calibre.kovidgoyal.net/2009/
metadata" xmlns:dc="http://purl.org/dc/elements/1.1/">
     <meta name="calibre:series_index" content="1"/>
     <dc:language>ko</dc:language>
     <dc:title>reflow</dc:title>
       <meta name="calibre:timestamp" content="2010-08-
11T13:14:15.323000+00:00"/>
```

```xml
        <dc:creator opf:file-as="없음. 알 수" opf:role="aut">알 수 없음</dc:creator>
        <meta name="cover" content="cover"/>
        <dc:date>2010-08-11T13:14:15.323000+00:00</dc:date>
        <dc:contributor opf:role="bkp">calibre (0.7.14) [http://calibre-ebook.com]</dc:contributor>
        <dc:identifier id="uuid_id" opf:scheme="uuid">9d5ffc45-db15-45e3-b0af-5fe0971d4aff</dc:identifier>
    </metadata>
    <manifest>
        <item href="cover.jpeg" id="cover" media-type="image/jpeg"/>
        <item href="stylesheet.css" id="css" media-type="text/css"/>
        <item href="temp_calibre_txt_input_to_html.html" id="html" media-type="application/xhtml+xml"/>
        <item href="titlepage.xhtml" id="titlepage" media-type="application/xhtml+xml"/>
        <item href="toc.ncx" media-type="application/x-dtbncx+xml" id="ncx"/>
    </manifest>
    <spine toc="ncx">
        <itemref idref="titlepage"/>
        <itemref idref="html"/>
    </spine>
    <guide>
        <reference href="titlepage.xhtml" type="cover" title="Cover"/>
    </guide>
</package>
```

Calibre의 경우 reflow.txt 파일을 Import하여 ePUB으로 변환하였는데, 본문으로 사용한 html 파일이 아래와 같이 표현되어 정확한 한글 텍스트 반영이 이루어지지 않은 것 같습니다. 사용한 reflow.txt의 인코딩이나 기타 ePUB변환 세팅 시의 실수가 있었던 것으로 보여집니다. 다만 지적된 unfinished element는 아래 노란색으로 표기한 부분과 같이 TXT의 변환 시에 이를 반영한 코딩이 정확하게 이루어지지 않은 것으로 미루어 짐작합니다.

```
<?xml version='1.0' encoding='utf-8'?>
<html xmlns="http://www.w3.org/1999/xhtml">
  <head>
<meta content="http://www.w3.org/1999/xhtml; charset=utf-8" http-equiv="Content-Type"/><link href="stylesheet.css" type="text/css" rel="stylesheet"/><style type="text/css">
              @page { margin-bottom: 5.000000pt; margin-top: 5.000000pt; }</style></head>
  <body class="calibre">
<p class="calibre1">Reflow</p>
<p class="calibre1">Reflow□□epub □□□□□□□□□□ □□□□□ □□□ □□□□ □□□ □□ □□□□ﾚ □C□□□□□ □□□□□□ □□□□□□e□□□□ □□□□□□□□ □□□□□ □□□□ □□□□□□□□ □□□ □□□□□□□□□□□□□□□□□□□□□e □□□□□□ □□□□□□□ □□□□□□□□□□□</p>
</body>
</html>
```

마지막으로 출력된 오류인 "PreserveAspectRatio"의 경우 Calibre에서 표지 생성 시 SVG 형식을 사용하며 발생한 것으로 생각됩니다. 활용된 이미지의 비율을 지키지 않도록 세팅되어 이를 코드 상에서 활용한 것이 오류의 요인으로 작용하였습니다.

```
<?xml version='1.0' encoding='utf-8'?>
<html xmlns="http://www.w3.org/1999/xhtml" xml:lang="en">
    <head>
            <meta http-equiv="Content-Type" content="text/html; charset=UTF-8"/>
        <meta name="calibre:cover" content="true"/>
        <title>Cover</title>
        <style type="text/css" title="override_css">
            @page {padding: 0pt; margin:0pt}
            body { text-align: center; padding:0pt; margin: 0pt; }
        </style>
    </head>
    <body>
        <svg xmlns="http://www.w3.org/2000/svg" xmlns:xlink="http://www.w3.org/1999/xlink" version="1.1" width="100%" height="100%" viewBox="0 0 600 600" preserveAspectRatio="none">
            <image width="600" height="600" xlink:href="cover.jpeg"/>
        </svg>
    </body>
</html>
```

Sigil으로 제작한 ePUB의 검증

Sigil 이용 제작 ePUB 검증 결과

Sigil의 경우 reflow.txt를 Import 하지 못하여, 내용을 복사하여 솔루션 본문에 복사하여 사용하였습니다. 아래 메시지에서는 opf파일 중에서 〈/metadata〉 엘리먼트가 정확히 종료되지 못함을 지적하고 있습니다.

외관상으로는 잘못이 없어보이지만, 〈metadata〉 내에 〈dc:title〉〈/dc:title〉과 〈dc:language〉〈/dc:language〉의 필수 항목이 빠져 있어 이러한 오류 메시지가 표시된 것입니다.

```xml
<?xml version="1.0" encoding="UTF-8"?>
<package xmlns="http://www.idpf.org/2007/opf" unique-identifier="BookID" version="2.0">
    <metadata xmlns:dc="http://purl.org/dc/elements/1.1/" xmlns:opf="http://www.idpf.org/2007/opf">
        <dc:identifier id="BookID" opf:scheme="UUID">21f9131f-60ca-43c4-974c-3ed66322068e</dc:identifier>
        <meta name="cover" content="cover.PNG"/>
        <meta name="Sigil version" content="0.2.4"/>
    </metadata>
    <manifest>
        <item id="ncx" href="toc.ncx" media-type="application/x-dtbncx+xml"/>
        <item id="cover.PNG" href="Images/cover.PNG" media-type="image/png"/>
        <item id="Section0001.xhtml" href="Text/Section0001.xhtml" media-type="application/xhtml+xml"/>
        <item id="Section0002.xhtml" href="Text/Section0002.xhtml" media-type="application/xhtml+xml"/>
    </manifest>
    <spine toc="ncx">
        <itemref idref="Section0001.xhtml"/>
        <itemref idref="Section0002.xhtml"/>
```

```
        </spine>
        <guide>
            <reference type="cover" title="Cover" href="Text/Section0001.xhtml"/>
        </guide>
</package>
```

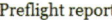 Upaper으로 제작한 ePUB의 검증

Upaper 솔루션은 사용 시 PNG 원본 이미지를 섬네일로 사용하도록 관련 세팅을 하였고 이에 따라 결과물에 "standard_thumnail.jpg"가 생성되었습니다. 오류 메시지에서는 생성된 jpg 파일의 속성이 jpg가 아닌 것으로 보인다고 메시지를 주고 있습니다. 동일 파일을 포토샵에서 열어본 결과 "Unknown or Invalid JPEG Market Type is"라는 오류 메시지를 보입니다. 이것은 아마도 PNG 파일을 jpg로 확장자만 바꾼 것으로 추측됩니다.

Upaper 이용 제작 ePUB 검증 결과

05 Comic4Portable으로 제작한 ePUB의 검증

텍스트를 사용할 수 없는 구조인 관계로 이미지만을 이용하여 ePUB으로 제작하여 보았습니다. 결과는 오류 없이 통과하였습니다. 구조적으로는 하나의 XHTML 파일에 하나의 image가 삽입되어 있는 상태입니다. 아울러 해당 XHTML 파일은 〈table〉을 이용하여 image를 Table에 넣고 있습니다.

Comic4Epub 이용 제작 ePUB 검증 결과

06 Kotxt2Epub으로 제작한 ePUB의 검증

Validate ePub documents

reflow-by-kotxt2-02.epub is NOT valid

1. ERROR: reflow-by-kotxt2-02.epub/OEBPS/content.opf(18): toc attribute references resource with non-NCX mime type; "application/x-dtbncx+xml" is expected
2. ERROR: reflow-by-kotxt2-02.epub/OEBPS/toc.ncx(4): required elements missing
3. ERROR: reflow-by-kotxt2-02.epub/OEBPS/titlepage.xhtml(14): required attributes missing
4. ERROR: reflow-by-kotxt2-02.epub/OEBPS/stylesheet.css(1): Content is not allowed in prolog.
5. ERROR: reflow-by-kotxt2-02.epub/OEBPS/stylesheet.css: Content is not allowed in prolog.
6. ERROR: reflow-by-kotxt2-02.epub/OEBPS/images/cover.bmp: Malformed byte sequence: Invalid byte 2 of 4-byte UTF-8 sequence. Check encoding
7. ERROR: reflow-by-kotxt2-02.epub/OEBPS/titlepage.xhtml(14): non-standard image resource 'OEBPS/images/cover.bmp' of type 'application/xhtml+xml'
8. Check finished with warnings or errors!

Kotxt2Epub 이용 제작 ePUB 검증 결과

Kotxt2Epub으로 제작한 ePUB의 오류 메시지입니다. 먼저 opf 파일에서는 아래 붉은 색으로 표시된 코드 내 media-type이 〈item id="ncx" href="toc.ncx" media-type="application/x-dtbncx+xml"/〉 같이 표기되어야 합니다.

```xml
<?xml version="1.0"?>

<!--created by koTxt2Epub conversion tool-->
<package xmlns="http://www.idpf.org/2007/opf" version="2.0" unique-identifier="BookId">
   <metadata xmlns:dc="http://purl.org/dc/elements/1.1/" xmlns:opf="http://www.idpf.org/2007/opf">
     <dc:identifier id="BookId" opf:scheme="ISBN">urn:d6c8111d-3b87-45fc-8632-f0ae766841b2</dc:identifier>
     <dc:title>reflow</dc:title>
     <dc:creator></dc:creator>
     <dc:language>ko</dc:language>
   </metadata>
   <manifest>
      <item id="tocncx" href="toc.ncx" media-type="application/xhtml+xml"/>
      <item id="titlepage" href="titlepage.xhtml" media-type="application/xhtml+xml"/>
      <item id="chapter1" href="chapter1.xhtml" media-type="application/
```

```
xhtml+xml"/>
      <item id="css" href="stylesheet.css" media-type="application/
xhtml+xml"/>
      <item id="image" href="images/cover.bmp" media-type="application/
xhtml+xml"/>
   </manifest>
   <spine toc="tocncx">
      <itemref idref="titlepage"/>
      <itemref idref="chapter1"/>
   </spine>
</package>
```

두 번째로는 ncx 파일과 관련한 오류를 지적하고 있는데, 필수적으로 요청되고 있는 엘리먼트들이 없는 것을 표시하고 있습니다. Ncx의 표준을 규정하고 있는 "specifications for the Digital Talking Book"에 따르면 〈head〉〈metadata〉〈/head〉와 〈docTitle〉〈/docTitle〉, 〈docAuthor〉〈/docAuthor〉 등이 필요한 상황으로 생각됩니다.

```
<!--created by koTxt2Epub conversion tool-->
<ncx xmlns="http://www.daisy.org/z3986/2005/ncx/" version="2005-1"
xml:lang="ko">
   <navMap id="d873d59d-7a3b-4e08-91cb-d460fbca8dcf">
      <navPoint id="aa23e0cd-126d-4f21-9adb-d94224be24aa" playOrder="1">
         <navLabel>
            <text>Title Page</text>
         </navLabel>
         <content src="titlepage.xhtml"/>
      </navPoint>
   </navMap>
</ncx>
```

표지인 titlepage.xhtml에 있어서도 지적된 오류는 삽입된 이미지 파일에 대한 속성값이 없다는 점입니다. 6번과 7번에서는 png 원본을 자체적으로 bmp로 바꾸어 활용하고 있으나, bmp는 ePUB의 미디어 포맷이 아니며, 기타 jpg나 png를 이용한다 하더라도 속성값인 alt="xxx"를 사용하여야 하는 점이 지적되고 있습니다. 이 밖에도 CSS에서 오류가 있음을 지적하고 있습니다.

```xml
<?xml version="1.0" encoding="UTF-8"?>
<!DOCTYPE html PUBLIC "-//W3C//DTD XHTML 1.0 Transitional//EN" "http://www.w3.org/TR/xhtml1/DTD/xhtml1-transitional.dtd">

<!--created by koTxt2Epub conversion tool-->
<html xmlns="http://www.w3.org/1999/xhtml" xml:lang="ko">
  <head>
    <meta http-equiv="content-type" content="text/html;charset=utf-8"/>
    <title>reflow</title>
    <link href="stylesheet.css" type="text/css" rel="stylesheet"/>
  </head>
  <body style="margin-top:4.0em;">
    <p class="title">reflow</p>
    <div style="text-align:center;">
      <img src="images/cover.bmp" width="350" height="450"/>
    </div>
    <p class="author"/>
  </body>
</html>
```

Chapter 07

iBooks에 ePUB Book을 넣고 활용하기

이제 마지막으로 검증과 수정을 거친 ePUB eBook을 iPad iBooks에 넣어 보겠습니다. 검증을 마친 ePUB을 iBooks에 넣는 것은 상대적으로 간단합니다. iPad가 iTunes와 동기화할 수 있는 상황에 있다면 아이튠즈에는 "책"이라는 메뉴가 생성되어 있고, 이곳에 iBooks에 넣고자 하는 eBook을 드래그하여 넣습니다.

iTunes 책 폴더에 넣은 결과

이후 활성화되어 있는 "장비", iPad를 선택하여 주면 관련한 다양한 메뉴가 보이게 됩니다. 이 가운데 "책"을 선택하여 주면 현재 아이튠즈에 등록된 ePUB 북들이 보이게 됩니다.

동기화를 통하여 iPad 내 iBooks로 ePUB을 전송할 수 있으며, 필요에 따라 동기화는 선택적이거나 일괄적인 방법을 이용합니다.

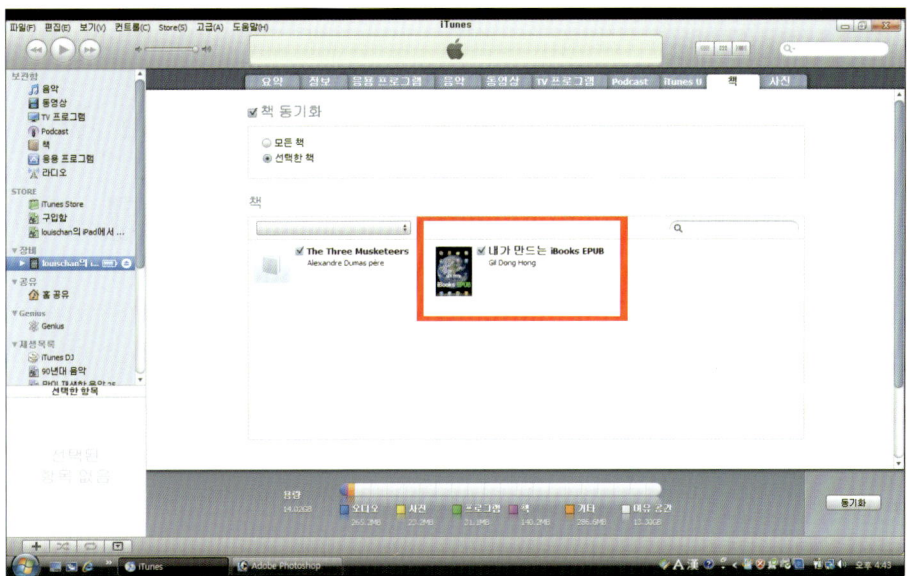

iPad 동기화 결과

이러한 과정을 통해 iBooks 서가에는 다음과 같이 "내가 만드는 iBooks ePUB"이 위치하게 됩니다.

iBooks 서가 이미지

ePUB for iBooks 283

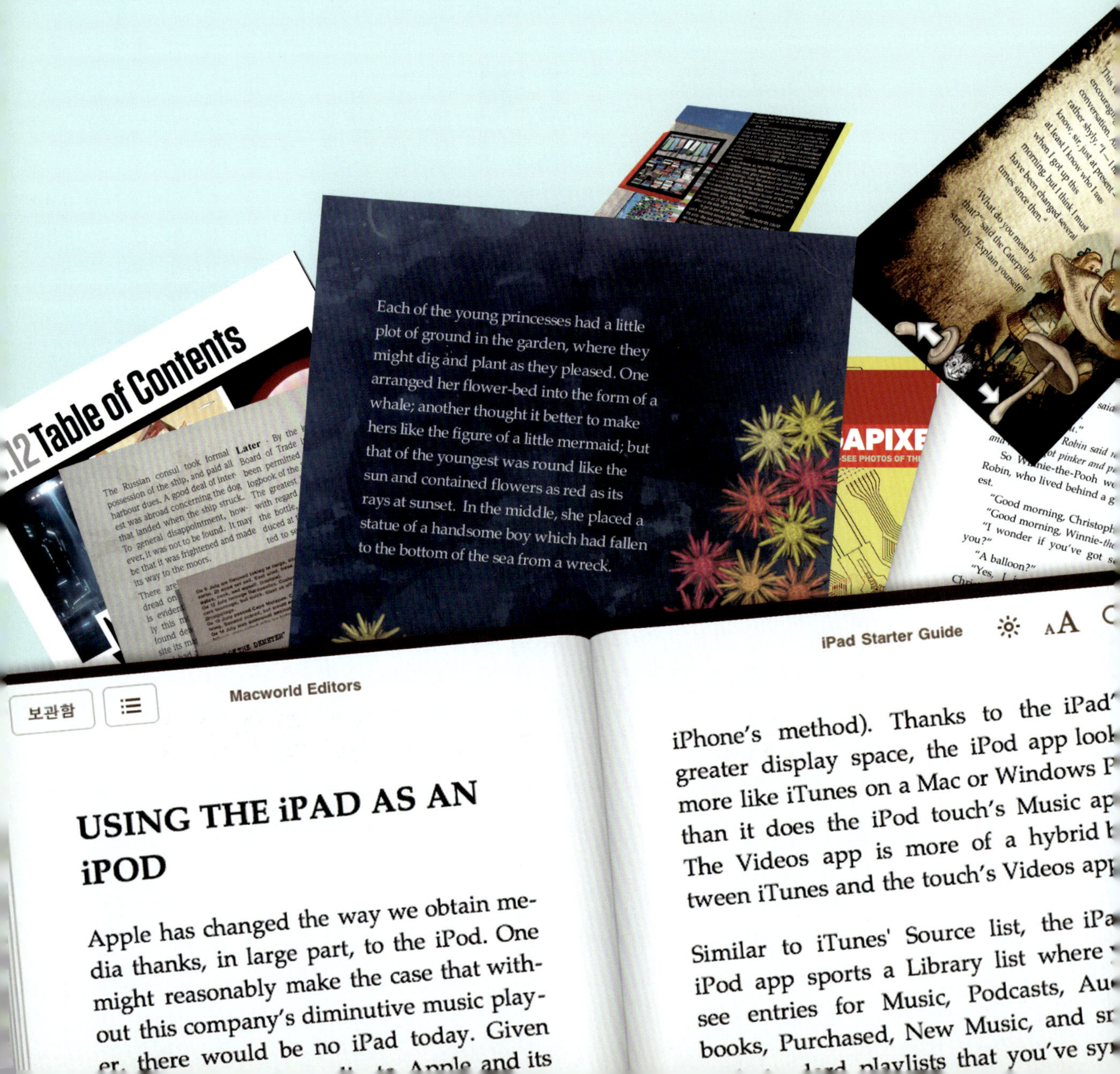

Each of the young princesses had a little plot of ground in the garden, where they might dig and plant as they pleased. One arranged her flower-bed into the form of a whale; another thought it better to make hers like the figure of a little mermaid; but that of the youngest was round like the sun and contained flowers as red as its rays at sunset. In the middle, she placed a statue of a handsome boy which had fallen to the bottom of the sea from a wreck.

iPad Starter Guide

보관함 Macworld Editors

USING THE iPAD AS AN iPOD

Apple has changed the way we obtain media thanks, in large part, to the iPod. One might reasonably make the case that without this company's diminutive music player, there would be no iPad today. Given

iPhone's method). Thanks to the iPad' greater display space, the iPod app look more like iTunes on a Mac or Windows P than it does the iPod touch's Music ap The Videos app is more of a hybrid b tween iTunes and the touch's Videos app

Similar to iTunes' Source list, the iPa iPod app sports a Library list where y see entries for Music, Podcasts, Au books, Purchased, New Music, and sr

06
iBook Store에 eBook 등록하기

Chapter 01

iBook Store에 eBook 판매하기

1인 출판 혹은 개인 저자의 콘텐츠를 출판할 수 있도록 지원하는 다양한 유통 채널들이 속속 등장하고 있습니다. 특정 채널들은 별다른 제약 없이 단지 자신의 eBook을 등록하는 것만으로 판매를 위한 절차가 마무리되는 반면, iBooks의 경우 상대적으로 까다로운 절차를 요구하고 있습니다.

1. 출판사 신고하기

이제 ePUB으로 eBook을 제작하였고, 이러한 eBook에 대한 오류 검증도 끝마쳤다면 이제는 iBooks에 제작·출판한 eBook을 판매하는 과정에 대해 살펴보겠습니다.

이미 iBooks에 eBook을 등록하기 방법에 대한 소개자료들이 있지만, 이 곳에서는 가급적이면 필자의 경험에서 애로를 느꼈던 부분과 조금 더 주의할 부분에 대해 중점을 두고 소개하도록 하겠습니다.

iBooks에 eBook을 판매하기 위해 필요로 되는 사항은 개별 eBook에 대한 ISBN입니다. ISBN을 확보하기 위해서는 가장 먼저 출판사 신고를 해야 합니다.

출판사 신고는 과거와는 달리 그 절차가 매우 간단해지고, 요청되는 요건도 매우 간소화되어 있습니다. 특히 1인 혹은 개인 저자들이 어려움을 느끼는 사업장과 관련한 부분을 각 개인의 주소지나 또는 소재지를 등록하지 않고서도 출판사를 등록할 수 있도록 완화되어 있습니다.

문화관광부 1인 무점포 출판사 허용지침(출판산업과-45, 2005. 1.7)에 따르면 "단독주택 및 공동주택 내에서는 건축법상 용도규정을 적용하지 않고 1인 무점포 출판사를 운영할 수 있으며, 이 경우 [출판사 신고서]에 사업체 소재지를 기재하지 않아도 됨"으로 허용하고 있으며, eBook을 출판하려는 많은 1인 출판사들은 그 개념상 "통상적으로 물적 시설없이 근로자를 고용하지 아니하고 주거시설(단독주택 및 공동주택) 내에서 독립된 자격으로 출판사를 운영하는 자"이며 이들은 "부가가치세법 시행령 제35조의 규정에 의한 독립적인 인적 용역 제공자와 유사한 인적 용역을 제공하는 자(*출판인)"로 볼 수가 있는 1인 무점포 출판사에 해당한다 하겠습니다.

01 출판사 상호의 중복가능성 검색

이러한 1인 (무점포) 출판사를 설립하기 위해서는 가장 먼저 출판사의 "상호"를 결정하여야 합니다. 출판사의 상호와 관련한 사항은 "출판사의 명칭은 단일 상호를 사용하여야 하며, 타인이 사용하고 있는 출판사의 상호는 동일한 특별시, 광역시, 시, 군에서는 사용하지 못함"과 같이 상법에서 규정하고 있는 바 사전에 이의 중복을 확인하여야 합니다.

출판사에 대한 업무를 관장하고 있는 문화관광부에서는 검색 시스템(http://61.104.76.20/html/)을 구축하여 이를 지원하고 있습니다.

문화관광부 출판사 검색 시스템

1인 무점포 출판이 아닌 법인을 설립하여 출판을 하고자 하시는 분들은 상기 검색 사이트 이외에 대법원 상호 검색 사이트 (http://www.iros.go.kr/ifrontservlet?cmd=INSEWelcomeNseFrmC)를 통하여 중복된 상호가 있는지 검증하는 것이 필요합니다.

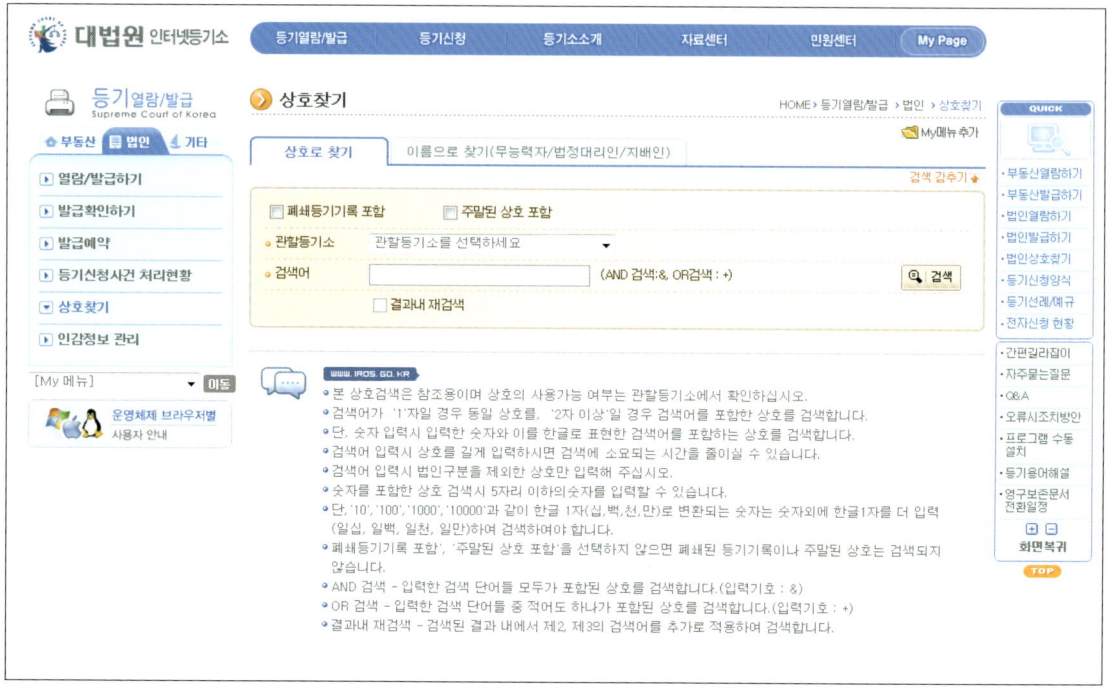

대법원 상호 검색 시스템

02 해당 구청에서 신고하기

출판사의 신고는 소재지 해당 구청에서 담당하는 데 구청 별로 담당하고 있는 과가 다를 수 있습니다. 대체로 문화공보과, 문화관광과, 문화행정과 등에서 담당하고 있습니다.

출판사 신고를 위한 신청서에는 명칭, 전화번호, 소재지(주소), 대표자 성명, 주민등록번호, 주소, 신고번호, 신고일자를 기재한 신고서를 제출하면 3일 이내에 처리됩니다. 출판사신고확인증을 발급받기 위해서는 면허세가 부과되는데, 1년에 1만 8천원을 납부하면 됩니다.

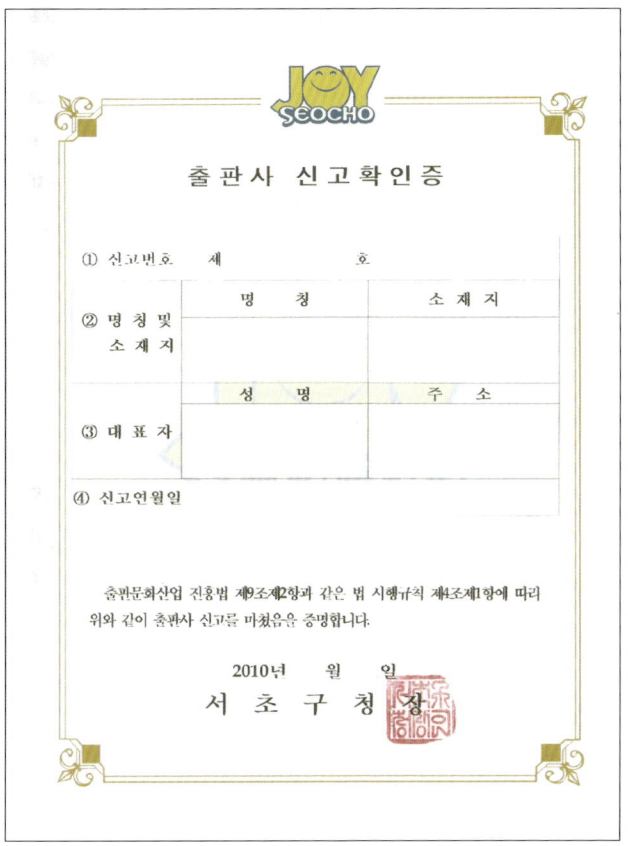

출판사 신고확인증 샘플

2. 사업자 등록하기

우리가 iBooks에 eBook을 등록하기 위해 필요한 ISBN은 출판사 신고만으로도 확보가 가능합니다. 그러나 eBook 혹은 도서의 판매를 통해 수익을 발생시키려고 하면 반드시 필요한 것이 사업자등록증입니다. 국내의 eBook 유통사들 또한 세무처리를 위해 도서 혹은 eBook 공급사의 사업자등록번호를 필수적으로 요구하고 있으며, 향후 iBook Store와의 거래를 통해 매출이 발생하는 경우에도 국내에서의 과세 처리를 위해 필요합니다.

사업자등록은 관할 세무서에 이미 발급받은 출판사신고확인증 사본과 소재지를 증명할 수 있는 주민등록등본(2통)을 준비하고 사업자등록신청서(2부)를 작성하여 신청하면 바로 발급이 됩니다. 출판사업자는 그 사업의 성격으로 인해 부가가치세 면세사업자로 분류되므로 차후의 부가세 관련 부분에서 큰 어려움은 없습니다.

3. 발행자등록 및 ISBN 발급받기

우리가 얻고자 하는 ISBN은 한국문헌번호센터(http://www.nl.go.kr/isbn_issn/isbnissn.php)에서 발급합니다. 이를 발급받기 위해서는 먼저 해당 사이트에 출판사 이름으로 회원가입을 합니다.

한국문헌번호센터 사이트

01 발행자번호 발급받기

동 사이트에 로그인하여 발행자번호를 신청하는 것입니다. 각각의 출판사에 대한 고유번호(발행자번호)를 부여 받고, 이를 근간으로 한 ISBN(International Standard Book Number)를 발급받게 됩니다.

발행자번호를 발급받기 위해서는 먼저 신청서를 작성하고, 연간 출간(예정)할 도서목록을 작성하여 제출합니다. 해당 사이트에서 온라인상으로 이 두 가지 사항을 진행할 수 있으나, 출판사신고확인증은 팩스로(02-590-0621)로 송부하고, 유선상으로 제반 사항을 다시금 확인합니다. 일반적으로 발행자번호는 5일 이내에 발급되며, 발급 이후 ISBN 관련 대면교육이나 온라인 교육을 이수하여야 ISBN을 신청할 수 있도록 하고 있습니다.

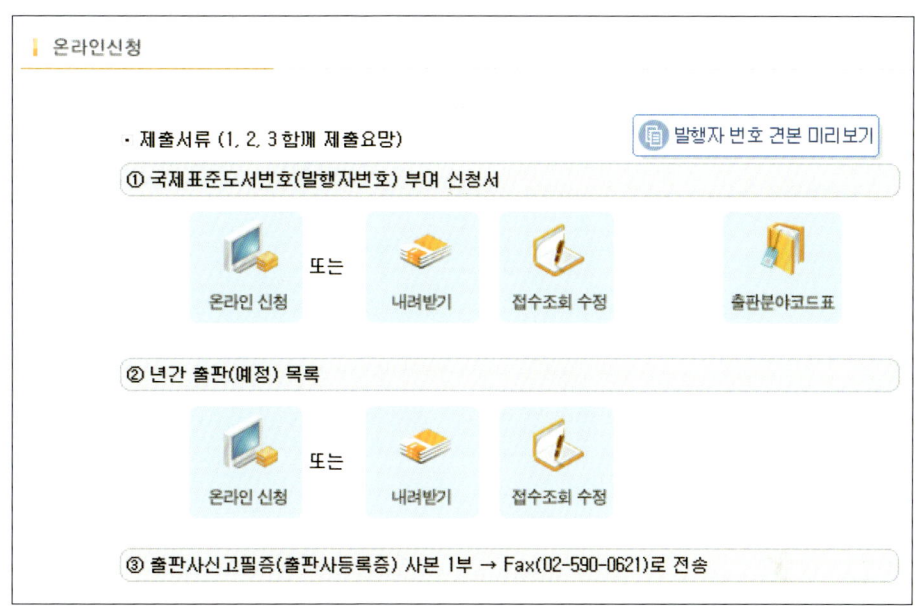

발행자번호 신청 과정

아래 그림은 한국문헌번호센터에서 제공하는 발행자번호 신청서 샘플과 출간 예정목록 샘플입니다.

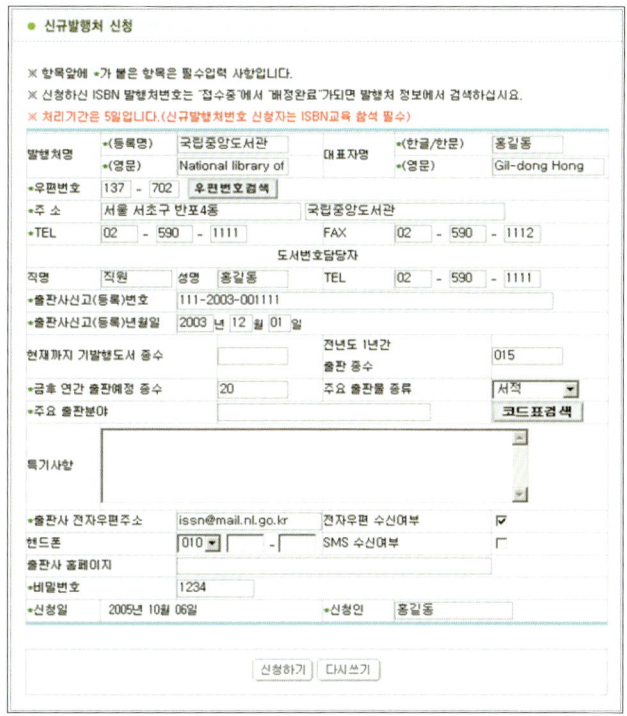

발행자번호 신청서

6. iBooks Store에 eBook 등록하기

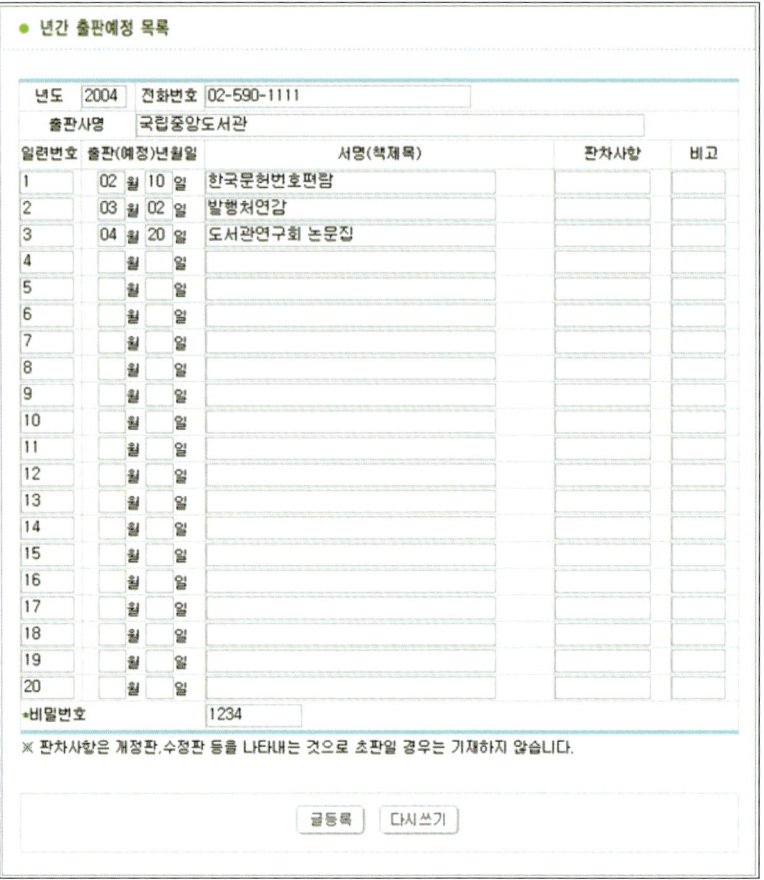

출판 예정 목록 샘플

02 ISBN 신청하기

처음 발행자번호를 발급받을 때에는 최대 10개의 ISBN을 신청할 수 있는 번호가 부여됩니다. 이후 ISBN은 한국도서번호통보서신청을 통해 진행하는데, 온라인상의 신청 내용은 다음과 같습니다.

ISBN 온라인 신청서 샘플

ISBN은 총 18자리의 숫자로 이루어져 있는데, 이 중 13자리의 숫자가 iBooks Store 기타 필요로 되는 곳에 활용됩니다. 세부 내용은 아래 그림을 참조하기 바랍니다.

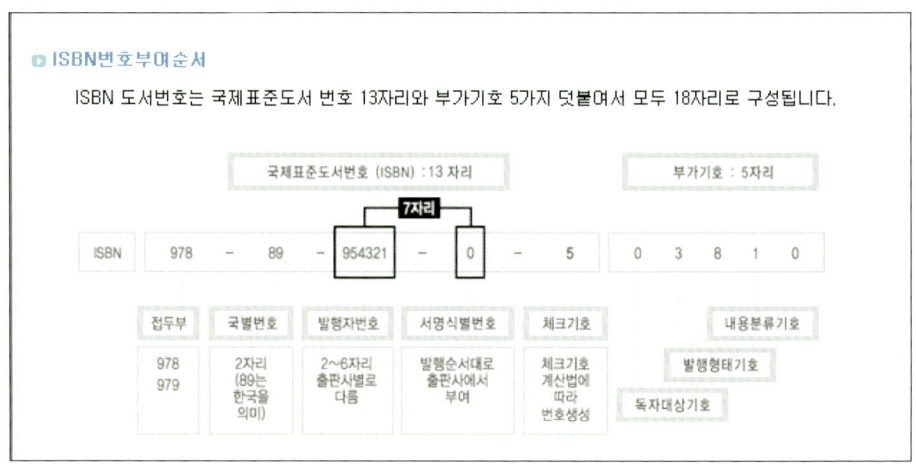

ISBN 번호의 의미

순서	ISBN	설명
1단계	978	국제상품코드관리협회(EAN International)가 부여하는 3자리 숫자로 978, 979가 있습니다.
2단계	89	우리나라 국별번호는 89입니다.
3단계	발행처번호(2~6자리)	한국문헌번호센터에서 발행자에 부여한 번호입니다.
4단계	서명식별번호	서명식별번호는 발행자가 출판물 발행시 순차적으로 부여하는 번호입니다. 발행처번호+서명식별번호=7자리 센터에서 부여받은 발행처번호를 제외한 나머지 자리가 서명식별번호 자리수입니다. 예) 6자리 발행처번호인 경우(0번부터 9번까지 사용) 　첫번째부여 978-89-954321-**0**-5 　두번째부여 978-89-954321-**1**-2 예) 5자리 발행처번호인 경우(00번부터 99번까지 사용) 　첫번째부여 978-89-85001-**00**-7 　두번째부여 978-89-85001-**01**-9
5단계	체크기호	체크기호는 ISBN 마지막 한자리 숫자로 ISBN의 정확성을 자동으로 점검할수 있는 기호입니다. 「한국도서번호통보서신청」 시 체크기호는 자동계산됩니다. ISBN 체크기호 계산 프로그램 「다운로드」
6단계	부가기호	1행 - 독자대상기호(독자대상기호표에서 선택) 2행 - 발행형태기호(발행형태기호표에서 선택) 3행~5행 - 내용분류기호(내용분류기호표에서 선택)

각 단계별 연결은 '-'으로 한다.

ISBN 번호 부여 순서

단계별 번호 선택에 있어서 eBook 형태의 도서에 대해서는 발행형태 번호에서 전자책이 포함된 기호 "8"을 선택합니다.

[제2단계] 발행형태기호 (제2행)		
기호	내용	설명
0	문 고 본	A6판(국반판)
1	사 전	辭典,事典類(책크기에 관계없음)
2	신서판	B40판(3,6판), B6신(신4,6판)
3	단 행 본	"문고본"과 "신서판"에 해당되지 않는 도서
4	전집,총서,다권본	전집,총서,다권본
5	(예 비)	
6	도 감	도감류
7	그림책,만화	그림책,만화
8	혼합자료,점자자료 전자책,마이크로자료	혼합자료,점자자료,전자책(CD-ROM 등),마이크로자료
9	(예 비)	

전자책의 발행형태 기호

신청 완료 후 통상 ISBN은 1일 후 승인을 받아 공식적으로 활용 가능하게 됩니다.

4. EIN 발급받기

EIN(Employer Identification Number)은 우리나라의 사업자등록번호와 유사한 것으로서 미국의 IRS(Internal Revenue Service)에서 발급을 담당하고 있습니다. EIN은 iBook Store를 운영하고 있는 Apple 사가 미국 소재 기업이기 때문에 eBook의 판매를 통해 발생하는 수익에 대한 과세를 위해 요구되고 있는 것입니다. 외국인의 EIN 등록은 미국 국내의 내국인과 달리 반드시 SS-4라는 양식(http://www.irs.gov/pub/irs-pdf/fss4.pdf) 을 이용하여 신청하도록 하고 있습니다.

EIN 발급을 위한 SS-4 양식

SS-4 양식은 외국인이 기입할 수 있는 부분이 제한적인데, 그 형태 또한 우리나라의 개인 사업자 등록과 같은 성격으로 허용됩니다. 필요로 되는 사항의 기재 내역을 살펴보면 아래와 같습니다.

SS-4 양식 기재 내용

iBook Store를 경험하신 분들이 소개하신 내용 중에서 EIN을 발급받기 위한 가장 효과적인 방법은 인터넷전화를 이용한 직접 통화입니다. 팩스나 기타 우편 등의 방법은 생각보다 시일이 오래 걸리며 또한 그 진행과정을 확인하기가 매우 어렵습니다. 용감하게 미국의 업무시간에 맞추어 전화를 하고, 해당 SS-4를 팩스를 넣고, 이후 필요한 사항을 진행하는 것이 가장 빠르고 효과적으로 EIN을 발급받을 수 있는 방법인 것 같습니다.

전화로 진행하는 가운데 가장 중요한 것은 자신의 EIN 발급을 담당해 줄 IRS 직원의 이름을 정확하게 알아야 한다는 것입니다. 혹시라도 중간에 예기치 못하게 전화가 끊기거나 하는 경우 진행하던 직원과 다시 마무리 지을 수 있기 때문입니다. 개인적으로는 처음 담당했던 직원과 추후 연결된 직원이 달라 팩스를 보내는 것부터 다시 시작해야 하는 경우도 보았기 때문입니다.

EIN 관련 상담번호 : 001-215-516-6999

EIN 관련 팩스번호 : 001-215-516-1XXX(직원마다 다름)

이러한 과정을 거쳐 발급되는 EIN번호는 98-066***와 같은 형식으로 제공되며, 추후 관련한 문건이 송부되어 옵니다.

5. Apple사의 Content Provider 등록하기

 Content Provider 등록 신청하기

Apple 사의 Content Provider로의 등록 신청은 다음과 같은 웹 페이지(https://itunesconnect.apple.com/WebObjects/iTunesConnect.woa/wa/apply)에서 가능합니다. 해당 주소로 접근하면 아래와 같은 페이지가 보이게 되며, 좌측 하단에서 "Books" 항목을 선택하고 진행합니다.

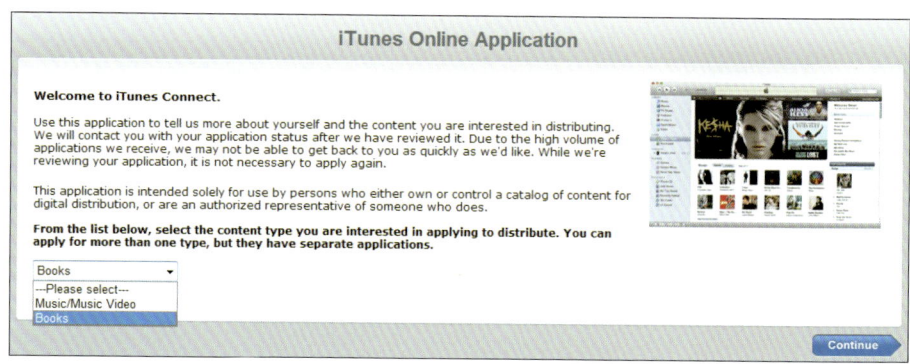

Online Application 사이트

이번에는 사전에 요구되는 내용에 대해 설명하고 있습니다. 차후 Contents를 upload하기 위한 시스템의 사양과 upload될 eBook의 필수사항들, 그리고 세무와 관련한 EIN 등에 대한 요건을 설명하고 있습니다.

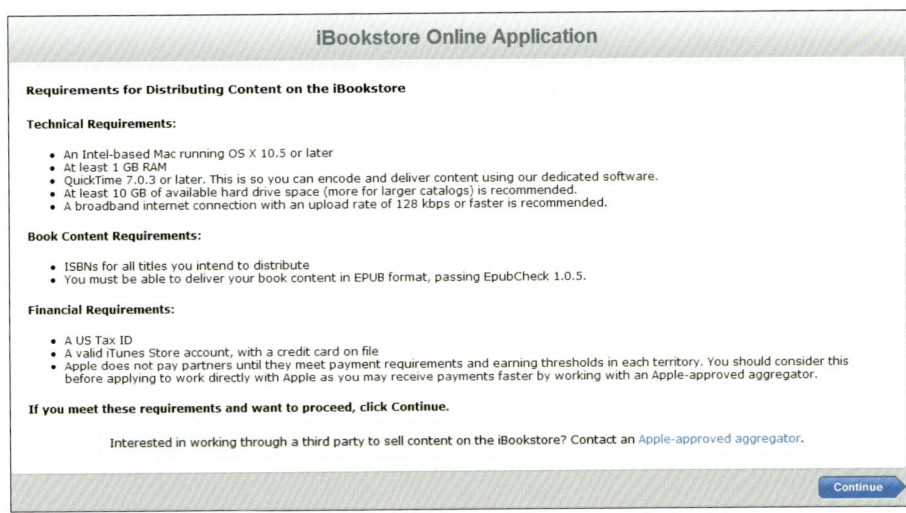

Requirements 안내 내용

다음은 앞서 준비한 아이튠즈 계정과 관련된 내용을 요구하고 있습니다. 자칫 First Name과 Last Name을 바꾸어 입력하는 경우 또는 계정에 잘못 등록되어 맞지 않는 경우에는 다음 단계로 진행이 되지 않으므로 이를 주의하여 입력합니다.

iTunes 계정 입력 내용

6. iBooks Store에 eBook 등록하기

아이튠즈 계정을 이용하여 로그인을 하게 되면 다음과 같은 내용이 보여집니다. 샘플에서는 세부 내용을 삭제하고 제공하였으나, 등록자의 기본 정보가 표시되며 추가적으로 우측 상단에 보여지는 Legal Name, US Tax ID(EIN), Title 등을 입력하고, 출간하고자 하는 책과 관련된 ISBN을 입력하여 줍니다.

이 과정에서 주의해야 하는 점은 ISBN을 임의의 숫자로 채우는 경우 해당 내용에 대한 Apple사의 Feed Back을 받기가 상대적으로 매우 어려운 것으로 파악되고 있습니다. ISBN은 차후 eBook의 실제 등록 시에도 중요한 역할을 하지만, 이 단계에서도 반드시 정상적으로 발급된 것을 입력하여야 진행 기간을 단축할 수 있습니다.

ISBN 정보 입력 내용

이 모든 과정을 마치면 실제 email을 받을 수 있는 주소에 대한 확인 작업이 이루어집니다. 모든 것이 정상적이라면 최종적인 정보를 제공하면 됩니다.

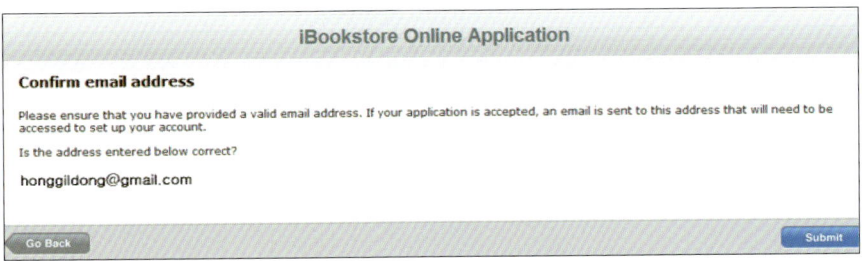

아이튠즈 계정 입력 내용

02 Confirm email 처리하기

앞서 신청한 내용이 문제없이 진행되었다면 짧은 시간 안에 다음과 같은 email이 도착하게 됩니다. 다음 단계인 iTunes connect에 접근하기 위해서는 메일 내용 중의 "iTunes connect"에 걸려 있는 link를 통해 해당 페이지에 접근합니다. 수 차례의 실수 끝에 해당 링크를 통해서만 접근이 된다는 값진 경험(?)을 획득하게 됩니다.

승인되었다는 email 내용

03 계약 및 세무, 은행 정보 처리하기

iTunes Connect페이지에 해당 계정으로 로그인을 하면 아래와 같은 내용의 약관 페이지가 많은 내용에 대해 동의하기를 요청합니다. 대체로 읽기보다는 동의를 하고 다음 페이지로 진행합니다.

약관 내용

이후 iTunes Connect의 초기 화면이 나타납니다. 아직 Apple 사와 공식적인 계약이 이루어지지 않았기 때문에 iTunes Connect에서는 계약과 관련한 내용이 보여지게 됩니다. 이외에도 User Guide와 eBook upload를 위한 iTunes Producer를 함께 다운 받을 수 있습니다.

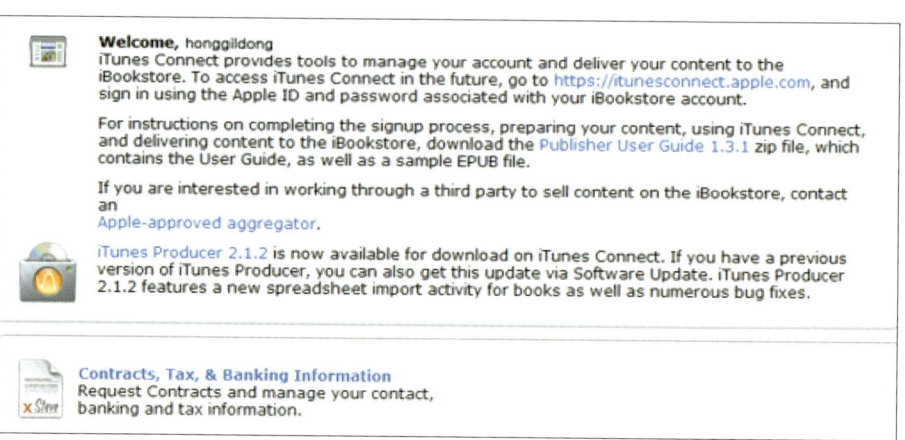

계약, 세무, 은행 정보 내용

절차상으로 관련된 계약을 완결한 이후 세부 내용에 대한 정보를 파악하는 것이 일반적이므로 계약 등과 관련한 내용을 클릭하면 다음과 같은 페이지로 이동하게 됩니다. 이 페이지에서는 당사자, 계약의 주체에 대한 정보를 만들어야 하므로 우측의 "Create New"를 눌러 정보 입력 페이지를 불러옵니다.

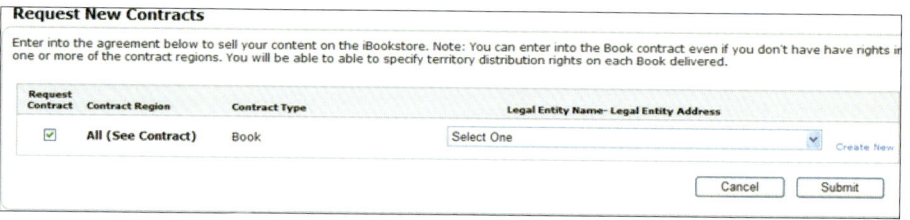

계약 주체 생성

계약 당사자와 관련한 정보, 이름, 주소지 등에 대한 정보를 입력하고 하단의 "create" 버튼을 눌러줍니다.

계약 주체에 대한 정보 입력

주체에 대한 정보를 포함한 내용이 표시됩니다. 이상이 없을 경우 "Submit" 버튼을 누르면 다음 페이지로 이동합니다.

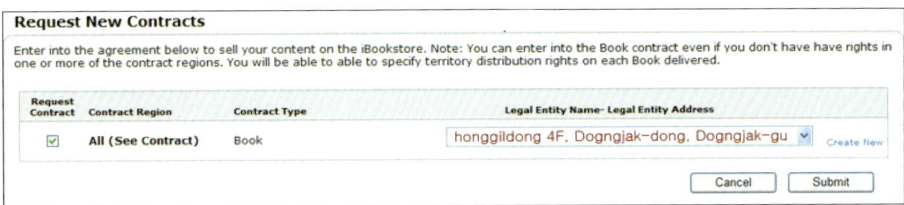

입력 정보에 대한 확인

계약번호를 담은 페이지가 생성되며, 추가적으로 Contact Info, Bank Info, Tax Info에 대한 내용을 입력하기를 요청합니다.

추가 입력 필요 항목들

앞서 생성한 계약 주체와 관련한 정보가 표시되며, 각각의 항목들에 대하여 각 부문별로 관계자에 대한 정보를 요청하고 있습니다. 1인 출판의 경우 모든 항목에 1인의 정보를 입력하여도 크게 문제될 것이 없습니다.

Contact Info 입력 항목들

정보입력이 완료되었다면, 다음으로는 수익을 송금 받을 은행과 관련한 정보를 설정합니다. Bank info는 아래와 같은 정보를 요구하는데, 계좌를 추가하고 나서 Country는 Korea, Republic of를 선택하여 줍니다. 해당되는 은행에 대한 code를 입력하면 되는데, code를 모를 경우 검색하여 선택하여 줍니다. 참고로 국민은행은 004, 외환은행은 005, 우리은행은 020입니다. 그림은 외환은행을 선택하여 마무리된 결과입니다.

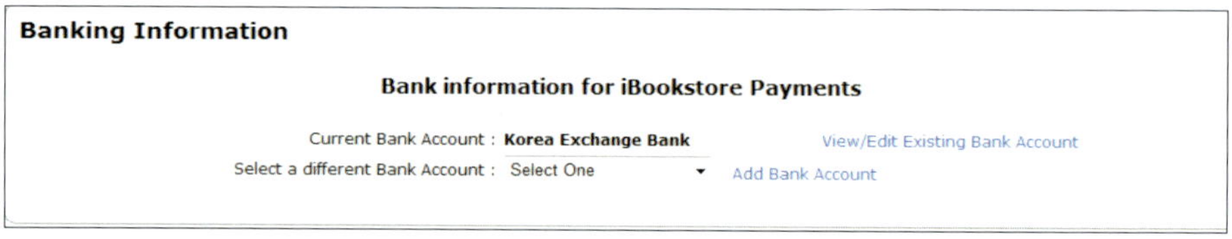
Banking Information

Bank information for iBookstore Payments

Current Bank Account : **Korea Exchange Bank** View/Edit Existing Bank Account

Select a different Bank Account : Select One Add Bank Account

Bank Info 입력 이후

세무 항목과 관련하여서도 관계없는 내용들에 대한 선택과정을 거치고 나면 다음과 같은 페이지가 나타납니다. 해당되는 내용들에 대한 선택 중에서 EIN 발급 시에 입력하였던 individual/sole proprietor를 선택하여 주고 Title 부분에 대한 입력 후 정보를 제공합니다.

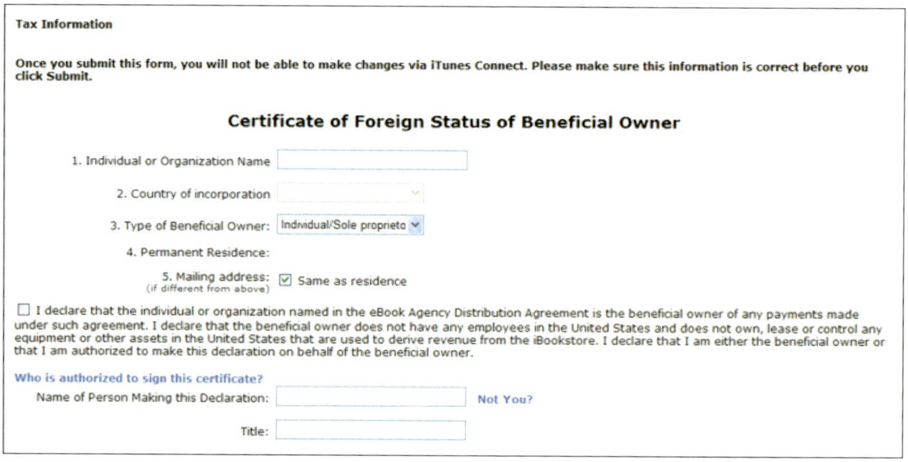
Tax Information

Once you submit this form, you will not be able to make changes via iTunes Connect. Please make sure this information is correct before you click Submit.

Certificate of Foreign Status of Beneficial Owner

1. Individual or Organization Name

2. Country of incorporation

3. Type of Beneficial Owner: Individual/Sole proprieto

4. Permanent Residence:

5. Mailing address: (if different from above) ☑ Same as residence

☐ I declare that the individual or organization named in the eBook Agency Distribution Agreement is the beneficial owner of any payments made under such agreement. I declare that the beneficial owner does not have any employees in the United States and does not own, lease or control any equipment or other assets in the United States that are used to derive revenue from the iBookstore. I declare that I am either the beneficial owner or that I am authorized to make this declaration on behalf of the beneficial owner.

Who is authorized to sign this certificate?

Name of Person Making this Declaration: **Not You?**

Title:

Tax Info 입력 페이지

해당되는 항목들에 대한 모든 과정이 정확하게 마무리 되었다면 개별적인 입력항목들이 마무리되어 우측에 "Contract in Effect" 란에 초록색 마크가 설정된 것을 볼 수 있습니다.

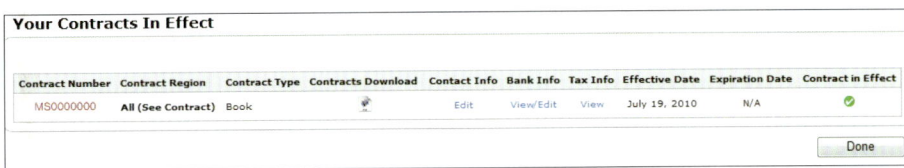

계약 완료 페이지

다시 iTunes Connect 페이지에 로그인을 하게 되면 그림과 같은 페이지가 나타납니다.

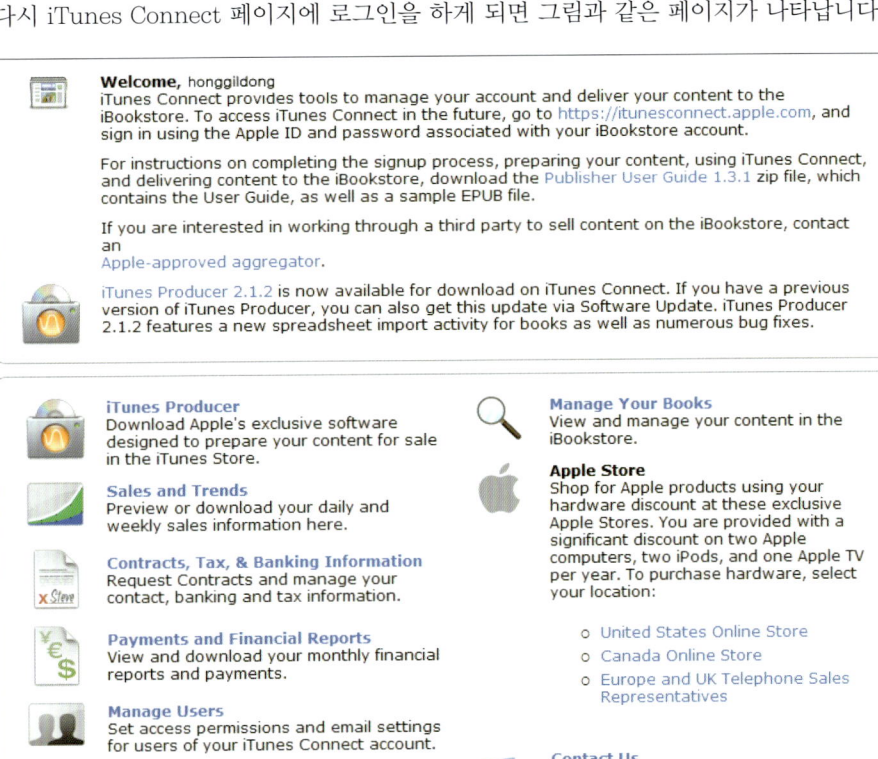

계약 완료 이후의 iTunes Connect 초기 페이지

6. iBooks에 eBook 등록하기

앞에서 설명한 모든 과정이 문제없이 마무리되었다면, 이제 제작, 출간한 eBook을 판매 등록을 해보겠습니다. 안타깝게도 iBook Store는 eBook의 등록절차에 있어서는 윈도우 기반 시스템을 이용할 수 없으며, Mac OS X 기반의 iTunes Producer를 이용할 것을 필수적으로 요구하고 있습니다.

01 iTunes Producer 설치하기

처음에 그냥 지나쳤던 iTunes Connect 관련 페이지에서 iTunes Producer를 이용하기 위해 요구하는 사항은 다음과 같습니다.

- Intel-based Mac(OS X 10.5 or later)
- 1GB RAM
- QuickTime7.0.3 or later
- 10GB HDD
- Broadband Internet

iTunes Producer를 위한 요구 사항

iTunes Producer를 설치, 사용하기 이전에 제공되고 있는 User Guide 1.3.1과 iTunes Producer 2.1.2 관련 문서를 반드시 정독하기를 권장합니다. 실제로 많은 사용자들이 최종적인 Delivery 과정에서 발생하는 에러로 인해 매우 어려움을 겪고 있는 것을 볼 때 사전에 관련 내용을 숙지하고 이러한 에러를 최소화하는 것이 가장 효과적이기 때문입니다. 실제로 iTunes Producer 2.1.2 Books 문건에서는 앞서 설명된 요구사항 보다는 조금 더 완화된 최소사양에 대한 설명을 담고 있습니다.

- Mac(OS X 10.4.11 or later), PowerPC G4, G5 or Intel Core Processor 기반 시스템
- 512MB RAM
- QuickTime 7.0.3 or later
- 20GB HDD
- Broadband Internet(1MB/sec or faster)

필요로 되는 시스템이 준비되었다면, 앞서 다운로드 한 iTunesProducer_2.1.2.dmg 파일을 더블 클릭하여 인스톨합니다. 일반적인 과정을 거쳐 인스톨이 완료되면 iTunes Connect 로그인 ID와 Password를 이용하여 구동합니다.

02 신규 Package 생성하기

iTunes Producer를 시작하면 그림과 같은 페이지가 보이게 됩니다. 새롭게 패키지를 구성하는 "New Book"을 일반적으로 이용하게 되는데, 진행되는 과정에서 필요로 되는 모든 정보를 이미 준비하였다면 "New from file"을 활용할 수도 있습니다. 새로운 패키지를 중도에 저장하거나 혹은 완료 후 필요에 의해 저장한 이후 수정하거나 나머지 과정을 진행하기 위해서는 "Open Package"를 선택하면 됩니다.

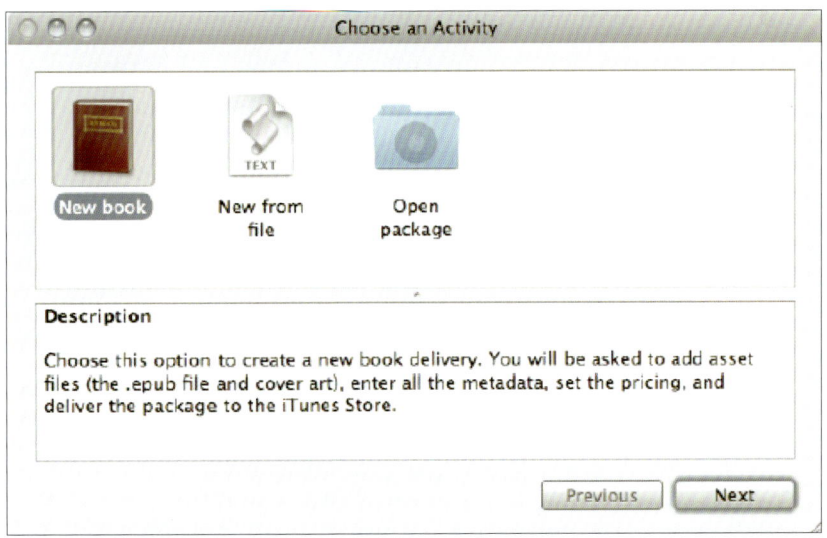

iTunes Producer 시작 옵션

iTunes Producer의 등록과정은 3단계로 구성되어 있는데, Book과 관련된 정보의 입력, 등록하고자 하는 ePUB 파일과 표지의 등록, 그리고 마지막에 이러한 모든 내용에 대한 검증과 Delivery가 그 과정입니다. "New Book"을 선택하면 다양한 항목의 내용을 입력해야 하는 페이지가 나타납니다.

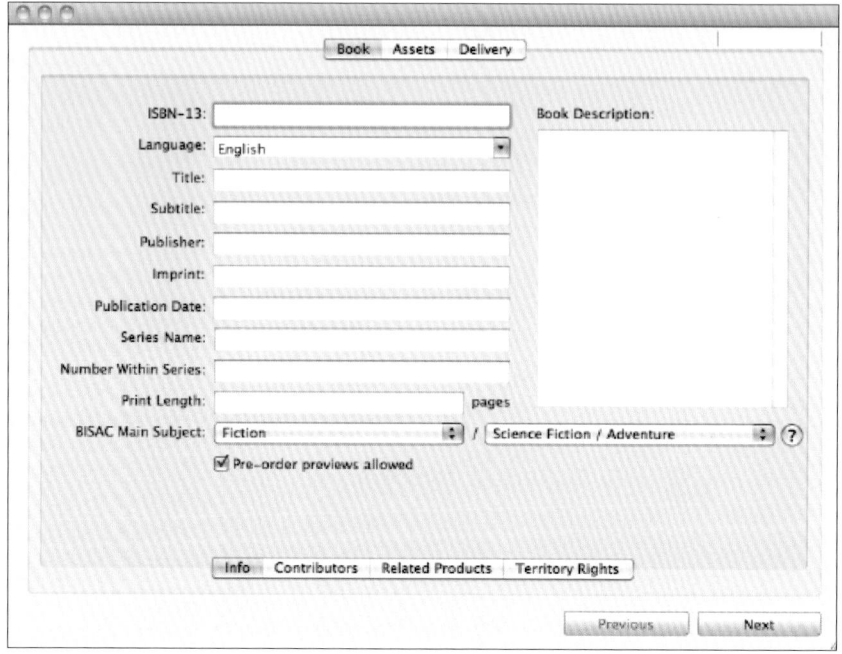

Book Info 입력 내용

1. Book Info 입력하기

이 곳에서는 먼저 eBook의 내용과 관련된 항목에 대한 입력이 필요합니다.

① ISBN 입력

처음 입력이 요청되는 내용은 해당 eBook에 대한 ISBN 13자리입니다. 이 ISBN을 기반으로 해당 패키지의 파일명이 생성됩니다. 잘못된 ISBN의 입력은 마지막 검증과 Delivery 단계에서 오류를 유발하게 되므로 주의하여야 합니다.

② Language 선택

아직은 한글과 관련한 내용이 공식적으로 지원되지 않고 있어 iBooks에 eBook을 등록할 경우 현재에는 대체로 English를 선택하고 있습니다. 향후 한글 지원이 공식화되면 Language 부분에서도 한글 선택이 가능할 것이라고 생각합니다.

③ Title 입력

등록하고자 하는 eBook의 제목입니다. 이 부분 역시 한글 또는 영문으로 작성이 가능합니다. 자신의 eBook을 읽어 줄 독자들을 감안한 제목 입력이 필요합니다.

④ Subtitle 입력

eBook의 부제목이 있는 경우 입력합니다. 없는 경우 공란으로 두어도 무방합니다.

⑤ Publisher 입력

해당 eBook을 출판하는 출판사명을 입력합니다.

⑥ Imprint 입력

대형 출판사의 경우 특정 브랜드를 가지고 있을 수 있어, 이러한 경우 해당 브랜드를 입력합니다. 없는 경우 공란으로 둡니다.

⑦ Publication Date 입력

해당 eBook의 출판일을 2010-01-01과 같이 입력합니다. 기존에 이미 종이 책으로 출판되었던 도서를 eBook으로 제작하여 등록하는 경우 종이 책의 출판일을 입력합니다.

⑧ Series Name 입력

해당 eBook이 시리즈 중의 하나일 경우 시리즈 명을 입력합니다. ISBN 발급 시 세트번호의 하나로 발급받은 경우도 이러한 시리즈에 해당한다고 할 수 있습니다.

⑨ Number within Series 입력

해당 시리즈 중에서 차지하는 번호를 의미합니다.

⑩ Print Length 입력

eBook의 전체 페이지 수를 입력합니다.

⑪ BISAC main subject 입력

해당 eBook의 카테고리를 의미합니다. 아동, 실용, 교양 등 우리가 ISBN을 신청할 당시 카테고리를 설정하였으나, iBooks에서 요청하는 분류는 조금 더 세부적이며 다릅니다. 해당하는 카테고리를 설정한 이후 세부 분류까지 선택하여 줍니다. 기타 사항은 http://www.bisg.org/what-we-do-0-136-bisac-subject-headings-list-major-subjects---2009-edition.php를 참조합니다.

⑫ Book Description 입력

eBook의 주요 내용 혹은 설명을 입력합니다. 역시 주요 고객을 고려하여 영문 혹은 한글로 입력합니다. 때때로 이 부분의 내용 혹은 텍스트 형식이 잘못되어 오류를 유발하는 경우가 있습니다. 최대 2000자(영문 기준)까지 입력이 가능하며, 필요에 의해 외부에서 작성한 내용을 복사하여 붙이는 경우 반드시 폰트나 기타 관련 내용을 Apple 시스템이 지원하는 폰트 등인지를 확인한 이후 진행합니다.

⑬ **Pre-order Previews allowed 선택**

이 내용은 모든 경우에 해당하지는 않지만 해당 eBook의 공식 판매 이전에 독자들에게 소개하는 경우 사전 Preview를 허용할 지를 선택하는 것입니다.

2. Contributor Info 입력하기

다음 단계에서는 해당 eBook의 저자, 표지 디자이너, 제작자 혹은 개발자 등과 관련된 내용을 입력하는 곳입니다. 각 eBook의 생성과정이 다르기 때문에 일반적일 수는 없지만, 저자(author)는 반드시 등록이 되어야 합니다.

입력하기 위해서는 먼저 "Add Contributor" 버튼을 눌러 해당 항목을 생성한 이후 아래 Name 입력란에 이름을 입력합니다. "Sort Name"은 해당정보의 분류를 위해 순서를 바꾸어 놓은 것입니다. 저자 이외에도 다른 항목의 Contributor 입력이 필요한 경우 동일한 방법으로 진행합니다.

불필요하게 입력된 정보의 삭제는 해당라인을 선택하고 "Remove Contributor" 버튼을 눌러 진행합니다.

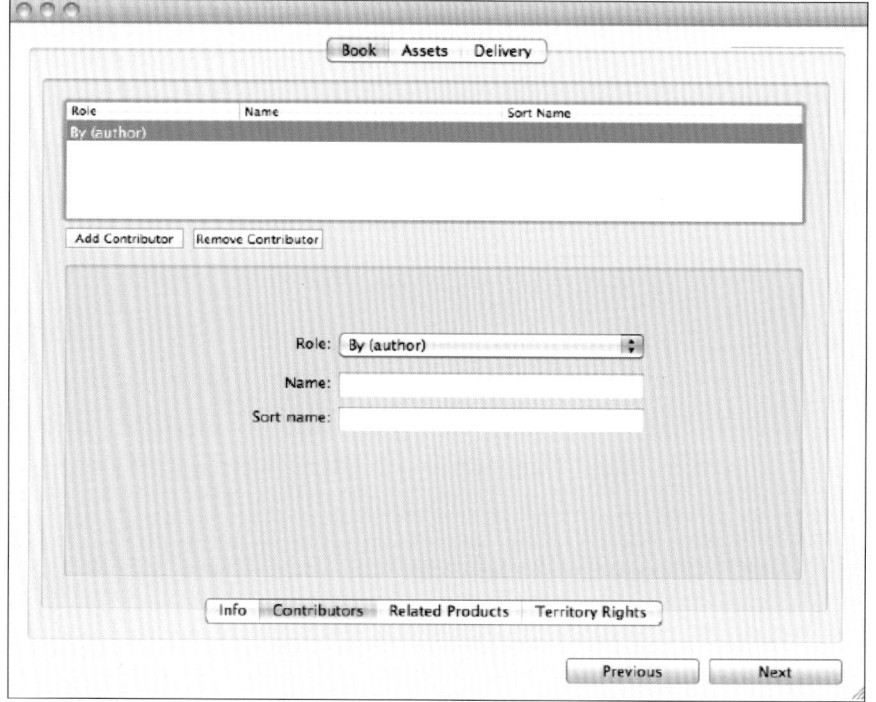

Contributors Info 입력 내용

3. Related Products Info 입력하기

다음 단계에서는 해당 eBook과 관련된 책 또는 정보에 대한 입력을 진행합니다. 통상적으로 ISBN-13을 선택하여 identifier 항목을 채워줍니다. 앞서 설명과 마찬가지로 먼저 "Add identifier"를 선택한 후 ISBN을 삽입합니다.

자칫 에러를 유발하는 경우는 하나의 항목 입력이 끝난 후 Default로 다음 항목이 생성되어 있어 이를 제거해 주지 않으면 "공백"으로 인식하게 된다는 점입니다. 반드시 "Remove identifier"를 눌러 하나의 정확한 정보만이 입력될 수 있도록 조치합니다.

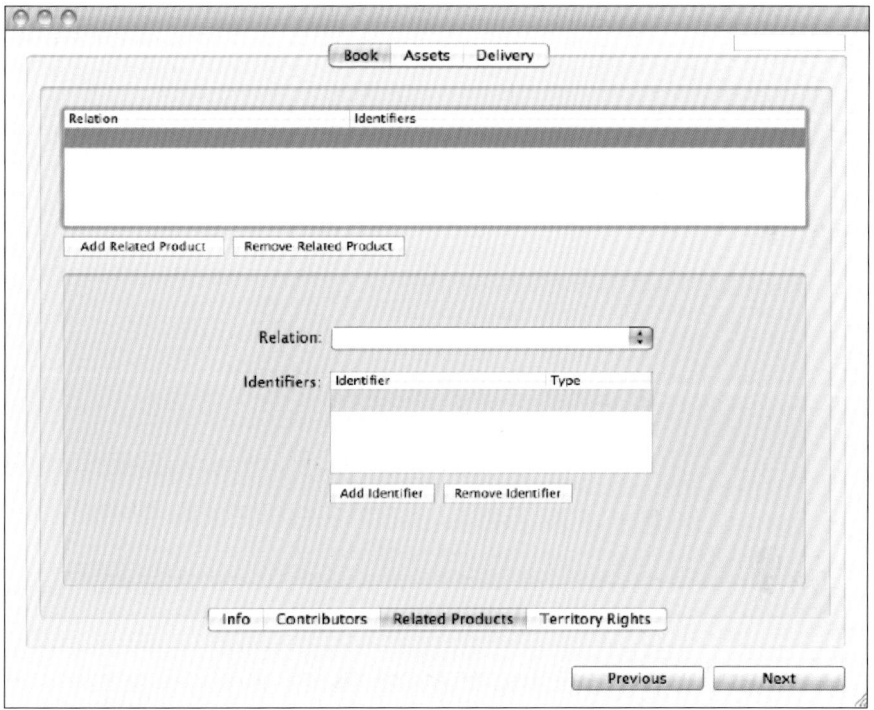

Related Products Info 입력 내용

4. Territory Rights Info 입력 하기

다음 단계에서는 해당 eBook을 판매하고자 하는 지역과 그 곳에서의 판매가격, 그리고 보안 등과 관련된 설정을 진행합니다. 현재 등록 가능한 지역은 미국, 캐나다, 영국, 프랑스, 독일 등 주로 영어권 국가와 유럽 주요 국으로 한정되어 있습니다.

먼저 "Add Territory" 버튼을 눌러 신규 지역을 생성한 후 개별 지역을 선택합니다.

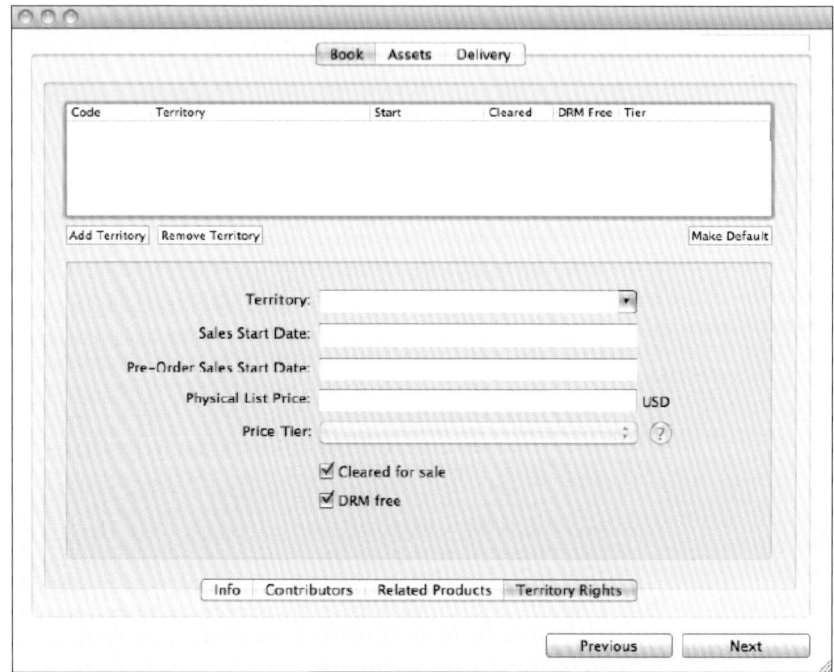

Territory Rights Info 입력 내용

① Territory 설정
해당하는 국가를 선택합니다.

② Sales of Start Day 입력
판매를 시작하려는 날짜를 입력합니다. 입력은 2010-01-01과 같은 형식을 이용합니다.

③ Pre-Order Sales Start Date
아직 공식적으로 출간되지 않았으나 등록 날짜가 판매 개시일 보다 앞서는 경우 Pre-Order를 할 수 있습니다. 이 경우 Pre-Order 개시일을 입력합니다.

④ Physical List Price 선택

해당 eBook의 종이책 버전이 있는 경우, 이의 가격을 입력하고, 순수하게 eBook인 경우 종이책 발간 시에 책정 가능한 가격을 선택합니다.

⑤ Price Tier 선택

iBook Store에서 판매할 가격을 선택합니다. 무료에서부터 최고 가격까지 선택할 수 있으며, 차후 수정도 가능합니다. 단, 계약으로 인해 $9.99까지는 공급자의 선택에 따라 자유로울 수 있으나, 그 이상은 종이 책 가격의 구간에 맞추어 선택하여 주어야 합니다.

⑥ Cleared for Sale 선택

이상과 같은 정보에 의거하여 판매를 진행하는 것에 전혀 문제가 없음을 확인하는 것입니다. 이 곳에 마크가 되지 않는다면 정상적인 판매가 이루어지지 않습니다.

⑦ DRM Free 선택

해당 eBook의 유통 시 보안(DRM)을 적용할 것인지를 선택하는 곳입니다. 이곳에 마크하면 특별한 보안을 하지 않고 판매하겠다는 의미입니다. 기본은 DRM Free가 선택되어 있으므로 보안이 필요한 경우 마크를 해제합니다

5. Asset 등록 하기

다음 단계에서는 등록하고자 하는 해당 eBook과 표지를 패키지에 포함시키는 과정입니다. 각각의 ePUB파일과 표지 이미지를 선택하여 줍니다. 표지 이미지는 최소 600pixel 이상이 요청되며 최대 1200×1200까지 활용할 수 있습니다.

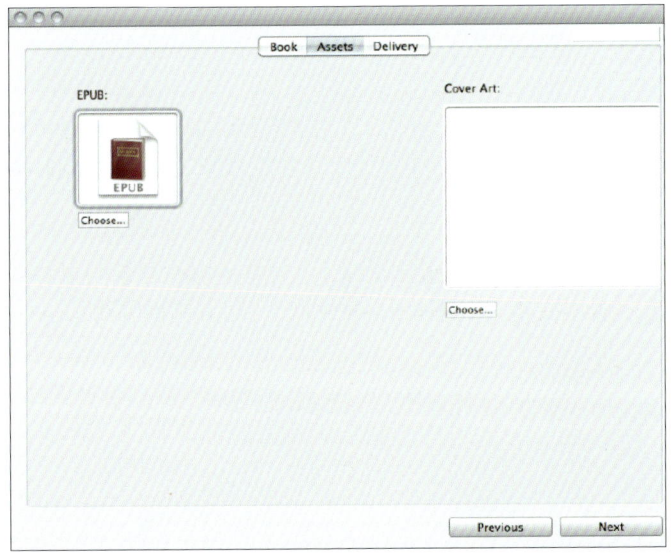

eBook 및 표지 첨부 단계

6. 패키지 Delivery 하기

마지막 단계는 앞서 작성한 모든 정보와 파일을 포함한 패키지를 iTunes Store에 전송하는 과정입니다. 이 단계에서 입력된 모든 정보들에 대한 검증이 이루어지게 됩니다. 첨부된 ePUB 파일과 표지 이미지에 대한 검증도 이 단계에서 이루어지는 만큼 관련 오류에 대한 메시지를 보는 것이 어쩌면 자연스러운지 모르겠습니다.

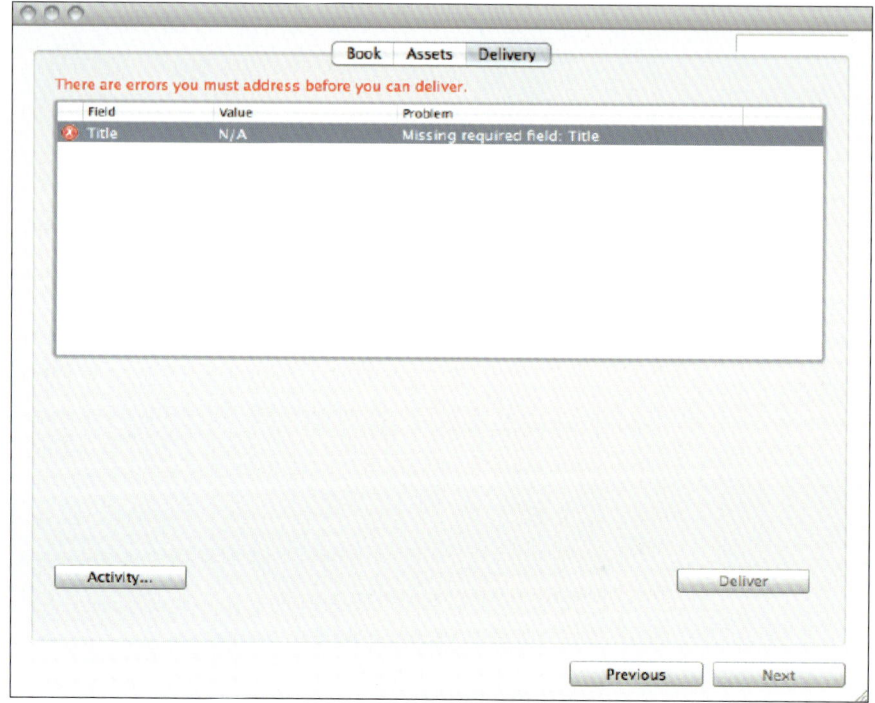

패키지 전송 단계

"Delivery" 버튼을 누르기 이전에는 패키지 작성과 관련한 오류에 대한 메시지가 주를 이룬다면 전송 이후에는 해당 ePUB 파일이 가지고 있는 오류에 대한 메시지가 대부분입니다.

만약 오류 메시지가 표시되었다면 해당 오류를 수정한 이후 다시 Delivery 합니다. ePUB 파일의 경우 수정 후 다시 Asset 등록한 이후 Delivery를 진행합니다.

7. eBook 관리 하기

iTunes Producer를 통해 무사히 eBook을 Delivery 하였다면 다음은 Apple의 등록 승인을 받기까지 기다려야 합니다. 통상 iBook Store 등록을 위해서는 약 2주가 걸립니다. 이러한 진행상태를 확인하기 위해서는 iTunes Connect에 로그인하여 우측 상단의 "Manage Your Books" 선택합니다.

Welcome, honggildong

iTunes Connect provides tools to manage your account and deliver your content to the iBookstore. To access iTunes Connect in the future, go to https://itunesconnect.apple.com, and sign in using the Apple ID and password associated with your iBookstore account.

For instructions on completing the signup process, preparing your content, using iTunes Connect, and delivering content to the iBookstore, download the Publisher User Guide 1.3.1 zip file, which contains the User Guide, as well as a sample EPUB file.

If you are interested in working through a third party to sell content on the iBookstore, contact an Apple-approved aggregator.

iTunes Producer 2.1.2 is now available for download on iTunes Connect. If you have a previous version of iTunes Producer, you can also get this update via Software Update. iTunes Producer 2.1.2 features a new spreadsheet import activity for books as well as numerous bug fixes.

iTunes Producer
Download Apple's exclusive software designed to prepare your content for sale in the iTunes Store.

Sales and Trends
Preview or download your daily and weekly sales information here.

Contracts, Tax, & Banking Information
Request Contracts and manage your contact, banking and tax information.

Payments and Financial Reports
View and download your monthly financial reports and payments.

Manage Users
Set access permissions and email settings for users of your iTunes Connect account.

Manage Your Books
View and manage your content in the iBookstore.

Apple Store
Shop for Apple products using your hardware discount at these exclusive Apple Stores. You are provided with a significant discount on two Apple computers, two iPods, and one Apple TV per year. To purchase hardware, select your location:

- United States Online Store
- Canada Online Store
- Europe and UK Telephone Sales Representatives

Contact Us
Having a problem uploading content? Can't find a Finance Report? Use our Contact Us system to find an answer to your question or to generate a question to an iTunes Rep

iTunes Connect 초기 화면

01 Delivery된 eBook 관리 하기

1. Delivery 된 eBook의 상황 파악 하기

"Manage Your Books"를 선택하면 Delivery한 eBook들이 최근 순서에 따라 나열되어 있습니다. 표지 이미지 아래에는 대체로 노란색의 작은 알람이 표시되고 있는데 이는 "Pending"을 의미합니다. 네트워크 상태 등을 원인으로 한 비정상적인 Delivery에는 붉은 색 알람이 표시됩니다.

약 2주간의 Pending 상태를 거친 이후 Apple의 Quality control을 통과하면 초록색의 알람이, 통과하지 못하면 붉은 색의 알람이 표시됩니다. eBook이 붉은 색의 "Removed From Sale"이 된 경우, 원인에 대한 공식적인 고지는 없습니다. 등록자가 Apple에 이메일 등의 수단을 통하여 원인을 파악하고 조치하여야 합니다.

문제를 조치하고 새롭게 iTunes Producer를 이용하여 Delivery를 마쳤다면 이를 iBooks 담당자 혹은 Apple 관계자에게 메일로 공지합니다. 약 1주일 정도 이후 내부 리뷰를 위한 Ticket이 발급되었음을 이메일로 알려옵니다. 그리고 다시 똑같은 검증 과정을 반복합니다.

Status light	Status	What it means
🔴	Partial Delivery	One or more assets are missing, for example, the EPUB file or cover art
	Removed From Sale	Book is not displayed in iBookstore for any countries.
	Publisher Removed From Sale	Book is not cleared for sale in any countries (the Cleared for Sale checkbox is not selected).
🟠	Pending	Book is in quality control and not yet ready for sale.
🟢	Ready for Sale	Book has passed quality control and is ready for sale in at least one country.

Delivery eBook의 상태 표시

eBook 뿐만이 아니겠지만 실제로 문제 원인에 대한 문의 후 Feed Back을 받을 수 있는 기간은 정해져 있지 않습니다. 너무나 주관적이고 개별적이라 안내할 수 없지만 3주 이상을 기다려도 답장이 없는 경우가 있습니다. 때문에 운이 없는 경우 eBook 한 권을 등록하는 데 소요될 수 있는 시간은 최대 2~3개월이 될 수도 있습니다.

2. 등록된 eBook 정보 변경 하기

이러한 과정을 거쳐 등록한 eBook이 초록색의 "Ready for Sale"이 되었다면 해당 eBook과 관련한 정보들을 수정하고 관리할 수 있습니다. 다만 일반적인 정보의 수정은 간단하게 승인이 나는 반면 eBook 파일 자체의 Update는 또다시 검증 과정을 거쳐야 합니다.

판매 지역을 변경하거나 확장하고자 할 때에는 "Edit Rights and Pricing" 버튼을 눌러 아래와 같은 페이지에서 진행합니다. 해당 eBook의 표지 이미지를 클릭하면, 기본적인 정보와 함께 현재의 상태를 보여줍니다. 우측에는 사전에 입력한 관련 정보를 보거나 수정할 수 있는 버튼들이 있습니다.

만약 해당 eBook이 붉은 색의 "Removed forom Sale" 상태라면 하단의 "Contact us" 버튼을 이용해서 관련된 원인을 질의할 수도 있습니다. 이미지를 캡쳐하여 첨부하는 것을 권장하고 있습니다.

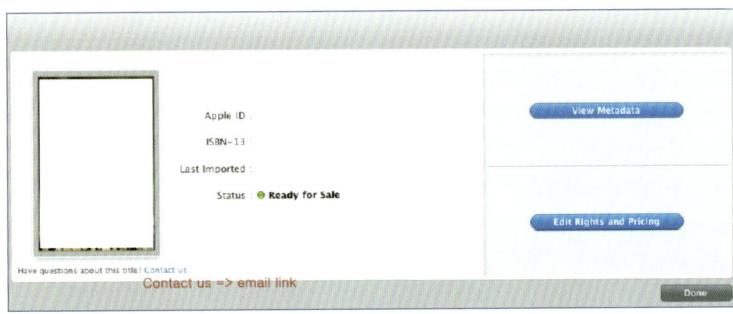

개별 eBook의 정보 관리

판매 지역을 변경하거나 확장하고자 할 때에는 "Edit Rights and Pricing" 버튼을 눌러 진행합니다.

판매 지역 및 판매 가격 변경 관리

이상으로 우리는 ePUB의 개념에서부터 시작하여 iBook Store에 eBook을 등록하고 관리하는 것까지를 살펴보았습니다. 일견 매우 많은 내용과 복잡한 과정을 거쳐야만 하는 것처럼 보이지만, 하나의 작품을 완성하고 이를 전 세계의 다수의 잠재적 고객들에게 선보일 수 있다는 점을 생각해 보면 투자할 가치는 충분히 있다고 생각됩니다.

한 발 한 발 나아가다 보면 어느새 ePUB과 iBooks를 정복하게 되는 날이 올 것이라고 생각합니다.